Weiershausen | Dramenanalyse

Reclams Studienbuch | Germanistik

Romana Weiershausen

Dramenanalyse

Eine Einführung

Mit einem Beitrag zu digitalen Methoden
von Benjamin Krautter

Reclam

2024 Philipp Reclam jun. Verlag GmbH,
Siemensstraße 32, 71254 Ditzingen
Umschlaggestaltung: Philipp Reclam jun. Verlag GmbH
nach einem Konzept von zero-media.net
Umschlagabbildung: Schauspielerinnen spielen eine moderne lyrische Performance
der Theaterbühne. © Kozlik/Shutterstock
Druck und Bindung: CPI books GmbH,
Birkstraße 10, 25917 Leck
Printed in Germany 2024
RECLAM ist eine eingetragene Marke
der Philipp Reclam jun. GmbH & Co. KG, Stuttgart
ISBN 978-3-15-011458-2

www.reclam.de

MIX
Papier | Fördert
gute Waldnutzung
FSC® C083411

Inhalt

Zum Gebrauch des Studienbuchs 7

Einleitung: »Drama«? Charakteristik einer Gattung 9

1 Texte für das Theater: Voraussetzungen 15
1.1 Was ist Theater? 17
1.2 Die Bühne 20
1.3 Die Schauspieler 25
1.4 Checkliste: Fragen zur Theatersituation – für die Dramenanalyse 29

2 Kommunikationssituation Drama 30
2.1 *Showing* versus *telling* 30
2.2 Haupt- und Nebentext 32
2.3 Raum und Zeit 34
2.3.1 Raumuntersuchungen im Drama 37
2.3.2 Zeituntersuchungen im Drama 40
2.4 Wissensregime 44
2.5 Der ›performative Pakt‹ als Thema: Spiel-im-Spiel 48
2.6 Checkliste: Fragen zur Kommunikationssituation – für die Dramenanalyse 51

3 Formanalyse systematisch: Bauelemente des Dramas 52
3.1 Vor- und Zwischeninformationen im Nebentext 53
3.1.1 Titel und Personenregister 53
3.1.2 Regiebemerkungen 55
3.2 Handlung und ihre Sequenzierung 60
3.3 Figuren 65
3.4 Figurenrede 70
3.5 Szenenanalyse 75
3.6 Checkliste: Fragen zur Anlage dramenanalytischer Untersuchungen 76

4 Formanalyse historisch: ›aristotelisches‹ Drama und Positionen des Wandels 78
4.1 Aristoteles 79
4.2 Barock 83
4.3 18. Jahrhundert: Schlaglichter eines Jahrhunderts der Theaterreformen 87
4.3.1 Frühaufklärung: Gottsched 88
4.3.2 Empfindsamkeit: Lessing 90
4.3.3 Sturm und Drang: Lenz 93

4.4 Und heute? Schlaglichter des Wandels im 20. und 21. Jahrhundert 97
4.4.1 Brechts episches Theater 98
4.4.2 Dokumentartheater 101
4.4.3 Postdramatisches Theater 105
4.4.4 Interkulturalität und »postmigrantisches« Theater 111
4.5 Checkliste: Fragen zur historischen Kontextualisierung 115

5 Gattungen: Theorie und Praxis 116
5.1 Die Gattungsdichotomie Tragödie/Komödie – und die ›Tragikomödie‹ 118
5.2 Gattungstheorie und Gattungsgeschichte: Probleme und Chancen 125
5.3 Gattungsanalyse in der Praxis 127
5.4 Checkliste: Fragen zum Gattungsbezug bei der Dramenanalyse 133

6 Dramenanalyse in der Literaturwissenschaft 134
6.1 Ein Blick zurück: Drei Analyse-Ansätze aus dem 19. und 20. Jahrhundert 134
6.1.1 Gustav Freytag: *Die Technik des Dramas* (1863) 134
6.1.2 Volker Klotz: *Geschlossene und offene Form im Drama* (1960) 137
6.1.3 Peter Szondi: *Theorie des modernen Dramas* (1956/1963) 140
6.2 Aktuelle Einführungsbände zur Dramenanalyse – im kommentierten Überblick (zusammengestellt von Christiane Dietrich) 143
6.3 Nützliche Nachschlagewerke 149

7 Digitale Methoden der Dramenanalyse 154
Von Benjamin Krautter
7.1 Historische Motivierung 155
7.2 Digitale Textkorpora als Analysegrundlage 157
7.3 Digitale Methoden als Hilfsmittel 160
7.4 Netzwerkanalyse und Interpretation 164
7.5 Zusammenfassung 170

Anhang
Literaturverzeichnis 172
Zitierte Theatertexte 172
Zitierte Forschungsliteratur und Quellen zur Dramentheorie 173
Namenregister 183
Sachregister 185
Zu den Autoren 188

Zum Gebrauch des Studienbuchs

Um es gleich vorweg zu sagen: Das vorliegende Studienbuch verfolgt im Ansatz einen etwas anderen Weg als gemeinhin üblich. Eine »Einführung in die Dramenanalyse« lässt Technisches erwarten, Fachterminologie und Systematik eines Werkzeugkastens. Darum wird es auch gehen. Der in langjähriger Studienpraxis erprobte nützliche Kern dramenanalytischer Kenntnisse soll vorgestellt und weitergegeben werden. Aber das darüber hinausgehende zentrale Anliegen ist es, ein Gespür dafür zu vermitteln, was ein dramatisches Kunstwerk ausmacht, welche ästhetischen Strategien in ihm liegen können und wie die historische Situation seiner Entstehung mit ihren jeweiligen medialen Bedingungen, mit kunsttheoretischen Debatten, mit Gattungsbezügen und Publikumserwartungen auf das Kunstwerk einwirkt und es mit prägt.

Die Darstellungsweise im Studienbuch ist darauf ausgerichtet: Dramenanalytische Kategorien sollen nicht als fixierter Katalog präsentiert werden, sondern als historisch entstanden und – im dynamischen Umfeld sich wandelnder Formvorstellungen – auch unterschiedlich in Dramen realisiert. Ausgehend von dramaturgischen Bezugsgrößen, wie sie sich in der Dramentradition herausgebildet und zwischenzeitlich konsolidiert haben, soll der Blick für ihre Variabilität offengehalten werden. Zu diesem Zweck werden sie, wo es sich anbietet, am Beispiel erläuternd entwickelt.

Prinzipiell liegt dem Band die Überzeugung zugrunde, dass sich eine Dramenanalyse nicht mit der schematischen Anwendung von Kategorien begnügen kann. Vielmehr gilt es, sich auf Spielregeln in einem beweglichen Kommunikationssystem einzulassen. Das Studienbuch soll neben der Weitergabe von terminologischem Fachwissen auch Geschichte erzählen, um ein tieferes Verständnis für Konstellationen zu eröffnen und im besten Fall Lust darauf zu machen, im wechselvollen und spannungsreichen Feld der dramatischen Kunst weiterzuforschen. Mit Blick auf diesen Horizont eines forschenden Lernens, denn das bedeutet ein Studium, werden immer wieder auch literaturwissenschaftliche Debatten angedeutet.

Dieses Vorgehen hat im Vergleich zu einem eher deduktiv an Definitionen orientierten Lehrbuchstil den Vorrang erhalten: Als Start in die literaturwissenschaftliche Beschäftigung mit dramatischen Texten wird die stärker problemorientierte Perspektive vorgeschlagen. Entsprechend werden die Sachverhalte in Zusammenhängen entfaltet. Damit soll zugleich zum eigenständigen Transfer befähigt werden. Denn im Umgang mit experimentellen und neuen offenen dramatischen Formen ist der traditionelle Kriterienkatalog nur bedingt einsetzbar. Aussagekräftig bleibt er immerhin für die abgrenzende Beschreibung der jeweiligen Innovation.

Dabei soll das Rad keineswegs neu erfunden werden. Im Gegenteil: Es ist ein unschätzbarer Vorteil, auf verdienter Grundlagenliteratur aufbauen zu können. Darstellungen, die sich in der eigenen Lehrerfahrung als besonders nützlich erwiesen haben, werden einbezogen und zitiert. Das Unterkapitel 6.2 bietet darüber hinaus einen von Christiane Dietrich erstellten Überblick über gängige Einführungswerke mit Hinweisen darauf, für welche Aspekte eines erweiternden Studiums sie geeignet sein könnten.

Die Einführungswerke unterscheiden sich grundsätzlich (1) darin, wo sie das Drama im Verhältnis zwischen der Literaturwissenschaft und der Theaterwissenschaft situieren, und (2) hinsichtlich ihrer theoretischen Voreinstellung: ob sie eine bestimmte theoretische Denktradition verfolgen (dialektisch, strukturalistisch, kommunikationstheoretisch) oder Kenntnisse poetologisch, historisierend, empirisch-kulturwissenschaftlich oder rein als Analysemethodik ordnen. Das Studienbuch bietet hier eine Metaebene an, um sich in diesem Wissen zurechtzufinden. Es stellt Bauelemente des Dramas für die Analyse vor, stellt Analysekategorien in ihren historischen Kontext und erklärt sie anhand von Beispielen im laufenden Text. Es leistet damit einen ersten Zugang zu anderen Problemfeldern, zur Vertiefung und Erweiterung von historischem Epochen- und Theoriewissen.

Gerade in jüngerer Zeit wurde das Feld durch Erkenntnisse aus der Theaterwissenschaft beeinflusst und bereichert. Dies ist zu berücksichtigen, zugleich aber sollte der Adressatenbezug nicht aus den Augen verloren werden: Das Studienbuch richtet sich als »Einführung in die Dramenanalyse« dezidiert an Studierende der Literaturwissenschaften und soll entsprechende Bedürfnisse bedienen. Die einbezogenen theaterwissenschaftlichen Aspekte werden also immer für die Textanalyse perspektiviert.

Das vorliegende Buch verdankt viel der unterstützenden Mithilfe meiner Arbeitsgruppe: Annika Guilpain, Johann Horras, Lena Mittermüller, Lars Schwindling, bei den wichtigen Sondierungen zu Beginn des Projekts Lena Scheid und sowieso immer Brigitte Braun. Einen besonderen Anteil an der Fertigstellung des Buchs hat Christiane Dietrich, meine ›Sparringspartnerin‹ in der entscheidenden Phase. Meinem Kollegen Johannes Birgfeld danke ich für das engagierte Korrekturlesen. Seine profunden Kenntnisse der speziellen Formen des Gegenwartstheaters hätten noch mal einen ganz eigenen Band verdient gehabt.

Einleitung: »Drama«? Charakteristik einer Gattung

Als Einstieg lohnt sich die Überlegung, was eigentlich die Spezifik der dramatischen Gattung ausmacht. Man kann bei dem Befund ansetzen, dass das Kommunikationssystem im Fall des Dramas ein besonderes ist, denn in der Regel soll es auf einer Theaterbühne szenisch realisiert werden. Mit dem Medientransfer gehen spezifische Darstellungsbedingungen und Wirkungsmöglichkeiten einher.

Mit der Rezeptionsform der Theaterkunst hängt zusammen, dass man ihr gemeinhin eine größere Wirkung im Kontext gesellschaftlicher Prozesse zuschreibt als den meisten anderen Kunstformen. Denn bei einer öffentlichen Aufführung sind, anders als etwa beim Roman, die Rezipienten an einem Ort versammelt, so dass eine gemeinsame Reaktion möglich ist. Das Drama, das auf einer Bühne aufgeführt wird, lässt Kunst potentiell zu einem Gruppenereignis werden. Als solches kann es in sozialen Funktionszusammenhängen stehen. Man mag dabei an die antiken Ursprünge im Kontext religiöser Kulte denken, an theatrale Manifestationen höfischer Macht in der Frühen Neuzeit oder an die Nutzung des Theaters als didaktisches Mittel, sei es im barock-theologischen oder bürgerlich-aufklärerischen Sinn. Man kann sich auch vor Augen führen, wie das Theater für politische Agitation während der Französischen Revolution oder der Weimarer Republik eingesetzt wurde sowie als Propagandainstrument im Dritten Reich. Noch die Theaterprovokationen der 1970er Jahre machen deutlich: Das Theater mit den ihnen zugrundeliegenden Texten hat sich immer wieder als Indikator und Faktor sozialhistorischer Prozesse erwiesen.

Als Kunstform stehen Dramen (wie andere literarische Gattungen) zudem im Umfeld von ästhetischen Debatten und haben teil an literarhistorischem Wandel der Inhalte und Ausdrucksformen. Der Kunstbetrieb ist dabei als lebendiges System zu betrachten: Formkonventionen und Regeln ändern sich nicht nur in diachroner Perspektive, es kann auch in einer Zeit mit ihnen gespielt werden.

Die allgemeine Voraussetzung, sich bei der Interpretation eines Werks mit den gattungsspezifischen Formelementen auszukennen, gilt für alle Gattungen, womöglich aber für das Drama noch einmal in besonderem Maße. Denn in der Geschichte der Poetik sind gerade bei der dramatischen Gattung die Form-Debatten besonders intensiv geführt worden. Mit dem produktionsorientierten Argument, dass ein Drama bestimmte Regeln einhalten müsse, um auf der Bühne zu funktionieren (etwa aufgrund der notwendigen Verdichtung der Handlung auf einen bühnentauglichen Moment), wurde der Formgebung ein großes Gewicht beigemessen.

Festzuhalten ist, dass ein Drama ein sprachliches Kunstwerk mit spezifischer Gestaltungsweise ist, die sich vom Aufführungsgedanken herleitet und sich als

Gattungsform auch auf die Dramen auswirkt, die nie aufgeführt wurden oder sogar von vornherein als Lesedramen geschrieben wurden.

Was unterscheidet Dramen von Gedichten und Erzähltexten?

Seit früher Zeit hat man zu beschreiben versucht, was das Drama als Gattung ausmacht. Wenn Aristoteles das Wesen des Dramas mit der »Nachahmung von Handlung« beschreibt (*Poetik*, nach 335 v. Chr.) oder gut 2000 Jahre später August Wilhelm Schlegel in seinen *Vorlesungen über dramatische Kunst und Literatur* (1809–11) den »dialogischen Charakter« des Dramas betont und Johann Wolfgang Goethe in eigenwilliger Verbindung von strukturellen und stimmungsbezogenen Kriterien die »persönlich handelnde« Form des Dramas gegen die »klar erzählende« des Epos und die »enthusiastisch aufgeregte« der Lyrik abgrenzt (*Naturformen der Dichtung*, 1819), so zielen sie trotz unterschiedlicher Akzentsetzung doch alle auf einen gemeinsamen Kern: Das Besondere der dramatischen Gattung ist die szenische Präsentation des Geschehens, das sich in direkten Gesprächen zwischen den handelnden Figuren entwickelt. Darauf verweist auch die Herkunft des Wortes, denn das altgriechische Wort δρᾶμα (*drāma*) bedeutet ›Handlung‹, wobei die darbietende Aktion mitgemeint ist: über handelnde Personen.

In der heutigen Literaturwissenschaft werden im Blick auf die Gattungstrias (Lyrik, Epik und Dramatik) **drei Abgrenzungskriterien** angeführt, um zu charakterisieren, was die wesentlichen Unterschiede sind (Burdorf 1997, S. 18 f.): das *Handlungskriterium* (hier im Sinne von *plot*: Gibt es eine sich entwickelnde Geschichte?), das *Medienkriterium* (Wie ist die Art der Darbietung?) und das *Redekriterium* (Wer spricht?). Mit dem Handlungskriterium lassen sich Dramen und Erzähltexte von Gedichten abgrenzen, die in der Regel keinen *plot* haben. Mit dem Medienkriterium lassen sich Dramen vor allem von Erzähltexten abgrenzen, die nicht aufgeführt werden, nur bedingt auch von Gedichten, die immerhin aufgrund ihrer lautlichen Qualität die Rezitation vor einem Publikum nahelegen. Das Redekriterium unterscheidet alle drei Gattungen voneinander: Im Drama sprechen die Figuren selbst (unvermittelt), im Gedicht nur der Sprecher (abstrakt bleibend oder auch als »lyrisches Ich«, wenn es durch Personalpronomina der ersten Person präsent ist), im Erzähltext Figuren und Erzähler (wobei der Erzähler, personal greifbar, sogar Teil der erzählten Welt sein kann oder eine abstrakte Erzählinstanz).

Es versteht sich von selbst, dass diese Unterscheidung idealtypisch gemeint ist, also nur den Kern der jeweiligen Gattung adressiert. Denn es gibt zahllose Sonderfälle, bei denen die Abgrenzung fragwürdig wird. Das Rollengedicht etwa kennt

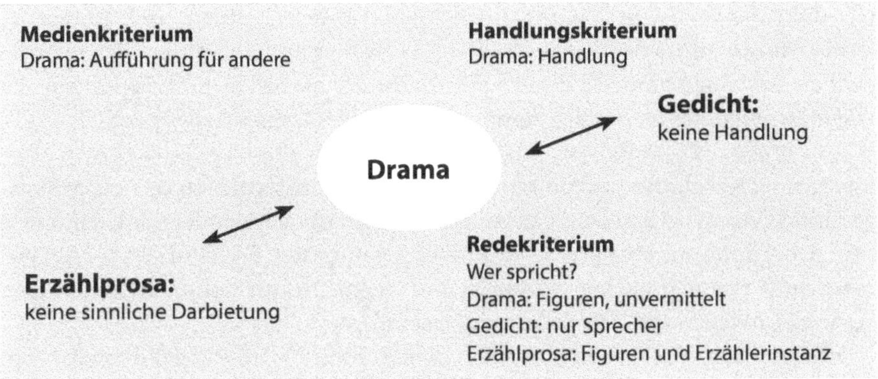

Abb. 1: Abgrenzung des Dramas von Lyrik und Erzählprosa

sowohl eine Handlung als auch sprechende Figuren, das epische Theater nach Brecht setzt bewusst distanzierende Erzählelemente ein.

Für die Dramenanalyse von besonderem Interesse ist das Medienkriterium, weil es deutlich macht, dass die Aufführung und damit die Existenz eines Publikums strukturell mitzudenken ist (Hinck 1980, S. 8), wobei dem Publikum unterschiedliche Funktionen zugewiesen sein können: Es kann als »passiver Beobachter« oder als »aktiver Partner« am Theatergeschehen teilhaben (Schößler 2012, S. 8 f.).

Wenn man einen Dramentext adäquat beschreiben will, kommt es neben der terminologisch sicheren Klassifizierung auch auf die historische Kontextualisierung an. So sollte man sich bewusst machen, für welche Präsentationsform und welche Adressatengruppe er geschrieben wurde und wann bzw. wo, also im Umfeld welcher Theaterkonventionen. Es gilt entsprechend, bei der Textanalyse auch eine medienbezogene und eine historische Komponente zu berücksichtigen.

Daraus ergibt sich die **Gliederung des Studienbuchs**:

Kapitel 1 liefert – sozusagen als Voraussetzung – einen Blick auf die Bedingungen der Theaterpraxis. Kapitel 2 schlägt die Brücke zum Text, indem die Kommunikationssituation beim Drama untersucht wird. Die folgenden beiden Kapitel richten sich auf Kernkompetenzen bei der dramenanalytischen Arbeit: Kapitel 3 widmet sich den allgemeinen Bauelementen eines Dramas, Kapitel 4 Beispielen der Dramaturgie und Dramenpoetik, um die historische Variabilität des Umgangs mit solchen Bauelementen aufzuzeigen. In Kapitel 5 geht es um Differenzierungen zwischen dramatischen Gattungen in Theorie und (literarischer) Praxis. Kapitel 6 dient der Übersicht über literaturwissenschaftliche Beiträge zur Dramenanalyse. Den Abschluss des Bandes bildet ein Gastbeitrag zu einem neuen, aufstrebenden Feld: Benjamin Krautter stellt darin die aktuellen Entwicklungen der *Digital Humanities* im Bereich computergestützter Dramenanalyse vor.

Eine grundsätzliche Bemerkung zu **Geschlechterverhältnissen** sei noch vorausgeschickt: Wenn im Band das generische Maskulinum verwendet wird, dann mag man dabei durchaus eine kritische Markierung mitlesen. Die Geschichte des Dramas wurde von männlichen Akteuren und einem Diskurs dominiert, der Frauen keine gleichberechtigte Mitwirkung zugestand.

Hürden gab es für Frauen überall im Literaturbetrieb, im Fall der dramatischen Gattung aber noch mit zusätzlicher Schärfe. Aufgrund des Stellenwerts, den man beim Drama der Form zuwies, wurde von Dramatikern besonders mit Blick auf die Tragödie die höchste Kunstfertigkeit gefordert – was nicht selten als Ausschlusskriterium gegen schreibende Frauen ins Feld geführt wurde, denen das Bildungssystem lange nicht offenstand (vgl. Weiershausen 2004). Besonders im späten 18. und im 19. Jahrhundert wurde die soziale Geschlechterrolle mit Trennung von öffentlicher und privater Sphäre, von Werktätigkeit und häuslich-familiärer Arbeit im Diskurs mit einem naturgegebenen ›Geschlechtscharakter‹ verbunden (vgl. Hausen 1976). Insgesamt dominiert in den historischen Quellen der Zeit die Auffassung, das zwar ›schöne‹, aber ›ungelehrte‹ Geschlecht könne sich seinen eher lebens- statt kunstbezogenen Ausdruck allenfalls in weniger streng regulierten Gattungen verschaffen, etwa dem Roman mit seinen Freiräumen zur ›Geschwätzigkeit‹ (vgl. z. B. Becker-Cantarino 1989; Bürger 1990).

Die Problematik des Geschlechterdiskurses zeigt exemplarisch, was Spielregeln im Kunstbetrieb bedeuten können, denn trotzdem gab es im 18. und 19. Jahrhundert eine beachtliche Dramenproduktion von Frauen (vgl. z. B. *Lexikon deutschsprachiger Epik und Dramatik von Autorinnen* 2006; Colvin 2003). Die Autorinnen sahen sich aber gezwungen, besondere Strategien zu nutzen (vgl. Hahn 1991; Kord 1996): beispielsweise eine anonyme Veröffentlichung oder eine unter männlichem Pseudonym, eine legitimierende Rahmung durch ein wohlwollendes Herausgebervorwort, einen Stoff aus dem wirklichen Leben, einen betont didaktischen Nutzen oder religiösen Bezug (vgl. Kazmaier/Weiershausen 2016). Die Schwierigkeiten einer Teilhabe differierten allerdings je nach sozialem Stand und persönlichem Umfeld sowie dem angestrebten Tätigkeitsfeld (zur allgemeinen Situation von Frauen im geschichtlichen Überblick vgl. z. B.: *Geschichte der Frauen* 1993–1995; Bock 2000).

Beim Lesen der folgenden Ausführungen kann es ein aufschlussreiches Experiment sein, an die Stelle generisch maskuliner Formen (Dramatiker, Zuschauer,

Leser, Regisseur) testweise das weibliche Pendant einzusetzen. Die Leserin und der Leser mögen sich dabei fragen, in welchen Positionen (z. B. Autorin, Poetikerin oder Schauspielerin) und in welchen Epochen (z. B. Antike, Aufklärung oder Gegenwart) es genauso gut passt wie die maskuline Form, in welchen es irritierend und realitätsfremd wirkt und in welchen es Diskussionen öffnet, weil die geschlechterpolitischen Verhältnisse nicht so klar oder im Umbruch sind. In den Fällen, wo das feminine Genus widerständig klingt (z. B.: Poetiker und Poetikerinnen im 17. Jahrhundert), ist dies ein Signal für faktisch bestehende geschlechterbedingte Missverhältnisse: sei es durch den Ausschluss von Frauen von Bildungs- und Kultureinrichtungen oder sei es durch eine Traditionsbildung und Überlieferungspraxis, die kulturelle Beiträge von Frauen marginalisiert hat. Denn nicht nur auf der Produktionsebene wird gesellschaftliche Exklusion betrieben (vgl. Heydebrand/Winko 1995; Thurner 2010).

Erst durch die sich gegen Ende des 20. Jahrhunderts (mit Anfängen in den 1980er Jahren) etablierende Frauenforschung wurden viele Autorinnen früherer Zeiten (wieder) entdeckt und Frauenliteraturgeschichten und -lexika veröffentlicht (vgl. z. B. *Deutsche Literatur von Frauen* 1988; *Autorinnen Lexikon* 2002; *Frauen-Literatur-Geschichte. Schreibende Frauen vom Mittelalter bis zur Gegenwart* 2003; Lehmstedt 2004; Schmid-Bortenschlager 2009; zur Gegenwart: *KLG-Extrakt: Schriftstellerinnen* 2018 ff.).

Das Desiderat geht dabei noch weiter, marginalisiert wird bekanntermaßen nicht nur auf der Basis des Geschlechts. Auf strukturelle Rassismen in der aktuellen Theaterlandschaft etwa reagieren Bestrebungen eines »postmigrantischen Theaters« (vgl. Kap. 4.4.4).

1 Texte für das Theater: Voraussetzungen

Im strengen Sinn ist ein Drama als Text ein unvollständiges Kunstwerk, denn es ist ein sprachliches Produkt, das auf seine Präsentation auf der Bühne zielt. Abgesehen von dem Sonderfall, dass es direkt als Lesedrama geschrieben wurde, wird ein Drama erst mit seiner Aufführung vollendet: Die angestrebte Rezeptionsform ist nicht die des Lesens, sondern die des Zuschauens. Der Dramentext selbst, so könnte man zuspitzen, zielt also in erster Linie auf die Vermittler: die Theaterakteure (von Regie und Dramaturgie[1] bis zum Schauspiel und zur Bühnenbildnerei). Vom »›Partitur‹-Charakter des Textes« spricht daher Walter Hinck (1980, S. 7), und Franziska Schößler beschreibt die Inszenierung als zweite Komponente, die neben »dem schriftlich fixierten Text« zum Drama dazugehöre, indem sie den Text in eine sinnlich (akustisch und visuell) zu rezipierende Form »übersetzt« (Schößler 2012, S. IX). Dennoch ist das Drama auch schon als Text zu verstehen, da ihm die Signale für den Transfer auf die Bühne eingeschrieben sind, die entsprechend auch beim Lesen wahrgenommen werden können.

Im Vergleich zu Begriffsverwendungen, bei denen mit »**Drama**« das Theater mitgemeint ist, wird im vorliegenden Band genau getrennt: Als Drama wird hier ausschließlich die Textform bezeichnet (in synonymer Verwendung gebräuchlich: Bühnenwerk, Theaterstück). Dieser Text wird inszeniert und in Aufführungen dem Publikum dargeboten. Auch hier gilt es, terminologisch zu differenzieren: Während »**Aufführung**« die einzelne konkrete Realisierung bezeichnet, die sich nie genau so wiederholen lässt (z. B. sind bei jeder Aufführung andere Zuschauer anwesend wie auch die Tagesform der Schauspieler variiert), verweist »**Inszenierung**« auf das dahinterliegende Realisierungskonzept, was die Gesamtheit der Probenarbeit und der Aufführungen einschließt.

Dass sie letztlich nicht für das Medium Buch schreiben, sondern für das Medium Theater, verändert die Rahmenbedingungen für die Dramenautoren wesentlich – was entsprechend auch bei der Analyse von Dramen berücksichtigt werden muss. Für die Autoren gilt, dass beim Schreiben eines Dramas die **Theaterbedingungen** zu bedenken sind: Was ist technisch (mit der vorhandenen Bühnentechnik usw.) überhaupt aufführbar? Welcher Zeitumfang ist zumutbar? Welche Erwartungen und Konventionen sind zu beachten, um eine erfolgreiche

1 Der Begriff »Dramaturgie« hat verschiedene Bedeutungen. Er kann sich auch auf das Kompositionsprinzip des Dramas beziehen. Im Kontext des praktischen Arbeitsfeldes des Theaters bezeichnet er dagegen den Tätigkeitsbereich des Dramaturgen als Mitarbeiter und Berater der Theaterleitung und – im Sinne eines Vermittlers zwischen Text und Bühnenpraxis – des Regisseurs (vgl. *Theaterlexikon* 1, 2007, S. 316).

Aufnahme zu fördern? Welche Erläuterungen sind dem Text für die Theaterakteure mitzugeben, damit die Umsetzung in beabsichtigter Weise gelingt? Die Orientierung an den Bühnenerfordernissen (allgemein-strukturell und spezifisch in der jeweiligen historischen Situation) bedingt maßgeblich die Form des Dramas.

Bei all diesen Aspekten wird schnell klar: Sie sind in hohem Maß einem historischen Wandel unterworfen. Außerdem sind sie von den jeweils adressierten sozialen Gruppen (z. B. Theater für eine sozial breite Öffentlichkeit oder für den Hofadel) und von allgemeinen kulturellen Prägungen abhängig. Dies beginnt bei Bühnenformen und technischen Möglichkeiten, geht über Schauspiel- und Regiestile und endet bei Sehgewohnheiten und Geschmacksfragen.

Will man ein Drama analysieren, sollte man sich daher das jeweilige historische Umfeld vergegenwärtigen, in dem und für das es geschrieben wurde. Denn dieses bestimmt wesentlich die Rahmenbedingungen und damit die Ausdrucks- und Gestaltungsmöglichkeiten, die vorherrschten und vor deren Hintergrund auch etwaige Besonderheiten eines Dramas erkennbar werden.

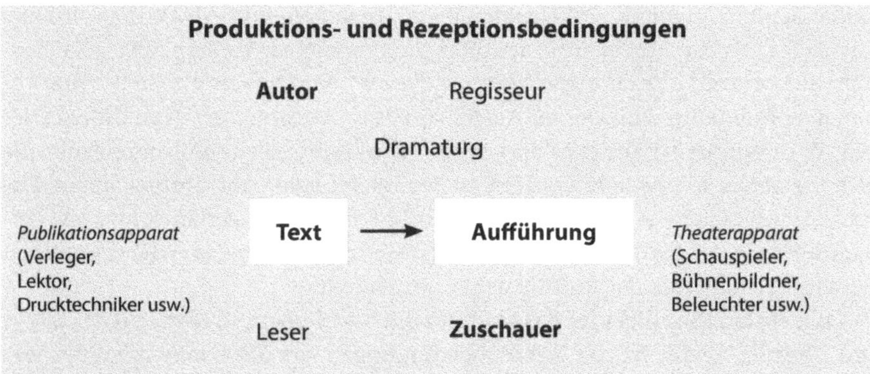

Abb. 2: Beteiligte im Produktions- und Rezeptionsprozess

Außerdem ist ganz allgemein im Blick zu behalten, dass die Wirkungsästhetik eben auf ein *zuschauendes* Publikum zielt und dass der Zeichencode des Textes im Prozess der Inszenierung also um weitere theatrale Codes (visuelle, akustische) erweitert werden muss. In diesem Sinne kann man das dramatische Gesamtkunstwerk als »aufgeführten Text« auffassen, der »**plurimedial**« funktioniert, also nicht nur unter Nutzung »sprachlicher, sondern auch außersprachlich-akustischer und optischer Codes« (Pfister 2001, S. 24 f.).

Will der Autor die Zuschauer erreichen, muss er also schon bei der Textproduktion die theatralen Umsetzungsprozesse mitbedenken. In diesem Kapitel wird daher zunächst einmal auf das Medium des Theaters (im Rahmen europäischer Theatertraditionen) eingegangen: als Zielpunkt, auf den hin der Dramentext angelegt ist.

1.1 Was ist Theater?

Die Frage, was Theater ist, hat Erika Fischer-Lichte mit einer **Minimaldefinition** beantwortet: Theater bedarf mindestens »einer Person A, welche X präsentiert, während S zuschaut« (Fischer-Lichte 2007, S. 16).

Es müssen somit notwendigerweise zwei Dinge zusammenkommen: ein bewusster Darstellungsakt einerseits und die gleichzeitige Anwesenheit von einem oder mehreren Zuschauern. Ohne Darsteller, aber auch ohne Publikum gibt es kein Theater. Rollenspiele unter Kindern (bei denen es nur Akteure und keine Zuschauer gibt), auch Aktionsformen wie das »Unsichtbare Theater« nach Augusto Boal (bei dem kritische Situationen von Eingeweihten gespielt werden, um die – nicht eingeweihten – Passanten zu Reaktionen herauszufordern) fallen damit her-

Theater: Es gibt eine Person A, die X verkörpert, während S zuschaut.

A agiert ➤ **auf bestimmte Weise**

- visuelle Zeichen:
  Gesicht: mimisch
  Körperbewegungen ohne Positionswechsel: gestisch
  Bewegungen im Raum: proxemisch
- akustische Zeichen:
  Sprechen: linguistisch (Wörter) oder paralinguistisch
  Singen: linguistisch oder rein musikalisch
  Geräusche anderer Art

➤ **mit spezifischem Äußeren**

- personenspezifisch gegeben (›natürliche‹ Zeichen):
  Gesicht, Gestalt, Haare
- temporär hergerichtet (›künstliche‹ Zeichen):
  Kleidung, Make Up, Perücke u. Ä.

➤ **in einem bestimmten Raum**

- Raumkonzeption
- Dekoration und Requisiten
- Beleuchtung

Abb. 3: Theater (nach Fischer-Lichte 2007)

aus. Denn erst mit der Zurschaustellung, die als solche von einem Publikum erkannt wird, entsteht Theater im engeren Sinne. Das Theatrale unterscheidet sich vom Alltäglichen durch die absichtsvolle »Hervorhebung« im Rahmen eines »besonders hergerichtet[en]« oder durch andere Markierungen ausgewiesenen Ortes (Eintrittskarte, Versammlungspunkt): »Das Dar- oder Zur-Schau-Stellen bezeichnet [...] eine Abgehobenheit in einer bestimmten Umgebung, einem Rahmen (frame)« (Kotte 1998, S. 122).

Innerhalb dieses Rahmens vollzieht sich ein **Zusammenspiel mehrerer Zeichensysteme**. Die Theateraufführung eines Dramas realisiert den Text nicht nur mit Sprache und Stimme, sondern kombiniert dies mit Gestik, Mimik und Bewegung der Schauspieler im Raum, ihrer äußerlichen Erscheinung inklusive Kostüm und Maske, einer Gestaltung und Ausstattung des Raums mit Kulissen und Requisiten, Beleuchtung sowie ggf. Videoeinspielungen und Musik oder Geräuschen, womöglich auch Gerüchen.

Bei einer **Inszenierungsanalyse** sind diese Elemente als komplexer theatraler Code im Wechselverhältnis zueinander zu untersuchen. Das Theatersystem funktioniert natürlich auch ohne Textvorlage, wie etwa im speziellen Bereich der Performance-Kunst. Geht man aber vom textbezogenen Theater aus, bieten sich für die Inszenierungsanalyse zwei Wege an: entweder die *Strukturanalyse*, bei der man sich die einzelnen Ebenen, also Figur, Handlung, Raum usw., vornimmt, oder die *Transformationsanalyse*, bei der die Entwicklung vom Text bis zur Inszenierung als Interpretationsakt nachvollzogen wird (zur Vertiefung empfohlen: Balme 2014, S. 87–119; Weiler/Roselt 2017).

Die verschiedenen Elemente der im Theater zur Verfügung stehenden Zeichensysteme bilden den Werkzeugkasten der Inszenierung, die je nach **Regiestil** nah an der Textvorlage orientiert sein kann (*werktreue Inszenierung*) oder auch im Gegenteil den Text nur als Ausgangsmaterial für ein ganz neues Kunstwerk sehen kann, das der Regisseur schafft (*Regietheater*). Dazwischen liegen alle Grade der Abstufung, wobei die *Aktualisierung* (weitgehende Orientierung am Text, aber Anpassung an die moderne Welt, etwa in den Kostümen oder auch in der Aufladung bestimmter Aspekte der Textvorlage mit aktuellen Bezügen) eine besonders beliebte Variante darstellt (vgl. zu Regiestilen sowie zu einzelnen Regisseuren: *Theaterlexikon* 2, 2007).

Die Spezifik des Mediums Theater lässt sich auch über die Schlüsselbegriffe Theatralität und Performativität beschreiben. Mit »**Theatralität**« bezeichnet man die Leistung der Theateraufführung als Kombination der verschiedenen Zeichensysteme, die über den Text hinausgehen. Es handelt sich damit um einen Gegenbegriff zu einer Vorstellung, die das Theater lediglich als nachgeordnet zum Text versteht: als bloße *mise en scène* (Inszenierung) des Dramas. Mit Theatralität wird zudem die spezifische Theatersituation gefasst, die durch die gleichzeitige Anwesenheit (»*Ko-Präsenz*«) der Akteure und Zuschauer bestimmt wird. Der Begriff findet jedoch auch jenseits des Theaters Anwendung: für ein bewusst inszeniertes Ausstellen, das so auch aufgenommen wird.

»**Performativität**« bezieht sich darauf, wie im Theater Inhalte ihre Gültigkeit erhalten. Dem liegt der Begriff der Performanz zugrunde, der der Sprechakttheorie von John Langshaw Austin entlehnt ist: Ein performativer Sprechakt vollzieht im Moment des Aussprechens zugleich eine Handlung (z. B. die Eheformel in der Kirche). Eine solche Kraft kommt im Theater dem Akt des Aufführens zu (allerdings nur für die Dauer der Theateraufführung). Spricht man von der Performativität des Theaters, bezieht man sich auf einer Metaebene auf dieses System des Performativen.

Im Theater wird das im Spiel Ausgedrückte durch das bewusste Darstellen und das bewusste Anschauen besonders ausgestellt. Erika Fischer-Lichte hat für das Zeichensystem des Theaters hervorgehoben, dass es hier nicht nur – wie in der kulturellen Praxis einer Gesellschaft – um eine einfache Bedeutungszuweisung geht (indem man z. B. mit der Kleidung auf eine Wetterlage reagiert, sich einer bestimmten sozialen Schicht zuordnet oder sich berufsbedingt rollengerecht verhält): Im Theater wird dies mit einem zusätzlichen Zeigegestus versehen (der Schauspieler ist nicht identisch mit der Figur, die die Kleidung als Zeichen auf der Bühne trägt usw.). Es findet »in gewissem Sinne eine ›Verdoppelung‹ der Kultur, in der Theater gespielt wird, statt: die vom Theater hervorgebrachten Zeichen denotieren jeweils die von den entsprechenden kulturellen Systemen hergestellten Zeichen. Die theatralischen Zeichen sind daher stets Zeichen von Zeichen« (Fischer-Lichte 2007, S. 19). Diese metareferentielle Beziehung besteht grundsätzlich, kann aber für die Rezeption ausgeblendet (im traditionellen Illusionstheater) oder selbst zum Thema gemacht werden (z. B. in Brechts epischem Theater oder im postdramatischen Theater).

In Anlehnung an Philippe Lejeunes Begrifflichkeiten, mit denen er faktuales von fiktionalem Erzählen unterscheidet (Lejeune 1994),[2] könnte man in der traditionellen Theatersituation von einem **performativen Pakt** zwischen den Thea-

2 Lejeune geht es um die Gegenüberstellung von Autobiographie und Roman: Während beim »autobiographischen Pakt« dem Leser eine Identität zwischen Autor und (Ich-)Erzähler präsentiert wird (deutlichstes Signal dafür ist die Namensgleichheit), besteht beim »Romanpakt« eine strikte Trennung zwischen der Person des Autors und der Erzählerfigur.

terakteuren und dem Publikum sprechen: Für die Dauer der Aufführung lässt sich der Zuschauer auf das Spiel auf der Bühne ein, als wäre es eine für sich stehende ›Realität‹. Darauf zielt die Vorstellung der imaginären *vierten Wand.* Entsprechend pointiert Pfister (2001, S. 327), dass sich im Fall der ›absoluten‹ dramatischen Kommunikation »der reale Schauspieler für den Rezipienten völlig in die fiktive Figur [verwandelt] und ebenso die Bühne in den fiktiven Aktionsraum«. Dagegen werde »diese Absolutheit durchbrochen und ein episch vermittelndes Kommunikationssystem etabliert, wenn die konkreten Elemente der theatralischen Darstellung und damit der Prozeß der Darstellung selbst hinter der Fiktion sichtbar bleiben oder sie sogar verdrängen« (Pfister 2001, S. 327 f.) – wie es etwa speziell im epischen Theater nach Brecht (vgl. Kap. 4.4.1) oder in vielen Inszenierungen der jüngeren Zeit der Fall ist. Solche Durchbrechungen der Trennung zwischen außerfiktionaler Ebene (der Ebene der Produktion und Rezeption) und innerfiktionaler Ebene (der Figurenebene des Dramas) können bereits dem Dramentext eingeschrieben sein, worauf noch einzugehen sein wird.

Man erkennt an der knappen Darstellung bereits, dass man sich dem dramatischen Kunstwerk grundsätzlich von zwei Seiten her nähern kann: eher vom theatralen Endprodukt her (*theaterwissenschaftlich*) oder von der Ausgangsbasis der Textvorlage her (*literaturwissenschaftlich*), wobei jeweils auch die andere Seite berücksichtigt werden sollte.

Da es uns um die Dramenanalyse, also sogar im engeren Sinne um den Text geht, ist für unsere Zusammenhänge besonders interessant, welche Theaterfaktoren bereits bei der Textproduktion eine Rolle spielen und die Anlage des Dramas beeinflussen können. Die folgende genauere Darstellung beschränkt sich entsprechend auf zwei Faktoren des Theaterbetriebs: Bühne und Schauspieler.

1.2 Die Bühne

Als Voraussetzung des Zur-Schau-Stellens bedarf es einer ›Bühne‹ als Aktionsraum der Darsteller. Prinzipiell kann jeder Raum zur Bühne werden, auch außerhalb eines genuinen Theatergebäudes, beispielsweise eine Kirche, ein Gerüst auf einem Marktplatz, der Marktplatz selbst mit den angrenzenden Häusern als Kulisse, aber auch eine Straße, ein Wohnzimmer usw.

Die **Bühnengegebenheiten** unterscheiden sich darin,

- ob sie sich im Freien (mit offenen Zugängen oder in einem baulich abgeschlossenen Bezirk) oder in geschlossenen Gebäuden befinden,

- ob (und dann in welchem Maße) sie wandelbar sind oder nicht,
- ob sie erhöht sind (Podium) oder nicht,
- ob es nur eine oder mehrere Spielflächen gibt,
- und schließlich darin, wie die Bühne zum Publikum positioniert ist (mittig, seitig oder umgebend). Entscheidend ist dabei immer, dass der entsprechende Raum als Bühne ausgewiesen bzw. wahrgenommen wird.

Welchen Einfluss dabei die Rezeptionshaltung hat, veranschaulicht ein extremes Beispiel des Theaterkollektivs Rimini Protokoll: Die Zuschauer sitzen in einem umgebauten Lastwagen, ausgerichtet auf eine der Längswände, die als Videoprojektionsfläche oder als Fenster dienen kann, so dass von Zeit zu Zeit der Blick auf die reale Stadt freigegeben wird, durch die man fährt (erstmals im Pilotprojekt »Cargo Sofia«, uraufgeführt 2006 in Basel, seither in verschiedenen Varianten fortgeführt). Nun ist dies ein Grenzfall, der die Theaterdefinition von Fischer-Lichte überschreitet, denn die Menschen in der realen Umgebung, durch die der Truck fährt, wissen nicht, dass sie Teil einer Inszenierung werden, sind also keine Schauspieler, die eine Figur verkörpern – wenngleich der Zuschauer sie assoziativ mit den gleichzeitig eingespielten Tonaufnahmen verbindet. Durch die Rahmung wird der Zuschauer mit den eigenen Sehgewohnheiten und Erwartungen konfrontiert. Es wird damit gespielt, die Realität als Inszenierung, die Stadtszenerie als Theaterbühne wahrzunehmen. Dies funktioniert, weil die Zuschauer das Konzept eines Theaters internalisiert haben, das ähnlich mit Sitzreihen auf einen Seh-Ausschnitt hin ausgerichtet ist.

Die heute in Europa immer noch prägende Vorstellung von einer Theaterbühne ist die **Guckkastenbühne** mit Rampe, ggf. auch mit Orchestergraben, die von einem Bühnenportal mit Vorhang gerahmt wird und deutlich vom Zuschauerraum abgetrennt ist. In dieser Form geht sie auf eine Entwicklung des 17. und 18. Jahrhunderts zurück, die auf die Erzeugung einer möglichst vollkommenen Illusion zielte: Das Publikum schaut dem Geschehen wie durch eine fehlende Wand (die sog. *vierte Wand*) zu. Diese Grundform passte zum höfisch-repräsentativen wie zum konfessionell-didaktischen Barocktheater, das zur Illusionssteigerung auf aufwendige Kulissen und wirkungsvolle Theatereffekte setzte und mit Unterbühne und Schnürboden (einer Zwischendecke über der Bühnenfläche, von der aus man über Seilzüge Bühnenbestandteile heben und senken kann) auch Hölle und Himmel zu inszenieren verstand. Sie passte ebenso zum bürgerlichen Theater des 18. und dann 19. Jahrhunderts – etwa dem Theater der Aufklärung, das sich der Wahrscheinlichkeit verpflichtet wusste, und dem naturalistischen Theater, dem es um ein möglichst genaues Abbild der Wirklichkeit ging.

Die Raumgestaltung tangiert zudem das **Verhältnis zum Publikum**. Mit der Guckkastenbühne ist diesbezüglich eine bestimmte Vorstellung verbunden: Die Rolle des Publikums ist auf die des rezipierenden, dabei körperlich passiven Zuschauens beschränkt. Die Trennung zwischen der Aktion auf der Bühne und deren Rezeption ist architektonisch kategorial gesetzt, Interaktionen sind nicht vorgesehen.

In der Moderne und spätestens mit Bertolt Brecht ist diese Trennung zunehmend hinterfragt worden – was konsequenterweise auch zu anderen Raumkonzepten führte: zum Entwurf neuer Formen (man denke etwa an die – nicht realisierten – experimentellen Planungen von Erwin Piscator und Walter Gropius, vgl. Gropius [1934], in: Brauneck 1982, S. 161–169) und zum Rückgriff auf alte Formen (z. B. die mittelalterliche Simultanbühne).

Antike: **griechisches Amphitheater** (vergleichbar, in leichter Variation: das römische Theater)	Die offene Anlage bestand aus Zuschauerreihen, dem *théatron* (›Schauanlage‹), im ansteigenden Halbrund oder Überrund um die *orchéstra* (›Tanzplatz‹), einem Mittelplatz, der dem Chor diente. Die Rundform war allerdings noch bis ins 4. Jahrhundert v. Chr. keineswegs zwingend: Auch Orchestren mit rechteckigem Grundriss sind nachgewiesen. Dahinter befand sich die *skené*, ursprünglich ein variabler Zeltbau, später ein gemauerter Kulissenbau (Häuserfassade mit Türen und Dachansatz) mit vorgelagertem *proskénion*, einer kleinen erhöhten Vorbühne, auf der die Schauspieler agierten. Es gab keine künstliche Beleuchtung, aber einen Kran (die *mechané*), um Flugeffekte oder Göttererscheinungen (vgl. »Deus ex machina«) darzustellen, und einen Bühnenwagen (das *ekkýklema*) für die Präsentation signifikanter Schaubilder. Es handelte sich um ein Massentheater für viele tausend Zuschauer (für das Dionysostheater aus dem 5. Jahrhundert v. Chr. in Athen werden bis zu 17 000 Plätze geschätzt; vgl. Isler 2017, S. 78). Schon aufgrund der zu überbrückenden Distanz bis in die letzten Reihen musste auf stilisierte Darstellung gesetzt werden: Masken, Kostüme und das ab dem 3. Jahrhundert v. Chr. erhöhte Schuhwerk der Tragödien-Darsteller (der Kothurn, von *kóthornos* ›Stiefel‹), übersteigerte Gesten, Deklamation und Chorgesang.
mittelalterliche Simultanbühne	Im offenen Raum waren alle Spielstätten als Stationen gleichzeitig präsent (im Raum, auf Baugerüsten oder Schauwagen aufgebaut) und wurden von den Zuschauern nacheinander abgeschritten. Die Bezeichnung »Simultanbühne« bildet den Gegensatz zu Theaterformen, bei denen der Wechsel von Szenerien durch Umbau zeitlich nacheinander auf derselben Bühne erfolgt (»Sukzessionsbühne«).

elisabethanisches Theater (England)	Bühnensituation Shakespeares: Der geschlossene runde Theaterbau mit Teilüberdeckung hatte eine von einer Hintergrundbühne in die Mitte hineingebaute erhöhte Vorderbühne, die als zentrale Spielfläche diente. Neben Sitzrängen gab es auch Stehplätze auf dem Platz um die Vorderbühne herum, so dass mit direkter Nähe zum Publikum gespielt wurde. Falltüren in der Bühne erlaubten Versenkungseffekte, mit Kulissen wurde aber nur in eingeschränktem Maß gearbeitet und mit dem offenen Himmel hatte bei Tageslicht Kerzenbeleuchtung kaum Effekt, so dass Nachtszenen und auch größere Wechsel in der Szenerie oft auch durch die Figurenrede markiert wurden, um die Imagination des Publikums zu aktivieren.
Wanderbühne	Bei den Schauspielen für die breite Bevölkerung auf Marktplätzen, die – Ende des 16. Jahrhunderts durch englische, niederländische und italienische Schauspielertruppen eingeführt – im deutschsprachigen Raum bis ins 18. Jahrhundert hinein verbreitet waren, nutzten die Truppen eine mobile erhöhte Bühne mit Rückwand auf einem Wagen, mit dem sie von Ort zu Ort zogen. Diese Bühne bot einfachste Theaterbedingungen im Freien und mit engem Kontakt zum Publikum, das den Wagen umstand. Sie bot kaum Bühnentechnik und nur Raum für wenige Darsteller und Requisiten. Entsprechend ungeeignet war dies für Szenen mit viel Personal oder schnellen Bühnenbildwechseln.
Hoftheater	Aus den höfischen Festen der Renaissance hervorgegangen, entwickelte sich, finanziert und verwaltet vom jeweiligen Hof, ein Theater für ein aristokratisches Publikum, das im deutschsprachigen Raum erst mit dem Ende des Ersten Weltkriegs seinen höfischen Bezug vollständig verlor. Es fand in festen Theaterhäusern mit prunkvoll ausgestatteten Publikumssälen und ausgefeilter Bühnentechnik statt. Im Gegensatz zu den bürgerlichen Schauspielhäusern, die im Zuge der Aufklärung entstanden, erfüllten die Hoftheater neben der Theaterdarbietung den Zweck der Repräsentation höfischer Macht. Symbolisiert wurde dies durch eine spiegelbildliche Theaterarchitektur mit einer der Bühne gegenüber gelagerten fürstlichen Loge. In der Hochphase des Hoftheaters im 17. Jahrhundert wurde die künstliche Beleuchtung auch während der Aufführung nicht gelöscht, was die doppelte Blickführung zur Bühne und zur Loge unterstützte.
Guckkastenbühne	Eine Bühne im geschlossenen Theaterhaus, die mit Bühnenportal und Vorhang vom Zuschauerraum getrennt ist, und zumeist zur Steigerung der Illusion über Bühnentechnik verfügt (Kulissenanlagen, Schnürboden, Unterbühne). Auch wenn sie erst im Laufe des 18. Jahrhunderts mit dem Begriff »Guckkastenbühne« belegt wurde, findet sie sich baulich bereits im opulent ausgestatteten Hoftheater des 17. Jahrhunderts.

Im Gegensatz zur Kinosituation, bei der es keine Interaktion zwischen Darstellern und Zuschauern gibt (Situation der Trennung), erzeugt die Präsenz der Theatersituation immer eine Wechselwirkung, die je nach **Bühnenform** nur in Art und Intensität variiert. Mit Carlson (1987, S. 67) unterscheidet man grundsätzlich je nach Verortung der Spielfläche relativ zum Publikum vier räumliche Möglichkeiten: Sie kann beim Theater

- (1) *konfrontativ* (Guckkastenbühne),
- (2) *hineinragend* (Vorbühne),
- (3) *zentriert umkreist* (Arena) oder
- (4) *im Raum verteilt* (umgebend) angelegt sein.

Aus theaterwissenschaftlicher Perspektive ist das Raumerlebnis ein Kernthema (vgl. Balme 2014, S. 151–163). Hier werden der **theatrale Raum** (als Gesamtanlage von Zuschauer- und Darstellerraum) sowie der **szenische Raum** (der Bühnenraum als Spielfläche und Bühnenbild) behandelt. Der **dramatische Raum** ist dagegen Gegenstand der textwissenschaftlichen Untersuchung, nämlich die Räumlichkeit, die im Dramentext gestaltet ist (Schauplätze und Raumsemantik, vgl. Kap. 2.3.1).

Im Blick auf die Dramenproduktion gilt allgemein: Bühnenbau und Stückkonzeption können sich wechselseitig beeinflussen. Zum einen entwickelt sich die Theaterarchitektur entsprechend den Bedürfnissen einer Gemeinschaft und deren Vorliebe für bestimmte Arten von Aufführungen, zum anderen hängt von den bestehenden Bühnengegebenheiten ab, welche Stücke spielbar sind und damit vorzugsweise produziert werden. Die herrschende Konvention ist als Faktor im Theaterbetrieb ernst zu nehmen, Reformprozesse sind immer auch vor dem Hintergrund etwaiger Hindernisse angesichts der zeitgenössischen Bühnenpraxis zu bewerten.

Welche Relevanz die bautechnischen Gegebenheiten der Bühne für Überlegungen zum Verfassen von Dramen hat, zeigt exemplarisch ein Blick zurück in die griechische Antike, die als Wiege der europäischen Theaterkultur gilt. Die älteste überlieferte Poetik ist die von Aristoteles, auf die in späteren Jahrhunderten immer wieder verwiesen wurde. Genauer wird darauf in Kap. 4.1 eingegangen, hier sei nur auf ein besonders wirkungsmächtiges Element verwiesen: die »drei Einheiten« (auch »aristotelische Einheiten« genannt) von Handlung, Ort und Zeit, gemäß derer ein gelungenes Drama einen zusammenhängenden Handlungsstrang verfolgen müsse, der sich an einem Ort und im Verlauf maximal eines Tages abspielt. Dies ist in späteren Zeiten (z. B. im französischen Klassizismus und der daran orientierten deutschen Frühaufklärung) oft als unantastbares Dogma fixiert worden – und entsprechend von Neuerern des Theaters (z. B. im Sturm und Drang) angefeindet worden, die im Namen von mehr Natürlichkeit und künstlerischer Freiheit gegen zu viel Regelstrenge opponierten (vgl. Kap. 4.3). Ein ›Dogma‹ ist es bei Aristoteles aber nicht gewesen, sondern vielmehr eine logische Schlussfolgerung angesichts der Theaterpraxis seiner Zeit.

Wenn man sich die Spielflächen des griechischen Theaters vergegenwärtigt, wird schnell klar, dass Aristoteles hier vor allem als Praktiker argumentierte. Denn es handelte sich um Freilichtbühnen, bei denen es keine Möglichkeit gab, Kulissen umzubauen. Für ein Theater im späten 18. Jahrhundert dagegen, das in der Regel in geschlossenen Theaterhäusern mit ohnehin künstlicher Beleuchtung stattfand und über Bühnentechnik sowie Kulissen verfügen konnte, mussten die Einheiten von Zeit und Raum als starre und letztlich willkürliche Regeln erscheinen.

Das Beispiel zeigt zugleich auch, dass der Diskurs über die Gestaltung eines Dramas eine eigene Dynamik hat, dass die bühnentechnischen Möglichkeiten in ihren Auswirkungen auf die Dramengestaltung also nicht als einfaches Abhängigkeitsverhältnis zu bewerten sind. Die Bühnenform ist Ausdruck und zugleich Bedingung von gesellschaftlichen und künstlerischen Prozessen, aber sie ist nur ein Element in einem Bündel von Faktoren, das für jede Theatersituation in ihren sozialen, kunstpraktischen und -theoretischen Wechselwirkungen historisch zu ergründen ist.

1.3 Die Schauspieler

Dass Schauspieler die Wirkung eines Stücks bei der Theateraufführung maßgeblich beeinflussen (Besetzung, Schauspielstile), leuchtet unmittelbar ein. Tatsächlich kann sich der Gedanke an die Schauspieler schon in der Konzeption eines Dramas niederschlagen – und zwar beim **Personeninventar** hinsichtlich Anzahl und/oder Charakteristik der Figuren.

Im heutigen Theaterbetrieb kommt es nicht selten vor, dass Schriftsteller Auftragsarbeiten von Theaterhäusern erhalten, die nicht nur thematische Wünsche nennen, sondern auch eine bestimmte Anzahl von Rollen vorgeben. Dass die **Anzahl der Schauspieler** ein Faktor beim Verfassen eines Theaterstücks ist, ist jedoch kein neues Phänomen. Ein Beispiel liefert das barocke Schultheater. Dies zielte nicht nur auf eine Belehrung des Publikums, sondern sollte auch den darstellenden Schülern eine sprachlich-rhetorische Übung vermitteln und eine Einübung in richtiges Rollenverhalten ermöglichen. Christian Weises *Masaniello* (1683) etwa, ein Drama über einen Volksaufstand in Neapel 1647, entstand im Rahmen von Weises Tätigkeit als Direktor des Zittauer Gymnasiums. Er musste dafür Sorge tragen, dass alle Schüler eine Rolle erhielten, so dass das Personenregister nicht weniger als 78 Einzelfiguren und weitere Statistenrollen aufweist.

Je nach historischer Theatersituation kann die Kalkulation der Rollen sogar ein systematischer Faktor sein. Das war etwa im antiken griechischen Theater mit seiner extrem reduzierten Zahl von Schauspielern der Fall. Dem traditionellen Gesang des Chors mit Chorführer bei den attischen Dionysos-Festen soll der Dichter Thespis zum ersten Mal einen dramatischen Sprecher beigesellt haben, was man als Beginn der Tragödien ansieht: »Damit gab es die Rolle des *Protagonisten* und ein dialogisches Prinzip« (Erken 2014, S. 11). Aischylos führte dann einen zweiten Schauspieler ein, Sophokles abschließend einen dritten.

Dies bedeutet nun nicht, dass es auch nur drei Sprechrollen geben durfte, denn ein Schauspieler konnte schließlich mehrere Rollen übernehmen. Sophokles' *König Ödipus* (vor 425 v. Chr. uraufgeführt) hat beispielsweise neben dem Chor acht Figuren. Damit diese von nur drei Schauspielern dargestellt werden können, muss auf die Konstellation gemeinsam auftretender Figuren geachtet werden und auf eine Abfolge von Auftritten, die zeitlich die jeweils nötigen Kostüm- und Maskenwechsel erlaubt. Sofort erkennt man den Nutzen des Maskengebrauchs im antiken Theater, der einen schnellen Rollenwechsel begünstigte und im Übrigen ermöglichte, dass die ausschließlich männlichen Schauspieler ohne großen Aufwand auch Frauenrollen übernehmen konnten.

Neben der bloßen Figurenanzahl waren auch zu bedienende **Charakteristika der Rollen** ein Faktor. Für das europäische Theater des 17. bis 19. Jahrhunderts ist eine besondere Organisationsform der Theaterbetriebe zu berücksichtigen, die ursprünglich aus dem Spiel der Wandertruppen hervorgegangen war und als Übereinkunft in der Ensemblezusammensetzung der Theaterhäuser und Besetzungspraxis bei Aufführungen nachhaltig wirksam blieb: das **Rollenfachsystem**, demzufolge – in geschlechtsspezifischer Differenzierung – Schauspieler und Schauspielerinnen in einer Theatertruppe für bestimmte Arten von Rollen[3] verpflichtet wurden und auf solche Rollen dann auch ein gewisses Recht geltend machen konnten. »Ein Rollenfach«, so definieren Detken und Schonlau (2014, S. 5), »vereinigt Rollen, die einander in Bezug auf die darstellerischen Anforderungen (Talent, Technik, Körper) und/oder in Bezug auf die literarische Figur ähnlich sind. Die Zuordnung der Rollen – wie auch der Schauspieler – zu bestimmten Rollenfächern dient der funktionalen Rollenverteilung innerhalb eines Theaterstücks.«

3 Der Begriff der »Rolle« geht auf die Praxis von Papierrollen zurück, auf denen die jeweiligen Textauszüge und Handlungsanweisungen für die einzelnen Schauspieler aufgeschrieben waren (erstmals 1598 in Amsterdam bezeugt); in übertragener Bedeutung schließlich synonym als Bezeichnung für die zu spielende Figur verwendet (*Metzler Lexikon Theatertheorie* 2014, S. 300).

Dies ging einher mit einer Tendenz zur schematisierenden Einordnung von Figuren in Spielregister zwischen ehrwürdigem oder komischem Alten, jugendlichen Liebhabern mehrerer Stufen, Intriganten, Gecken, Koketten und Aushilfsrollen, wobei für ein Theaterhaus mindestens 16 verschiedene Fächer üblich waren (vgl. Detken/Schonlau 2014, S. 11). Zwar veränderten sich die gängigen Rollenfächer im Laufe der Zeit und wiesen auch synchron eine gewisse Bandbreite auf, aber ein konstanter Kernbestand kann ausgemacht werden. Das älteste und zunächst auch ranghöchste Fach ist der *Spaßmacher* (*Harlekin* oder auch *Hanswurst*). Er hatte eine zentrale Funktion im Wandertheater, das finanziell darauf angewiesen war, einer breiten Bevölkerung zu gefallen, so dass es zur Auflockerung üblich war, selbst bei tragischen Stücken lustige Zwischenauftritte einzuschieben. Mit der Entwicklung eines bürgerlichen Theaters und der zunehmenden Einrichtung fester Theaterhäuser (im deutschsprachigen Raum ab den 1770er Jahren) wandelte sich dies. Nun gewann das Fach des *zärtlichen Vaters* das höchste Prestige. Zusammen mit der *Mutter*, den *Liebhabern* bzw. *Liebhaberinnen* (»*innamorati*«) und *Intriganten* bzw. *Intrigantinnen* war dies eins der Kernfächer, die auch im 19. Jahrhundert noch Bestand hatten, auch wenn der Vater dann nicht mehr als »zärtlich« ausgewiesen wurde und meist auch gar nicht mehr als »Vater«, sondern als *schwerer Held* (im Kontrast zum *jugendlichen Helden*) (Detken/Schonlau 2014, S. 11 f.).

Die Zuordnung erfolgte nach Gattung (komisches oder ernstes Fach), Geschlecht, Alter, Stand (einige Rollenfächer erforderten den höfischen Ton) und nach National- und Rasse-Stereotypen (französische *chevaliers* oder *bonvivants*, auch das Rollenfach des *Juden*, was einige Aufschlüsse hinsichtlich gesellschaftlicher Diskurse gibt). Für die Schauspieler war das Geschlecht ein unhintergehbares Kriterium, auch das Alter (wobei man von Ausnahmen bei berühmten Schauspielern weiß).

Frauen hatten zwar im Vergleich mit den sonstigen gesellschaftlichen Möglichkeiten im Bereich des Theaters eine relativ große Entfaltungsmöglichkeit; man kennt Frauen, die Theatertruppen als Prinzipalinnen leiteten (z. B. die berühmte und einflussreiche Friederike Caroline Neuber, geb. Weißenborn, 1697–1760), oder Schauspielerinnen, die selbst Dramen schrieben (z. B. Friederike Sophie Seyler, geb. Sparmann, in erster Ehe verheiratete Hensel, 1738–1789, oder Sophie Albrecht, geb. Baumer, 1756–1840). Aber das Rollenfachsystem zeugt von der auch im Theaterwesen herrschenden strukturellen Geschlechterhierarchie (vgl. Schonlau 2010), denn die ranghöchsten Rollenfächer waren Männern vorbehalten, und bei zunehmendem Alter verloren Frauen potentiell an Ansehen, weil sie nur noch für die Rollen der Mutter oder komischen Alten in Betracht kamen, während Männer mit dem Fach des Vaters sogar aufsteigen konnten.

Das Rollenfachsystem löste sich gegen Ende des 19. Jahrhunderts schließlich auf, die Entscheidung über Besetzungen kam nun dem Regisseur zu. Seit Anfang des 21. Jahrhunderts bemühen sich Theater im deutschsprachigen Raum zunehmend um größere Diversität bei ihrer Besetzungspraxis, um die Lebensvielfalt der Gesellschaft auch über die Akteure abzubilden (vgl. Kap. 4.4.4).

Für die Hochphase der Rollenfachpraxis aber ist der Einfluss eines solchen Denkens in Mustern, denen die Figuren eines Theaterstücks zugeordnet werden, ein nicht zu unterschätzender Faktor sowohl für die Produktions- als auch die Rezeptionsseite, denn auch die Zuschauer waren daran gewöhnt. Der Dramenautor konnte mit diesen Rollenerwartungen bewusst spielen, sie entweder bedienen oder auch unterwandern, verfremden und überschreiten.

Für die Dramenanalyse lässt sich daraus die folgende Leitfrage gewinnen (vgl. Detken/Schonlau 2014, S. 13): Wie war das Rollenfachsystem zur Entstehungszeit des Dramas besetzt (hier helfen historische Lexika und Werke zur Schauspielgeschichte, vgl. Kap. 6.3) und wie passen die Figuren des Dramas dazu? Gerade wenn dies nicht so einfach aufgeht, ergeben sich interessante Startpunkte für die Interpretation, indem man nach der Wirkung und möglichen Funktion von Diskrepanzen fragt. Werden schon veraltete Rollenfächer wieder aktiviert, und wie wirkt sich das dann auf die Figurenkonstellation oder das dargestellte Gesellschaftsbild aus? Werden umgekehrt gängige Rollenfächer in einer Figur modifiziert und überschritten – und verweist dies eventuell auf einen nicht konventionell handelnden Charakter? Sind Figuren gar nicht zuzuordnen, warum und welchen Effekt hat das?

Gegebenenfalls gibt das Rollenfach auch einen Hinweis auf die moralische Bewertung einer in der Handlung ambivalent auftretenden Figur. Handelt es sich um das Rollenfach der *zärtlichen Mutter*, so wird man einer weiblichen Figur ein zwischenzeitlich problematisches Verhalten (so z. B. in Sophie Friederike Hensels *Die Entführung, oder: Die zärtliche Mutter*, 1772) nachsehen, weil sie grundsätzlich positiv einzuordnen ist, während dies anders zu gewichten ist, wenn das Rollenfach das der *komischen Alten* ist. Indizien für die Zuordnung können neben dem Personenregister und den Regieanweisungen die Attribute sein, die andere Personen im Stück der Figur zuweisen, wobei hier jeweils zu beachten ist, welche Glaubwürdigkeit der Person zukommt, von der die Äußerung stammt.

Bei der Untersuchung von Figuren hilft zudem, sich bewusst zu machen, welcher **Schauspielstil** zur Entstehungszeit des Dramas gängige Praxis war oder vom Autor vorgesehen wurde.

Im antiken griechischen Theater etwa mit Masken, gebundener Rede und Chorgesang konnte im sprachlichen wie körperlichen Ausdruck nur die große überindividuelle Geste wirken. In der Typenkomödie des 18. Jahrhunderts wurde der belehrende komische Effekt durch Überzeichnung im Spiel unterstützt. Im bürgerlich-empfindsamen Theater der zweiten Hälfte des 18. Jahrhunderts wurden dagegen Natürlichkeit und Wahrscheinlichkeit zu Leitlinien guten Schauspiels erhoben (vgl. Kap. 4.3), wobei diskutiert wurde, ob der Schauspieler dies am besten durch Einfühlung oder rationale Beherrschung herzustellen vermöge (vgl. Košenina 1995). Die Verabsolutierung naturgetreuer Darstellung fand schließlich im 19. und 20. Jahrhundert im naturalistischen Spiel einen Höhepunkt. Mit dem Brecht-Theater verbindet sich demgegenüber gerade die bewusste Distanznahme des Schauspielers von seiner Rolle, die er auch im Spiel zum Ausdruck bringen sollte (vgl. Kap. 4.4.1). Im postdramatischen Theater, etwa bei Jelinek, wiederum geht es oft kaum noch um individuelle Charaktere, sondern Sprache und Körper werden auf der Bühne zum Material in ausgestellten gesellschaftlichen Strukturen (vgl. Kap. 4.4.3). Die Entwicklungen im Bereich der Schauspielstile sind vielfältig (zur weiterführenden Vertiefung vgl. Baumbach 2012) und haben einen nicht zu unterschätzenden Einfluss auf die Figurenkonzeption in einem Theatertext.

1.4 Checkliste: Fragen zur Theatersituation – für die Dramenanalyse

- Ist das zu untersuchende Drama für eine potentielle Aufführung auf dem Theater angelegt oder von vornherein als Lesedrama konzipiert?
- Falls es sich um ein Lesedrama handelt oder jedenfalls um einen Text, der vom Autor gar nicht für eine Realisierung auf der Bühne vorgesehen war: Warum wird überhaupt eine dramatische Form gewählt, was könnte die Funktion der Präsentation in unvermittelter Figurenrede sein?
- Im Fall eines Theaterstücks, für das eine Aufführung denkbar ist: Wurde es tatsächlich aufgeführt und gibt es Rezeptionszeugnisse davon? (Zu Hilfsmitteln für die Recherche von Aufführungen siehe Kap. 6.3.)
- Auf welchen Adressatenkreis und welche dementsprechende Theaterform (z. B. Hoftheater, Wanderbühne o. Ä.) ist das Stück ausgerichtet?
- Wie waren die Theaterbedingungen? Welche technischen Möglichkeiten lieferte die Bühne, gab es in Bezug auf die ausführenden Schauspieler Rollenkonventionen (z. B. Rollenfachsystem)?
- Ist das Stück entsprechend dieser zeitgenössischen Theaterbedingungen angelegt oder gibt es (auffällige) Diskrepanzen und Überschreitungen?

2 Kommunikationssituation Drama

Stand im vorangegangenen Kapitel die Theatersituation als Beziehung zwischen Bühnengeschehen und Publikum im Zentrum, verschiebt sich die Betrachtung im Folgenden auf die Textgrundlage und die dramenspezifischen Formen der Informationsvermittlung.

2.1 *Showing* versus *telling*

Um die zentralen Kategorien der Dramenanalyse zu entwickeln, ist zuerst notwendig, sich die spezifische Kommunikationssituation zu verdeutlichen, der ein Drama mit seiner Ausgestaltung gerecht werden muss: Die szenische Darbietung bedingt zunächst einmal, dass sich die **Handlung in direkter Rede** vollzieht. Nicht nur die konkreten Interaktionen zwischen den Personen, sondern auch Gedanken sowie Informationen, die das Publikum zum Verständnis des Geschehens braucht, die aber nicht vorgeführt werden können (etwa zurückliegende Geschehnisse oder solche, die nicht auf der Bühne spielbar sind), müssen von Figuren ausgesprochen werden. Dies gilt als das konstitutive Merkmal der Textgattung Drama schlechthin, jedenfalls wenn man idealtypisch argumentiert und Sonderformen (etwa Brechts episches Theater) außer Acht lässt: Das traditionelle Drama hat keine vermittelnde Ebene wie beim Erzähltext, also keine Erzählerfigur bzw. keine Erzählinstanz. Die Darstellung vollzieht sich als *showing* (Zeigen) statt *telling* (Erzählen). Hier lässt sich zur Veranschaulichung das von Pfister entworfene Kommunikationsmodell von Sender und Empfänger aufgreifen (Pfister 2001, S. 20 f.): In Abb. 4 ist die vermittelnde Kommunikationsebene (in hellgrauer Schrift) nur beim Erzähltext (oben) vorhanden, beim Drama (unten) fehlt sie.

Allerdings sind bereits gute Argumente dafür vorgebracht worden, auch beim Drama narratologische (also erzähltheoretische) Betrachtungen vorzunehmen. Man kann hier zunächst einmal **transmedial** argumentieren und den Theaterrahmen einbeziehen, wie dies Jan Horstmann (2018) vorschlägt: Seiner These nach übernimmt bei der Aufführung der Theaterapparat die vermittelnde Erzählfunktion – in Abb. 4 unten die in hellerem Grau unterlegte Ebene zwischen äußerer und innerer Kommunikationsebene. Damit werden Elemente wie Licht und Geräusche, Bühnengestaltung, körperlicher Ausdruck der Schauspieler und andere theatrale Mittel (vgl. Kap. 1) als Elemente des theatralen Kommunikationssystems erkannt und entsprechend zu Untersuchungsgegenständen in einer narratologischen Betrachtung von Drama und Theater.

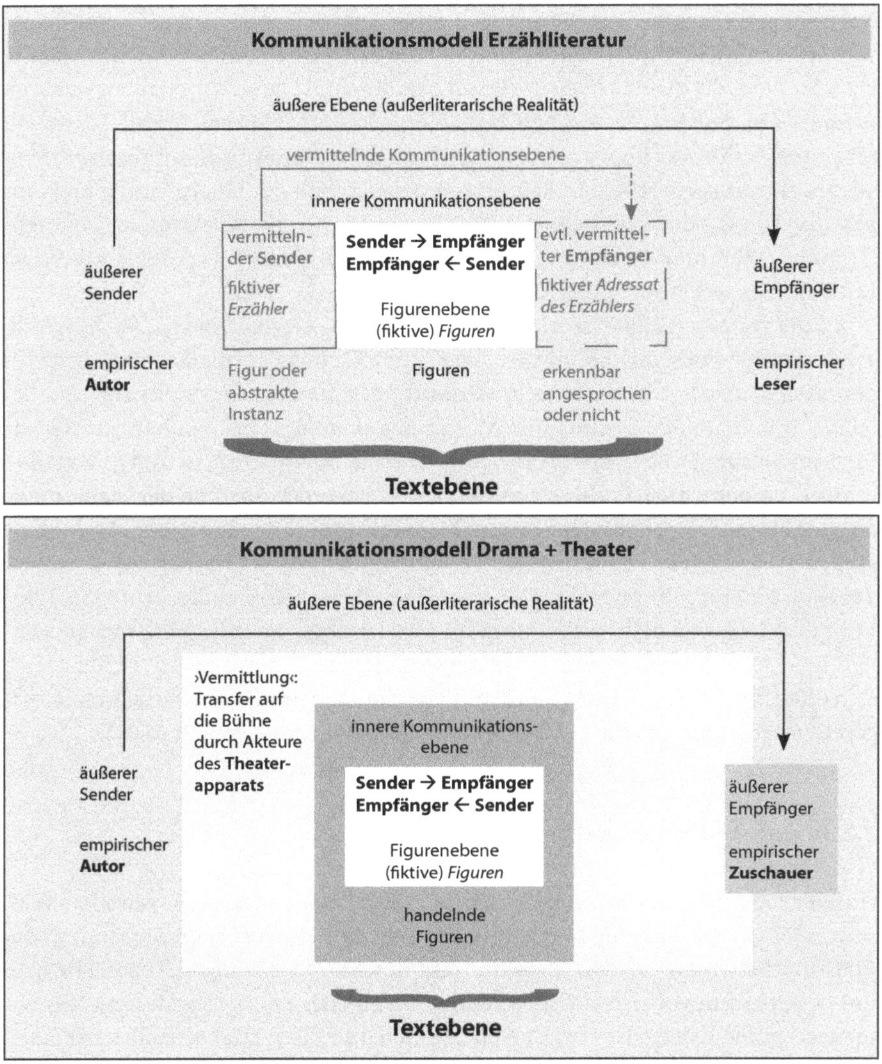

Abb. 4: Das Kommunikationsmodell (nach Pfister 2001, S. 20 f., übertragen auf das Theater)

Aber auch, wenn man sich auf die Textebene beschränkt, wie es das zentrale Anliegen der vorliegenden Einführung in die Dramenanalyse sein muss, kann man nach erzählenden Aspekten im Drama fragen.

Hierbei wird von einem weiter gefassten **Konzept des ›Erzählens‹** ausgegangen, das sich nicht nur auf Erzähltexte beschränkt, sondern sich als *transgenerische*

Narratologie versteht. Ein Vorbereiter einer solchen erweiterten Erzähltheorie war Seymour Chatman (zuerst 1978), der am Beispiel des Films betonte, dass in allen Medien, die die Kriterien der Sequenzialität und Handlung erfüllen, ›erzählt‹ werde – nur mit jeweils eigenen Darstellungsmitteln. Dieser Ansatz ist inzwischen auf das Drama übertragen worden (vgl. dazu Nünning/Sommer 2002; Weber 2017). Aus theoretischer Sicht geht es dabei neben der Überprüfung und Anpassung »klassischer narratologischer Kategorien für die Analyse von Dramen« (Nünning/Sommer 2002, S. 121) um »die Erstellung einer Typologie narrativer Darstellungsverfahren in dramatischen Texten« (ebd., S. 122).

Da die systematische Theoriebildung nicht unser Gegenstand ist, reicht an dieser Stelle der Hinweis, bei der Analyse eines Dramas aufmerksam zu sein für besonders auffällige **Momente erzählend vermittelter Darstellung**, also des *telling*, innerhalb des dominanten Modus des *showing*. Dies können ausufernde Regieanweisungen sein, spezielle Figuren mit Kommentatorfunktion (ein antikes Beispiel ist der Chor), Prologe und Epiloge, episierende Formen der Figurenrede (etwa Monologe, vorgelesene Briefe, Mauerschauen oder Botenberichte) sowie eingebettete längere Erzählungen (z. B. von vergangenen Geschehnissen, einem Traum oder einer Prophezeiung). Solche Elemente gehören zum primären Textverstehen und sind in ihrer Funktion für die Handlung zu interpretieren, sie können jedoch auch hinsichtlich der literarhistorischen Einordnung aufschlussreich sein (der Chor etwa gehört zur antiken Tragödie dazu, im Gegenwartsdrama dagegen ist es ein ungewöhnliches Element, das zur Deutung herausfordert).

2.2 Haupt- und Nebentext

Aus der Tatsache, dass üblicherweise im Theater Personen in unvermittelter Weise handeln, folgt, dass Figuren mit ihrer Rede den wesentlichen Bestandteil des dramatischen Textes bilden. Aber der Text beschränkt sich nicht darauf. Hat man ihn in Buchform vor sich liegen, so wird man zunächst einiges anderes wahrnehmen, beginnend beim Cover mit Autornamen und Titel. Dies setzt sich zwischen den Buchdeckeln fort mit dem Text, der um die Figurenrede herum auftaucht. Dass man es hier innerhalb des Gesamttextes mit verschiedenen Kategorien von Text zu tun hat, hängt mit der angesprochenen spezifischen Kommunikationsform im Drama zusammen, die anders ist als bei anderen literarischen Gattungen. Denn hier hat man Textelemente, die auf zwei potentiell verschiedene Rezeptionsweisen zielen: Text, der von einem Theaterpublikum zu hören sein wird, und Text, der als solcher nur zu lesen ist (und der dann gegebenenfalls in einer Aufführung in Gesten, Kostümen, Kulissen u. Ä. ›übersetzt‹ wiedergegeben wird). Um dem anderen Status der verschiedenen Textbestandteile Rechnung zu tragen, hat man die begriffliche Trennung von Haupt- und Nebentext eingeführt.

Wie sich dies auch für ein Lesepublikum darstellt, sei zunächst an einem Beispiel veranschaulicht: Jakob Bidermanns *Cenodoxus* (entstanden 1600–02), 1635 von Joachim Meichel aus dem Neulateinischen ins Deutsche übertragen) – einem der berühmten Jesuitendramen, dessen Aufführung gar zu Bekehrungen von Darstellern und Zuschauern geführt haben soll.

> »Ein sehr schöne Comaedi / von einem verdambten Doctor zu Pariß / durch dessen schröckliches Exempel S. Bruno den Carthäuser Orden angefangen. Sehr lustig und annemblich / darneben auch erschröcklich / und dahero sonderlich zu diser Zeit gar nutzlich z[u] lesen«,

verspricht die Titelei zur deutschen Übersetzung (Bidermann/Meichel [1635], S. 5). Das wortreiche Titelblatt, das sich in diesem Fall explizit an Leser der deutschen Druckfassung wendet, entspricht dem Stil der zeitgenössischen Theaterzettel, mit denen auf Theatervorstellungen aufmerksam gemacht und um Zuschauer geworben wurde. Es gibt deutlich mehr Hinweise als nur auf den Titel und befördert damit Erwartungen beim Rezipienten. Im Druck folgt auf den nächsten Seiten eine Widmung, eine Zusammenfassung der Handlung, das Personenregister, und dann erst beginnt das eigentliche Drama – doch auch dem werden noch Titel, Akt- und Szenenzählung, Angabe der Personen, die die erste Szene eröffnen, sowie eine kurze Situationserläuterung vorangestellt, bevor überhaupt die erste Person spricht. Das sind viele Informationen vorab, und sie beeinflussen die Deutung des Lesers erheblich. Sie gehören zum Drama dazu – wenngleich es kategorial andere Textelemente sind als die Figurenrede.

Entsprechend einer Differenzierung, die Roman Ingarden im Blick auf Regiebemerkungen eingeführt (Ingarden [1931], S. 403) und die man seitdem ausgebaut hat, werden die Textbestandteile eines Dramas nun danach unterschieden, ob sie für das Publikum hörbar auf der Bühne gesprochen werden sollen (*Haupttext*) oder nicht (*Nebentext*). Der **Haupttext** ist also die Figurenrede (gegebenenfalls auch ein vorzutragender Prolog oder Epilog). Zum **Nebentext** zählt man alles andere, vor allem natürlich die Regiebemerkungen, dazu aber weitere Textbestandteile des Dramas: Titel und ggf. Untertitel mit Gattungszuweisung, das Personenregister, Akteinteilungen und auch (sofern vorhanden) Widmung, Motto, Vorrede des Autors oder Herausgebers u. Ä.

Für derartige Elemente der Rahmung eines Textes kennt man in der allgemeinen literaturwissenschaftlichen Texttheorie auch den Begriff des **Paratextes**. »Paratext« (mit Gérard Genette) jedoch ist ein etwas anders gelagerter und weiterer

Begriff als der des Nebentextes: Er umfasst nicht nur textuelle Elemente, die über den engeren Kerntext hinausgehen, ihm aber beigegeben und Teil des Buches sind, sondern auch Informationen jenseits des Buches, die gleichwohl die Interpretation steuern können. Dazu gehören etwa Äußerungen des Autors (in Briefen, Tagebüchern, Gesprächen) oder auch allgemeine Kenntnisse über den Autor und die Entstehungszeit. Genette betont, dass es sich beim Paratext um zusätzliches, für die Rezeption nicht unbedingt notwendiges Wissen handelt, dass aber »diejenigen, die davon wissen, nicht so lesen wie diejenigen, die nicht davon wissen« (Genette 1989, S. 15). Er unterscheidet zwischen »**Peritext**« (Paratext, der materiell mit dem Basistext zusammenhängt und vom Autor bzw. Herausgeber verantwortet ist, etwa auch das Cover und der Klappentext) und »**Epitext**« (werkexterner Paratext). Die Trennung ist allerdings nicht immer einfach. Eine Zwischenform bildet zum Beispiel Epitext, der in einer kommentierten Ausgabe als Material im Anhang mit abgedruckt wird.

Diese Unterscheidungen haben insofern auch für die Dramenanalyse einen Nutzen, als sich die Zuordnung darauf auswirkt, was man in welchem Maße berücksichtigt, um die sogenannte Textintention herauszuarbeiten. Mit dem Begriff der »**Textintention**« soll hier eine bewusste Distanz zu dem problematischen Konzept einer »Autorintention« gehalten werden. Denn die Absicht des realen Autors zu eruieren (»Was will uns der Autor damit sagen?«), was ohnehin höchst spekulativ ist, kann nicht das Ziel einer seriösen literaturwissenschaftlichen Untersuchung sein, deren Gegenstand ja immer ein Text und nicht die Person des Verfassers ist. Was der Text selbst durch leserlenkende Strategien als ihm eingeschriebene Deutungsabsicht nahelegt, kann man dagegen herausarbeiten. Im Sinne eben der Bestimmung einer Textintention ist nun eine kritische Reflexion geboten, wenn man Epitext in die Interpretation einbezieht. Zusatzinformationen können für die Kontextualisierung durchaus produktiv sein, aber sie müssen immer auf ihre tatsächliche Relevanz für den vorliegenden Text hinterfragt und gegebenenfalls relativiert werden, denn es besteht die Gefahr, die Lektüre damit zu überfrachten und in eine andere, aus dem Text heraus nicht zu belegende Richtung zu lenken.

2.3 Raum und Zeit

Handlungen spielen sich in Räumen ab und in einem zeitlichen Verlauf. Das gilt für alle handlungsbezogenen Kunstformen, den Film ebenso wie erzählende und dramatische Texte. Gattungs- und medienbedingt gibt es dabei allerdings Unterschiede hinsichtlich der Gestaltung von Raum und Zeit. Die szenische Präsentationsform im Drama hat Auswirkungen, und dies umso mehr, wenn die Aufführbarkeit bedacht wird (bühnentechnische und schauspielerische Realisierbarkeit, zumutbarer Zeitumfang und Auffassungsvermögen des Publikums).

Besonders interessant werden die Raum- und Zeitverhältnisse, wenn man die tatsächliche **Theatersituation** in die Betrachtung einbezieht. Denn im Fall einer stattfindenden Aufführung kommt zur Handlungsebene der Figuren (innere Figurenebene) die Situation der Zuschauer im Theater (äußere Zuschauerebene) hinzu, was zu einer **Doppelung von Räumen und Zeiten** führt. Dies lässt sich zunächst einmal für den Raum anschaulich machen. Theater ist ein Raumerlebnis, das wesentlich durch die gleichzeitige Anwesenheit (*Kopräsenz*) und die relative Verortung der Zuschauer und Akteure zueinander geprägt wird. Der Theaterraum mit Publikums- und Bühnensphäre bildet den äußeren Rahmen. Auf der Bühne (dem szenischen Raum) findet die Handlung statt: mit den fiktionsinternen Räumen, wie sie im Drama konzipiert sind.

Die Guckkastenbühne ist schon baulich auf eine Trennung dieser beiden Sphären (der äußeren mit den Zuschauern im Theaterraum und der inneren mit den Handlungsräumen auf der Bühne) ausgerichtet. Je nach Aufführungssituation können sich die Handlungsräume jedoch auch sehr konkret mit dem Theaterraum überlagern. Ein Beispiel liefert das antike Amphitheater auf der Akropolis in Athen: Am Hang gebaut erstreckt sich hinter der Szenerie die Landschaft, so dass den Zuschauern seitlich in der Ferne das Meer und in der anderen Richtung die Stadt bewusst war. Diese Geographie wurde als bedeutungstragender Faktor in die Aufführungspraxis einbezogen. Je nachdem, ob Personen von der linken oder von der rechten Seite her den Schauplatz betraten, waren sie der Fremde oder der Heimat zugeordnet: »Die beiden Seitenzugänge zur Orchestra (*Parodoi*) bedeuteten im Athener Dionysostheater, was sie real waren: Wege vom Meer oder von der Stadt her« (Erken 2014, S. 20). Dadurch bestand eine bauliche Anknüpfung der Szenerie an den eigenen Erfahrungshorizont der Zuschauer. Wie mit dem Verhältnis von Handlungsräumen und Theaterraum umgegangen wird, ob sie getrennt zu sehen sind oder in Wechselwirkung miteinander gebracht werden, hängt natürlich nicht nur von den baulichen Gegebenheiten ab, sondern davon, wie Autoren und Regisseure in der Textproduktion und Inszenierungspraxis damit umgehen.

Analoge Betrachtungen kann man in Bezug auf die Zeit anstellen, denn auch hierbei lassen sich zwei Sphären unterscheiden: So wie die gezeigten Räume auf der Bühne in einem realen Theaterraum stattfinden, vollziehen sich die Zeiten der Bühnenhandlung in der Gegenwart des Publikums. Hier können bei der Theateraufführung Diskrepanzen zwischen dem inneren Kommunikationssystem (der Bühnenhandlung) und dem äußeren Kommunikationssystem (der Zuschauerebene) zum Tragen kommen. Dies kann sich erstens auf die Wahl der Epoche beziehen, die (sofern sie nicht undefinierbar bleibt) als eine vergangene oder zukünftige erkennbar sein kann und dann nicht mit der Erfahrungswelt der Zuschauer aufgeht. Eine Diskrepanz kann zweitens auch daraus resultieren, dass die zeitlichen Abläufe nicht mit der Erfahrung der Zuschauer übereinstimmen, wenn sie sich beispielsweise schneller (womöglich auch mit Zeitsprüngen) oder langsamer abspielen oder sie nicht in chronologischer Reihenfolge dargeboten werden.

Eine Inszenierung kann dabei in allen Fällen große Eingriffe vornehmen, beispielsweise durch Effekte der Aktualisierung (z. B. in moderner Kleidung auftretende historische Figuren) oder Veränderungen der Figurenrede (Textkürzung oder -erweiterung, Sprecheffekte) sowie durch gestalterische Mittel, die das Tempo der Handlung beeinflussen. Die licht-, farb- und tongewaltigen Inszenierungen Robert Wilsons etwa sind bekannt für eine extrem verlangsamende Wirkung.

Grundsätzlich kann die **Rezeption** eines Stücks stark von dem Zeitkontext abhängen, in dem es aufgeführt wird. Voltaires Römertragödie *Brutus*, in der er einen bekannten historischen Stoff aus der Zeit der römischen Republikgründung aufgriff, war bei seiner Uraufführung 1730 in Paris ein Misserfolg, während sie zur Zeit der Französischen Revolution zum Stück der Stunde avancierte, weil das Publikum die Geschichte um Tyrannenherrschaft und Umsturz auf die eigenen (französisch-zeitgeschichtlichen) Verhältnisse bezog (vgl. Weiershausen 2018, S. 337–344). Ein solcher Transfer ist zunächst einmal Gegenstand der Rezeptionsgeschichte.

Ein impliziter oder (besser noch) **implizierter Zeittransfer** kann aber auch schon im Stück selbst angelegt sein und damit Gegenstand einer Dramenanalyse werden. Insbesondere in Zeiten, in denen keine Meinungsfreiheit herrschte, bot sich das Theater als alternativer Verhandlungsraum an: Die räumliche und/oder zeitliche Verlagerung der Handlung, in der aber doch eigentlich Missstände der eigenen Gesellschaft thematisiert werden, konnte eine Maßnahme sein, um einer drohenden Zensur zu entgehen.

Beispielsweise konnte ein zeitgenössischer Rezipient von Lessings *Emilia Galotti* (1772) das Vorgeführte als kritischen Reflex auf die eigene Gesellschaft auffassen, auch wenn die Handlung in Italien spielt (einem unspezifisch bleibenden italienischen Kleinfürstentum) und die Grundkonstellation einem klassischen Stoff aus dem Repertoire der heroischen Römertragödie entlehnt ist. Aber der Virginia-Stoff aus der Geschichte des antiken Roms wird so deutlich als Konflikt zwischen bürgerlich-familiärer Wertewelt (für die die Familie Galotti steht, auch wenn sie dem Kleinadel angehört) und lasterhaftem Hof mit willkürlich agierendem Fürsten aktualisiert, dass das zeitgenössische bürgerliche Publikum das Dargestellte auf die eigene (deutsche) Situation beziehen konnte. Bei der Interpretation eines Dramas ist die äußere Kommunikationssituation also mitzudenken.

Für die historische Kontextualisierung sind die folgenden Daten festzustellen: Wann wurde das Drama geschrieben (Entstehungszeit), wann und wo wurde es zum ersten Mal aufgeführt (Uraufführung) und wann ist es im Druck erschienen (Erscheinungsjahr)?

Falls Rezeptionszeugnisse von Aufführungen überliefert sind, ist ein Blick darauf durchaus lohnenswert. In der Regel aber geht es bei einer Dramenanalyse weniger um die konkrete (historische oder aktuelle) Theateraufführung mit einem bestimmten Publikum als vielmehr um die Überlegung, wie das Stück hinsichtlich der entfalteten Räume und Zeiten auf ein zeitgenössisches Publikum zur Entstehungszeit des Dramas gewirkt haben könnte. Zu fragen ist dann, was sich über den sozialhistorischen Kontext sagen lässt, in dem und für den das Stück geschrieben wurde.

Allgemein gilt: Raum und Zeit sind Basiskategorien, die sich auf das äußere Kommunikationssystem beziehen lassen, in dessen Zielpunkt das reale (oder jedenfalls das implizierte) Publikum steht, auf das innere Kommunikationssystem, das sich innerfiktional auf der Figurenebene abspielt, und schließlich auf Wechselwirkungen und Grenzüberschreitungen zwischen beiden. Die Rahmung hinsichtlich des äußeren Entstehungs- und (potentiellen) Aufführungskontextes kann für eine Interpretation aufschlussreich sein, auch wenn sich eine Dramenanalyse vornehmlich auf die Untersuchung des inneren Kommunikationssystems richtet. Sind Signale hinsichtlich eines implizierten Publikums im Text auszumachen, gehört dies auch zur Textanalyse im engeren Sinne.

Im Folgenden soll es detaillierter um die Analyse von Raum- und Zeitbezügen auf der Textebene gehen. Wir konzentrieren uns also nun auf das innere Kommunikationssystem.

2.3.1 Raumuntersuchungen im Drama

Wie für alle literarischen Gattungen gilt, dass die Räume, in denen die Figuren agieren, mit Bedeutung aufgeladen sein können. Wenn beispielsweise in Lessings *Emilia Galotti* dem Haus der Familie Galotti das Residenzschloss des Prinzen gegenübergestellt wird, werden zwei kontrastive Sphären aufgerufen, eine der privaten Innerlichkeit und eine der höfischen Macht. Eine gefährliche Grenzüberschreitung wird schließlich mit dem dritten Handlungsort repräsentiert: dem Lustschloss des Prinzen, in dem durch den höfischen Intriganten Marinelli der Übergriff auf die tugendhafte Emilia umzusetzen versucht wird.

Für die Analyse der Räumlichkeit in einem Drama ist zunächst danach zu fragen, welche ortsbezogenen Informationen überhaupt aus dem Text ablesbar sind.

Mitunter kann die Beschreibung der Räume auch auf die bloße Angabe des **Schauplatzes** im Nebentext beschränkt bleiben.

Wird über die reine Nennung einer Örtlichkeit hinaus eine genauere Beschreibung der jeweiligen Schauplätze vorgenommen (in der Regel durch Regieanweisungen, ggf. aber auch über Äußerungen der Figuren), kann man bei der Dramenanalyse detaillierter nach einer **Raumsemantik** fragen. Orientiert an den prinzipiellen Möglichkeiten einer Bühne lässt sich dies strukturieren (vgl. Pfister 2001, S. 339):

1. Der sichtbare Raum bietet Oppositionen in drei Dimensionen: links – rechts, oben – unten, vorne – hinten.
2. Neben dem sichtbaren Raum kann auch der nicht sichtbare (*off stage*) eine Rolle spielen: Jenseits der sichtbaren Bühne können Geräusche und Stimmen hörbar werden, womit sich ein räumliches Außen zu einem Innen oder ein Fernes zu einem Nahen manifestiert.

Grundlegend zur Raumsemantik waren die Arbeiten des russischen Strukturalisten Jurij M. Lotman (insbes. Lotman 1972), in denen er sich zwar auf Erzähltexte bezieht, die sich aber in ihren wesentlichen Ergebnissen auf andere Gattungen übertragen lassen. Er untersucht hierin die jeweils erzählte Welt als semantisches Feld, das räumlich strukturiert ist. Dabei macht er räumlich-kodierte Gegenwelten aus, zwischen denen eine Grenze besteht. Diese Grenze zu überschreiten, bedeutet für die handelnde Figur einen potentiellen Tabubruch. In typisch strukturalistischer Vorgehensweise arbeitet Lotman mit Oppositionsbildungen, für die er drei Ebenen bildet:

1. eine **topologische Ebene** (z. B. hoch – tief, westlich – östlich, innen – außen),
2. eine **semantische (eigentlich: ›semantisierte‹) Ebene**, auf der wertende Attribuierungen vorgenommen werden (z. B. freundlich – feindlich, vertraut – fremd, natürlich – künstlich),
3. eine **topographische Ebene**, auf der die semantisierte topologische Ordnung in konkreten Räumen realisiert wird (z. B. Himmel – Hölle, Festland – Insel, Stadt – Wald).

Auf diese Weise lässt sich Raumsemantik auch in dramatischen Texten untersuchen, wobei die Aufführungssituation eine solche Räumlichkeit durch die sinnlich wahrnehmbare Präsentation noch augenfälliger machen kann. Für Bidermanns *Cenodoxus* etwa kann man sich vorstellen, wie Himmel und Hölle effektvoll über Versenkungstechnik und Hebeapparaturen einer gut ausgestatteten Barockbühne veranschaulicht wurden.

Grenzüberschreitungen können mit dem Wechsel der Schauplätze denotiert werden (wie im *Emilia Galotti*-Beispiel), sie können in einem Raum durch die Bewegung eines Protagonisten vollzogen werden, wenn die Raumgestaltung verschiedene Sphären markiert, oder sie können mit dem Übertritt vom *off stage* auf die Bühne einhergehen oder umgekehrt (Ibsens *Nora oder Ein Puppenheim* endet mit dem Schlagen der Tür, als Nora ihren Ehemann verlässt).

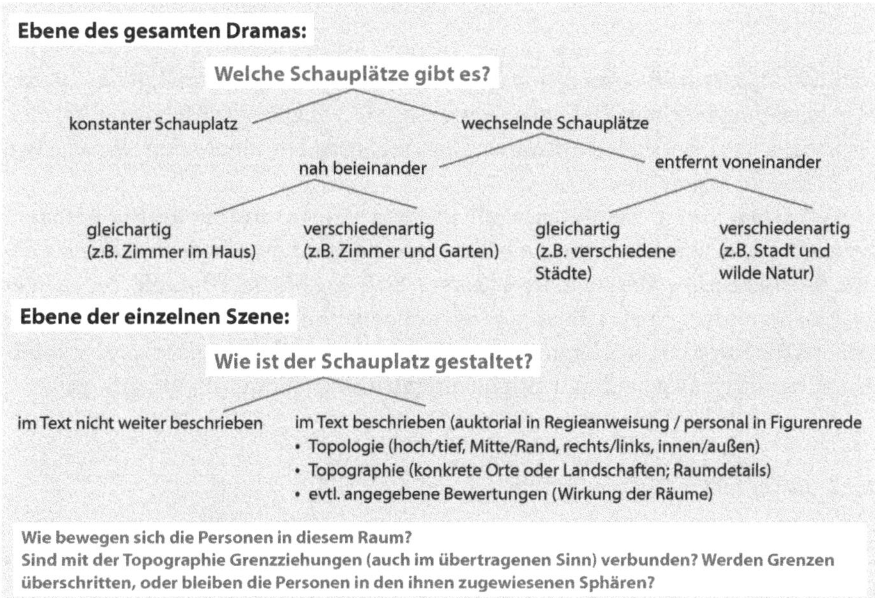

Abb. 5: Kategorisierung der Raumstruktur

Wird der Bühnenraum in den Zuschauerraum hinein erweitert, kann dies schlicht eine **räumliche Verlängerung der Bühne** ohne Bedeutungszuwachs sein (etwa wenn die Regieanweisung angibt, eine Figur solle ins Publikum hinein fliehen oder von einer Position im Zuschauerraum aus sprechen). Es kann aber auch um eine dezidierte **Grenzüberschreitung zwischen Fiktion und Realität** gehen.

In Brechts epischem Theater beispielsweise ist ein wiederkehrendes Stilmittel, dass sich Figuren explizit an das Publikum richten. In Peter Handkes provokativ den Theaterrahmen sprengender *Publikumsbeschimpfung* (1966 uraufgeführt), in der die Schauspieler keine Figuren in einer Geschichte, sondern Schauspieler darstellen, die die Theatersituation demaskieren und die Zuschauer brüskieren, ist es sogar das leitende Prinzip. Der Text macht hier konkrete Vorgaben für die Aufführrung: Nachdem das Licht ausgegangen ist und sich der Vorhang feierlich gehoben hat, soll das Licht wieder angehen. Die vier vorgesehenen Schauspieler sprechen sodann in Richtung Publikum.

> »Sie schauen uns an, wenn wir mit Ihnen sprechen. Sie schauen uns nicht *zu*. Sie schauen uns *an*. Sie werden angeschaut. Sie sind ungeschützt. Sie haben nicht mehr den Vorteil derer, die aus dem Dunkeln ins Licht schauen.« (Handke 2008, S. 16)

Handkes *Publikumsbeschimpfung* ist freilich ein radikales Beispiel (Pfister nennt es entsprechend nicht mehr Drama, sondern »Metadrama oder Metatheater«; Pfister 2001, S. 330), bei dem der Bühnenraum nichts anderes mehr darstellt als eben die Bühne im realen Theaterraum.

Abgesehen von diesem Spezialfall zeichnet sich ansonsten der Bühnenraum gerade dadurch aus, dass er jeden beliebigen anderen Raum bedeuten kann. Dies ist ein wesentliches Merkmal des Theaters. So führt Michel Foucault das Theater im Zusammenhang seines theoretischen Konzepts von »Heterotopien« als Paradebeispiel für einen Ort an, der in der Lage ist, »mehrere Räume, mehrere Plazierungen zusammenzulegen, die an sich unvereinbar sind« (Foucault [1967], S. 42).

2.3.2 Zeituntersuchungen im Drama

Die bei Erzähltexten geläufigen Kategorien der Erzählzeit (wie viel Zeit nimmt der Erzählvorgang bei der Rezeption ein?) und der erzählten Zeit (welchen Zeitraum umfasst das Erzählte?) lassen sich auch auf das Theaterstück übertragen: Die **Spielzeit** bezieht sich auf die Dauer, die eine (tatsächliche oder gemäß der Textvorlage vorgestellte) Aufführung in Anspruch nimmt (wobei etwaige Theaterpausen natürlich nicht mitgerechnet werden); die **gespielte Zeit** gibt den Zeitraum an, der in der dargestellten Handlung präsentiert wird.

Hier aber zeigt sich bereits eine Besonderheit der Kommunikationssituation im Drama. Denn nicht unbedingt alle erwähnten Zeiten werden ›gespielt‹. So kann beispielsweise eine Vorgeschichte berichtet werden oder über eine Prophezeiung ein Ausblick in die Zukunft gegeben werden. (Für die Messung des Zeitumfangs der gespielten Zeit sind dabei nur Geschehnisse relevant, die sich im Rahmen der Spielhandlung vollziehen.) Auch ein gleichzeitig stattfindendes Geschehen kann berichtet werden, das nicht sichtbar vorgespielt wird (etwa über das Mittel der Mauerschau). Diese Elemente gehören zu den bereits angesprochenen Formen der Episierung im Drama (vgl. Kap. 2.1), da sie »nicht durch szenisches Spiel, sondern durch narrative Vergegenwärtigung (Rückschau, Seitenschau und Vorschau) dem Zuschauer näher gebracht« werden (*Metzler Lexikon Theatertheorie* 2014, S. 425). Einem Vorschlag von Franz H. Link folgend (Link 1977) bietet es sich daher an, auf der Figurenebene des Dramas den Kategorien der Spielzeit und der gespielten Zeit die einer **besprochenen Zeit** an die Seite zu stellen.

Um den zeitlichen Rahmen des gesamten Dramas zu bestimmen, ist also nach der Zeit zu fragen, zu der die Handlung spielt, und danach, welche Zeitdauer die Bühnenhandlung umfasst, wobei die lediglich besprochene Zeit, die über den zeitlichen Rahmen der engeren Bühnenhandlung hinausgreift, gesondert ausgewiesen werden sollte.

Für die zeitbezogene Beschreibung und Interpretation eines Dramas können insgesamt drei relevante Untersuchungsebenen in den Blick genommen werden, die im Folgenden genauer erläutert werden: (1) Zeitpunkt(e) der Handlung, (2) Chronologie des Szenenverlaufs und (3) Tempo der Darstellung.

Zunächst zur Frage nach dem/den **Zeitpunkt(en) der Handlung**:
Zuerst sollte festgestellt werden, wann die Handlung spielt, um danach zu fragen, welche Relevanz diesem Zeitkontext zukommt: Lässt sich eine spezifische geschichtliche Epoche ausmachen, die die Verhaltensweise der Personen maßgeblich bestimmt? In Goethes *Götz von Berlichingen mit der eisernen Hand* (1773) etwa wird bewusst eine Umbruchszeit zwischen dem Ritterwesen mittelalterlicher Ordnung und einem höfisch-feudalistischen System akzentuiert, aus der sich die Konfliktlage des Stücks wesentlich speist. Oder wird die Zuordnung offengelassen, so dass die Rezipienten das Geschehen jeweils auf ihre eigene Zeit beziehen können? Ist es womöglich ein (utopischer oder dystopischer) Zukunftsentwurf?

In der Detailuntersuchung lassen sich sodann die dargestellten konkreteren Zeitpunkte bis hin zu den **Tageszeiten** in den Blick nehmen, zu denen die einzelnen Szenen spielen. Dies kann für die Interpretation bedeutsam sein, indem beispielsweise ein heller Morgen Optimismus und Aufbruch symbolisieren oder ein dämmernder Abend auf Ausweglosigkeit, Unentschiedenheit oder eine drohende Grenzüberschreitung hindeuten kann.

Als Zweites lässt sich die **Chronologie des Szenenverlaufs** betrachten:
In den meisten Fällen vollzieht sich in einem Drama die Entwicklung fortschreitend (*Sukzessionsprinzip*). Wird vom linear in der Gegenwart der Figuren ablaufenden Handlungsgang abgewichen, handelt es sich um einen Rückgriff in die Vergangenheit (*Analepse*) oder eine Vorschau in die Zukunft (*Prolepse*). Bei **Ana-**

lepsen ist je nach ihrer Funktion zu unterscheiden, ob sie eine Voraussetzung für das sich entwickelnde Geschehen liefern (*aufbauende* Analepse) oder Erklärungen für ein bereits vollzogenes Geschehen (*auflösende* Analepse). Bei **Prolepsen** ist ihre jeweilige Voraussagesicherheit zu hinterfragen (*zukunftsgewisse* oder *zukunftsungewisse* Prolepse). Solche Rück- oder Vorblenden sind gängige Praxis und stören noch nicht die prinzipielle Sukzession in der Abfolge der Handlung, wenn sie als Berichte oder Erzählungen von vergangenen Ereignissen oder von Visionen und Träumen in die Figurenrede eingebaut werden.

Von einer **Brechung des Sukzessionsprinzips** ist dagegen dann zu sprechen, wenn solche epischen Einschübe so umfangreich ausfallen, dass sie nicht mehr als normale Gesprächsbeiträge gewertet werden können, sondern zu Exkursen werden, während derer die eigentliche Handlung zum Stillstand kommt, und auch dann, wenn die Rück- oder Vorgriffe nicht nur erzählt, sondern eingespielt werden. Der massivste Fall liegt vor, wenn die Reihenfolge der Handlungssequenzen (in der Regel die Szenen oder auch Akte) nicht chronologisch ist (vgl. Pfister 2001, S. 363 f.).

Die Chronologie kann auch zwischenzeitlich unterbrochen werden. Necati Öziris Stück *Die Verlobung in St. Domingo – Ein Widerspruch* (2019), das sich als rassismuskritische Entgegnung auf Heinrich von Kleists Novelle *Die Verlobung in St. Domingo* (1811) versteht, spielt auf mehreren Ebenen mit zeitlichen Brüchen, vor allem mit dem Wiedereinsetzen zu einem früheren Zeitpunkt der Handlung, so dass alternative Schlüsse durchprobiert werden, die aber immer tödlich ausgehen (Szenen 7.1 bis 7.4): »Und wieder Schuss. Es macht keinen Sinn. […] Noch mal zurück auf Anfang …« (Öziri 2019, S. 13).

Denkbar sind auch nacheinander gespielte Szenen, die trotzdem keine chronologische Folge ergeben, weil sie collageartig aneinandergefügt sind oder Parallelszenen darstellen. In einem solchen Fall wäre das Aussetzen der zeitlichen Orientierung als **Achronie** zu benennen und dann zu beschreiben, auf welche Art und Weise sich dies gestaltet. Beispielsweise verrät schon der Untertitel »Einundachtzig kurze Bilder für die Bühne« von Roland Schimmelpfennigs *Vor langer Zeit im Mai* (uraufgeführt 2000), dass es im Stück nicht um eine zusammenhängende Geschichte geht, sondern um Momentaufnahmen. Wechselnde Gesprächspaare treten auf, wobei die Personen namenlos bleiben und nur als »er« und »sie« erkennbar werden. Es sind kurz aufscheinende Situationen (Dialoge und dazwischen stumme Szenen mit visuellem Bezug auf die Gespräche), die aneinandergereiht werden, ohne sich auseinanderzuentwickeln. Eine Verbindung ergibt sich nur auf motivischer Ebene, indem in den wortkargen Gesprächsszenen dieselben Fragen in Variation auftauchen und immer wieder ins Leere laufen.

Drittens ist das **Tempo der Darstellung** zu untersuchen:
Aufgrund der szenischen Präsentation, bei der man der in wörtlicher Rede ablaufenden Interaktion von Personen beiwohnt, ist das natürliche Tempo eines Dramas die Gleichzeitigkeit (der Zuschauer erlebt das Geschehen in derselben Zeit, in der es abläuft; man bezeichnet dies als *Zeitdeckung* (Spielzeit = gespielte Zeit).

Wird davon abgewichen, geht es um *Raffung* (Spielzeit < gespielte Zeit) oder *Dehnung* (Spielzeit > gespielte Zeit). Eine extreme und zugleich im Drama die häufigste Form der Raffung ist der *Zeitsprung* (auch: Ellipse/Auslassung), wenn zwischen zwei Szenen oder Akten Zeit vergangen ist. Der Szenen- bzw. Aktwechsel kann hier ganz konkret als Mittel eingesetzt werden, um das Fortschreiten der Zeit in einem Drama, bei dem es »in der Regel keine bedeutsame Differenz zwischen Spielzeit und gespielter Zeit [gibt]« (Pütz 1970, S. 52), überhaupt zu vermitteln. Auf der anderen Seite liegt eine extreme Form der Verlangsamung vor, wenn etwas dargestellt wird, während die eigentliche Handlung stillsteht. Man spricht dann von einer *Pause.* Ein Beispiel dafür wäre eine eingeschobene Sequenz, die das Geschehen unterbricht, etwa wenn eine Figur dem Publikum gegenüber etwas kommentiert.

Dass beim Tempo die Zeitdeckung den Normalfall abgibt, ist eine gattungsspezifische Eigenart, die sich aus der Darstellungsform der direkten Figurenrede ergibt. Als einer der Ersten, die überhaupt Zeitgestaltungen systematisch untersucht haben (zunächst für Erzähltexte), hat schon Eberhard Lämmert darauf hingewiesen: Die perfekt realisierte »*Zeitdeckung* zwischen Geschehen und Wiedergabe« eigne »praktisch nur dem Drama« (Lämmert 1955, S. 83). Das gattungstypische Fehlen einer Vermittlungsinstanz führt, wie Peter Pütz in seiner Studie zur Zeit im Drama betont, dazu, dass »keine zeitliche Distanz zwischen Darstellung und Dargestelltem« besteht (gemeint ist hier: zwischen Spielzeit und gespielter Zeit einer Szene), was sogar »auch in epischen Partien des Dramas« der Fall sei: »Ein Bote kann zwar wie der Erzähler über seinen Nachrichtenstoff frei verfügen, er kann raffen und dehnen; aber das betrifft nur den Inhalt der Botschaft, das Mitgeteilte, nicht aber den Vorgang der Mitteilung« (Pütz 1970, S. 52). Bei der Einordnung von Zeitabläufen ist also auf die Ebene der Darstellung zu achten, zwischen dem Sprechakt und dessen Inhalt muss differenziert werden.

Über die Zeit lässt sich zum **Spannungsaufbau** im Drama überleiten. Denn mit der zeitlichen Struktur verbinden sich zugleich Fragen des Wissens:

> »Es ist in jedem Moment des Dramas *schon* etwas geschehen, und es steht *noch* etwas aus, das aus dem Vorhergehenden gefolgert und vorbereitet wird. Jeder Moment greift Vergangenes auf und nimmt Zukünftiges vorweg. Die

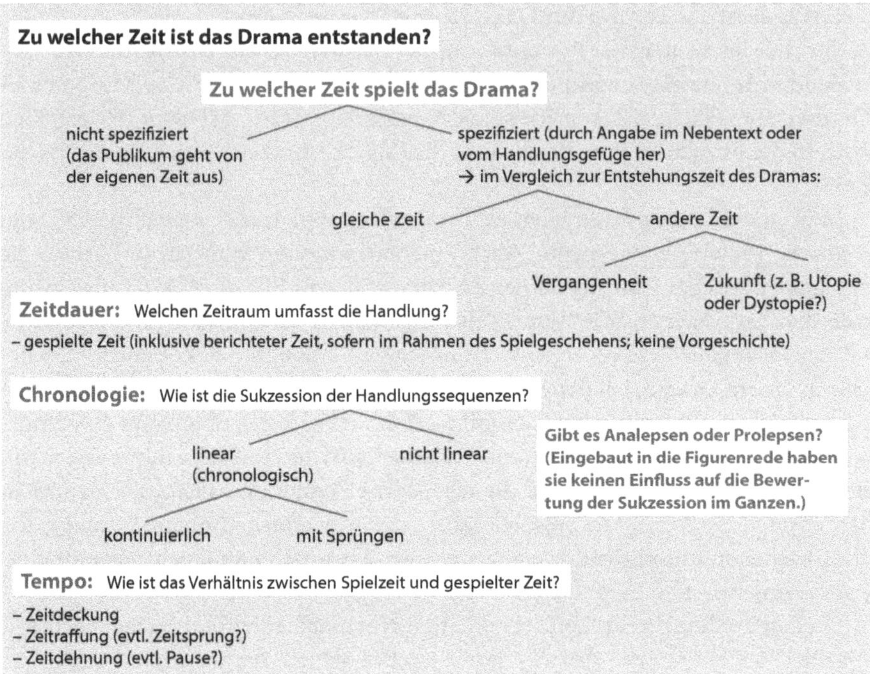

Abb. 6: Kategorisierung der Zeitstruktur

> dramatische Handlung besteht in der *sukzessiven* Vergegenwärtigung von vorweggenommener *Zukunft* und nachgeholter *Vergangenheit.*« (Pütz 1970, S. 11)

Pütz hebt hervor, dass der dabei vermittelte Wissensstand, solange das Wissen noch nicht vollständig ist, mit Spannung einhergeht.

2.4 Wissensregime

Dramaturgie (als innerer Bau bzw. Kompositionsprinzip des Dramas) funktioniert wesentlich darüber, wie die Informationsvergabe gesteuert wird. Das Drama, so kann man mit Asmuth bündig fassen, ist »nicht nur eine Handlungsfolge, sondern auch ein – mehrperspektivischer – Wissensprozeß« (Asmuth 2016, S. 116). Auf der Figurenebene, also im inneren Kommunikationsgefüge, geht es darum, was die handelnden Personen wissen, während sie miteinander agieren, wobei dies ein dynamischer Prozess ist. Mit dem Handlungsgang verändert sich das Wissen der Personen und umgekehrt. Ausgestattet mit mehr oder weniger Vorwissen und angetrieben von kommunizierten oder verborgenen Absichten, beeinflussen die Personen die Entwicklung des Geschehens abhängig davon, was sich im dialogischen Austausch mit anderen Figuren ergibt, wobei Missverständnisse und bewusst lancierte Fehlinformationen eingeschlossen sind.

Hervorzuheben ist dabei die **Intrige**. Im Fall einer Intrige sind die Hintergrundmotivation (dabei zu unterscheiden: für sich selbst oder für jemand anderen?) und die Wirkung zu betrachten, denn nicht immer führt sie zum beabsichtigten Ziel. In Lessings *Miß Sara Sampson* (1755) bewirkt die Intrigantin Lady Marwood zwischenzeitlich das Gegenteil dessen, was sie intendiert hatte. Wo sie eine Beziehung zu zerstören versucht, bringt sie die Familie nur näher zusammen, so dass sie eine weitere Intrige anspinnt, um an ihr Ziel zu kommen.

Während Marwood in eigener Mission agiert, gilt Marinelli in Lessings *Emilia Galotti* als paradigmatisches Beispiel für die Funktionsfigur eines dienenden Intriganten: Er verhindert die anstehende Hochzeit von Emilia und dem Grafen Appiani, um sie dem Prinzen zuzuführen. Dieser Fall zeigt zugleich, dass Intrigen oft komplex vernetzt sind. Für Marinelli kann man hinterfragen, ob er tatsächlich nur der Handlanger des Prinzen ist oder nicht doch insgeheim eigene Ziele verfolgt und dafür sogar den Prinzen manipuliert, denn seine Aktivitäten stehen in Zusammenhang mit seiner Machtstellung am Hof. Er macht den Prinzen von sich abhängig, zudem ist Emilias Verlobter Appiani ein Gegenspieler, von dem für ihn persönlich Gefahr ausgeht. Dem Duell, zu dem Appiani Marinelli gefordert hat, kann dieser nur mithilfe des Meuchelmords entgehen.

Auf der anderen Seite gibt es auch wohlmeinende und eine positive Wendung bewirkende Intrigen, wenn zum Beispiel in der Komödie ein Paar gegen bestehende Widerstände glücklich zusammengeführt werden soll. Hier ist der Einsatz einer hilfreichen Dienerfigur (oft weiblich besetzt) besonders häufig. Lessings Minna von Barnhelm in der gleichnamigen Komödie (1767) dagegen greift selbst zum Mittel der Intrige, um den wiedergefundenen Geliebten zu dessen eigenem Glück zu überreden.

Grundsätzlich funktioniert eine Intrige über gesteuerte Informationen, die neben sprachlichen Botschaften Maskeraden oder den Einsatz von Requisiten einschließen können.

Das Beispiel der Intrige verdeutlicht dabei, dass Informationszugewinn nicht immer mit zunehmender Einsichtnahme einhergeht: Zu Verwicklungen kann es etwa führen, wenn aufgrund ihres jeweils spezifischen und lückenhaften Vorwissens neu aufkommende Informationen oder auch Prolepsen in Form von **Prophezeiungen oder Träumen** von Personen falsch gedeutet werden. Als Vorwissen in die Interpretation einzubeziehen ist dabei ausschließlich, was im Drama auch tatsächlich artikuliert wird, wie Pfister (2001, S. 80) betont: »Spekulationen über darüber hinausgehendes Vorwissen verkennen den Status fiktiver Figuren.«

Gesteigert wird die Bedingtheit des Wissens dadurch, dass nicht alle Personen gleichzeitig zusammenkommen, sich der Austausch also jeweils partiell vollzieht und ein divergentes Wissen bei unterschiedlichen Personen(gruppen) produzieren kann. Ein dramaturgischer Schlüsselmoment ist in diesem Zusammenhang die »**Anagnorisis**«, wenn sich einer Hauptperson (als plötzliche Erkenntnis) das entscheidende Wissen aufschließt. Oft, aber nicht zwingend, ist damit auch ein entscheidender Wendepunkt im Handlungsgang verbunden. Ein solches Erkennen kann von verschiedenen Personen zu unterschiedlichen Zeitpunkten erfolgen, wobei dann die jeweilige Relevanz für die Gesamthandlung abzuwägen ist. Marinellis Intrige etwa wird zuerst von der bisherigen Mätresse des Prinzen, Gräfin Orsina, erkannt, und auch die Mutter von Emilia weiß davon, bevor der Vater Odoardo die Zusammenhänge erfährt. Erst mit der Einsicht Odoardos als zentraler Handlungsträger aber werden die Weichen für den weiteren Verlauf gestellt.

Der aufgeteilten Wissensentwicklung bei den unterschiedlich im Austausch befindlichen Figuren auf der inneren Kommunikationsebene steht die äußere Kommunikationsebene gegenüber: Der **Rezipient** ist bei allen Szenen dabei. Er hat daher auf der einen Seite ein privilegiertes Wissen gegenüber den einzelnen Figuren. Auf der anderen Seite ist er davon abhängig, was die handelnden Personen von ihrem Wissen preisgeben, so dass er auch weniger wissen kann als die jeweilige Figur. Grundsätzlich ist er bis zum Ende des Stücks im Ungewissen darüber, »ob eine Figur bereits ihr ganzes Vorwissen artikuliert hat oder ihm wichtige Vorinformationen noch vorenthält« (Pfister 2001, S. 81). Zwar nicht ausgeschlossen, aber äußerst ungewöhnlich ist der Fall, dass das Wissen von Publikum und Figuren deckungsgleich ist. Dies würde voraussetzen, dass die Figuren keinerlei Vorwissen mitbringen und die Zuschauer alle Informationen im selben Moment mit den Figuren erhalten (Pfister nennt das Beispiel von Samuel Becketts *Warten auf Godot* [*En attendant Godot*, 1952]: ein Stück, in dem zwei Personen auf eine dritte Person warten, die nie kommt).

Wirkungsästhetisch ist die Frage, welche Informationen das Publikum wann und wie erhält, von größter Relevanz. Der Aufbau von Spannung hängt wesentlich damit zusammen, denn Spannung basiert auf einem Teilwissen, das Vorahnungen und Befürchtungen oder Hoffnungen weckt. Geht es hier zumeist um ein kalkuliertes Wissensdefizit, kann auch ein Wissensvorsprung wirksam eingesetzt werden. Das Publikum, das über die größeren Zusammenhänge informiert ist, kann beispielsweise in Äußerungen Mehrdeutigkeiten erkennen, die sich den Gesprächspartnern (noch) nicht erschließen. Im positiven Fall (speziell in der Komödie) kann dies eine Quelle gesteigerten Vergnügens darstellen oder im negativen Fall unheilvoller Vorahnungen, während sich die handelnden Personen noch in Sicherheit wähnen.

Weiß das Publikum mehr als die Figuren, spricht man von »**dramatischer Ironie**«. Der Terminus (zum begriffsgeschichtlichen Hintergrund vgl. Pfister 2001, S. 87–90) mag missverständlich sein, er ist nicht mit der Ironie als rhetorischem Stilmittel zu verwechseln. Was er aber mit diesem teilt, ist das Merkmal der Diskrepanz. Im Fall der dramatischen Ironie ist es die Diskrepanz zwischen einem begrenzten faktischen (Miss-)Verstehen der Figuren und einem die Figurenebene transzendierenden wahrhaftigen Verstehen.

ÄUSSERE KOMMUNIKATIONSEBENE **Publikum**	**INNERE KOMMUNIKATIONSEBENE** **Figuren**
– vor Beginn des Stücks – Vorinformation: Titel und Gattungskonventionen ⇒ Erwartungen	

– während des Stücks –

Vorgeschichte: Voraussetzung an Wissen bei Figuren
- Darstellungsmittel: aufbauende Analepsen (über Berichte, Briefe, Monologe)

Handlungsentwicklung
- dialogischer Austausch zwischen Figuren
- Informationen von außerhalb der Szene (Eintreffen von Nachrichten, Mauerschau)
- Zukunftshinweise (zukunftsgewisse oder -ungewisse Prolepsen)
- entscheidender Wissensumschwung/Erkennen: Anagnorisis

Verhältnis des Wissens Publikum ↔ Figuren

Möglichkeiten:
- kongruent: Publikum weiß genauso viel wie die Figuren
- diskrepant: – Publikum weiß weniger
  – Publikum weiß mehr: dramatische Ironie

Abb. 7: Wissensverhältnisse

Einzubeziehen ist auf der äußeren Kommunikationsebene zudem eine vor Beginn des Stücks bestehende **Erwartung**. Denn schon der Titel und eine Gattungszuweisung enthalten Informationen, die die Rezeptionshaltung beeinflussen. Damit kann freilich auch gespielt werden, indem die aufgebaute Erwartung vom Stück gerade nicht erfüllt oder produktiv irritiert wird (vgl. für ein Beispiel Kap. 5.3).

Eine Besonderheit hinsichtlich der Wissenskonstellation stellt das »**analytische Drama**« dar, bei dem sich die Handlung nicht fortschreitend entwickelt, sondern rückwirkend aufgelöst wird, wie es zu der Situation, die bereits zu Beginn des Stücks vorliegt, gekommen ist. Die Struktur lässt sich mit einer Detektivgeschichte vergleichen.

Ein berühmtes Beispiel für ein analytisches Drama ist Sophokles' *König Ödipus*. Das Volk wird von einer Seuche geplagt, die, so gibt das Orakel kund, so lange wüten wird, bis der ungeklärte Mord am vorangegangenen König gesühnt ist. Mit den besten Absichten treibt Ödipus die Aufklärung voran – nicht wissend, dass er es selbst ist, der in Unkenntnis seiner wahren Herkunft den eigenen Vater getötet und die eigene Mutter geheiratet hat. Die Anagnorisis gestaltet sich als Auflösung des Verkennens, in dem er bisher gelebt hat. Ödipus gibt damit ein Beispiel für einen tragischen Helden, der – hier: aufgrund von Unwissen – schuldlos schuldig geworden ist. Das Wissen, in das er sich am Ende gesetzt sieht, ist gleichbedeutend mit seinem Untergang: In Verzweiflung blendet er sich und geht (seinem eigenen Urteil zu Beginn des Dramas entsprechend) in die Verbannung. Anagnorisis (als Wissensumschwung) und Peripetie (als Glücksumschwung) fallen hier zusammen. Das Publikum verfügt dagegen früh über ein größeres Wissen als Ödipus, selbst wenn es nicht hinreichend mit dem Mythos vertraut sein sollte. Denn das Stück gibt frühzeitig Hinweise auf die wahren Zusammenhänge, die nur die verblendeten Personen bis kurz vor Schluss des Dramas nicht richtig deuten. Auch hier liegt also dramatische Ironie vor, die den Effekt des Tragischen für das Publikum verstärkt, das mitleidend verfolgt, wie die Personen ihrem Schicksal zu entrinnen versuchen, das sich doch unvermeidlich vollzieht.

2.5 Der ›performative Pakt‹ als Thema: Spiel-im-Spiel

Eine Sonderform im Blick auf das Verhältnis von innerem und äußerem Kommunikationssystem liegt vor, wenn im Stück **selbstreflexiv** auf die Theatersituation Bezug genommen wird. Dies ist speziell bei Spiel-im-Spiel-Konstellationen der Fall, wenn in der Spielhandlung eine Theateraufführung vorkommt, in der sich die Bühnensituation also innerfiktional wiederholt.

Andreas Gryphius' *Absurda Comica oder Herr Peter Squentz* (1657) ist dafür ein interessantes Beispiel, denn hier geht es um eine Handwerkertruppe, die die Tragödie von Pyramus und Thisbe am Hof aufführen will (das Motiv ist aus Shakespeares *A Midsummer Night's Dream* bekannt). Das höfische Publikum in Gryphius' Drama macht sich einen Spaß daraus, die Schauspieler, die mit ihrer derben Sprache und ihrer naiven Vorstellung ganz offenkundig weder ihren Gegenstand noch die soziale Situation im Griff haben, durcheinanderzubringen. Die fiktionsinternen Zuschauer auf der Bühne rezipieren also nicht nur, sondern nehmen aktiv Einfluss auf das Spiel der Handwerker. Am Ende sind diese ordentlich verlacht worden, kommen aber finanziell insofern auf ihre Kosten, als sie für ihre zahlreichen »Säue«, also die groben Fehler, die sie begangen haben, bezahlt werden.

Um die Spiel-im-Spiel-Konstellation zu beurteilen, ist das **Rollenbewusstsein der Figuren** im – gespielten – inneren und äußeren Kommunikationssystem ein wichtiges Kriterium. Die Schauspieler in Gryphius' Stück wissen, dass sie schauspielern, die Zuschauer, dass sie Publikum sind. Der Unterschied zeigt sich im Vergleich mit Christian Weises Lustspiel *Ein wunderliches Schau-Spiel vom Niederländischen Bauer* (1685), in dem sich nur die stückinternen Zuschauer ihrer Rolle bewusst sind, es aber keinen richtigen Schauspieler gibt. In Weises Stück erlaubt sich ein Fürst an seinem Hof ein Spiel mit einem Bauern, der in eine andere Rolle versetzt wird. Den Bauer, den Höflinge in völlig betrunkenem Zustand auf der Gasse aufgelesen haben, lassen sie im fürstlichen Schloss aufwachen. Für einen Tag machen sie ihn glauben, er sei der Fürst – nur um sich über sein ungebührliches Verhalten zu amüsieren. Der Bauer weiß also nicht, dass er zu einer Spielfigur gemacht wurde. Er agiert nicht bewusst als Schauspieler, sondern immer als er selbst, wenngleich er bald nicht mehr weiß, wer er eigentlich ist. Zur Beschreibung der Konstellation im Stück ist die Minimaldefinition des Theaters von Fischer-Lichte (vgl. Kap. 1.1) nicht mehr anzuwenden, denn es gibt zwar Zuschauer, aber es fehlt die Voraussetzung eines Schauspielers im engeren Sinne, so dass diskutabel wird, in welchem Maße überhaupt von einer Spiel-im-Spiel-Situation gesprochen werden kann.

Um **Spiel-im-Spiel-Konstellationen systematisch** einzuordnen, lassen sich folgende Elemente untersuchen: Zunächst muss die Grundvoraussetzung, dass innerhalb des Stücks ein Theaterspiel inszeniert wird, gegeben sein. Die Frage ist nun, wie das zu erkennen ist: Treten Figuren auf, die die Produktionsseite verkörpern (Theaterakteure: Schauspieler, ggf. auch Spielleiter o. Ä.)? Gibt es sogar Figuren, die Zuschauer verkörpern? Diese Rezeptionsseite muss nicht zwingend realisiert sein, auch ein dargestellter Probenprozess ist als solcher schon als Theatersituation mit der nach Fischer-Lichte charakteristischen Verdoppelung kultureller Zeichen auszumachen (vgl. Kap. 1.1).

Entscheidend ist jeweils ein vorhandenes Rollenbewusstsein der Figuren: Schauspieler-Figuren müssen sich dessen bewusst sein, dass sie schauspielern, bzw. Zuschauer-Figuren, dass sie einem Theaterspiel zuschauen.

Sodann lässt sich untersuchen, ob das gespielte innere Kommunikationssystem mit dem gespielten äußeren Kommunikationssystem in Wechselwirkung tritt. In Weises *Niederländischem Bauer* etwa gibt es zu Ehren des Fürsten ein allegorisches Zwischenspiel, das am Hof aufgeführt wird und ohne Unterbrechung abläuft. Dies ist ein – in die Haupthandlung eingeschobenes – Spiel-im-Spiel, bei dem die Ebenen getrennt bleiben. Dagegen nehmen die Zuschauer in Gryphius' *Absurda Comica* und auch ein Mitspieler, der eigentlich Angestellter des Hofes ist, also in doppelter Mission agiert, während der Aufführung der Handwerkertruppe immer wieder Einfluss auf das Spiel, so dass es hier zu einer Wechselwirkung der Ebenen kommt.

Die **Schachtelung einer Spiel-im-Spiel-Konstellation** kann beliebig gesteigert werden. Ludwig Tieck, Dichter der Romantik, gibt mit seinem hoch selbstreflexiven Drama *Die verkehrte Welt* (1799) ein Beispiel für eine mehrfache Potenzierung und Vermischung der Ebenen. Theaterdirektor und Dichter streiten über Kunst, die Typenfigur Pierrot will ihre Rolle nicht mehr spielen, dafür spielt der Zuschauer Grünbein mit. Im Stück kommt es zu verschiedentlichen Verschränkungen und internen Verdoppelungen der Theatersituation. Als eine Revolte gegen Apollon, den Gott der Dichtkunst, angezettelt und eine verkehrte Regentschaft inthronisiert wird, gerät die Welt des Theaters, die selbstmächtig geworden ist (eine Verabsolutierung der *theatrum mundi*-Metapher), komplett aus den Fugen, bis sie zum glücklichen Schluss wieder eingerenkt werden kann. Als geheimer Drahtzieher der Entwicklungen erweist sich am Ende ironischerweise weder der Dichter noch der Theaterdirektor, sondern der Bühnentechniker. Im Verwirrspiel der Ebenen werden die innerfiktionalen Realitätsgrenzen mehrfach überschritten: Rollenfiguren wie der aus der Tradition der Commedia dell'arte stammende Pierrot werden zu Personen, die auf einer Metaebene Einfluss nehmen, während Figuren der Metaebene (Schriftsteller, Theaterdirektor, Zuschauer) ins Spiel hineingezogen werden. Der performative Pakt wird hier nicht nur zwischen dem echten Theaterpublikum und dem Schauspiel vorausgesetzt, sondern er wird selbst zum vielfach gespiegelten Thema auf der Bühne.

Das funktioniert, weil das reale Publikum die Bedingungen der Theaterfiktion kennt und das Spiel auf der Bühne mit ihren konstitutiven Grenzziehungen und deren Überschreitungen mit seiner eigenen Position im Theater ins Verhältnis setzen kann, wodurch eine Ebene der Reflexion entsteht. Dies kann in der Textintention unterschiedlich genutzt werden. Während in den barocken Beispielen letztlich das Ständesystem bestätigt wird, der Versuch, im Spiel eine andere Rolle anzunehmen, nur umso deutlicher werden lässt, dass die Rolle, in die man im Leben gestellt ist, unveräußerlich bleibt, wird bei Tieck der Kunstbetrieb selbstironisch auf die Schippe genommen.

Zur weitergehenden Vertiefung in die Thematik ist die Arbeit von Manfred

Schmeling (1977) zu empfehlen, in der er anhand literaturgeschichtlich breit angelegter Beispielanalysen differenzierte Kategorisierungen von Spiel-im-Spiel-Konstellationen entwickelt.

2.6 Checkliste: Fragen zur Kommunikationssituation – für die Dramenanalyse

- Welche Erwartung wird durch die Informationen erzeugt, die dem Stück vorangehen (Titel, Personenregister, Vorrede o. Ä.)?
- Wie wird das nonverbale Bühnengeschehen vermittelt? Welchen Raum nehmen Regieanweisungen ein und worauf beziehen sie sich?
- Wird aus dem Stück heraus erkennbar ein bestimmtes Publikum adressiert? Was lässt sich über den Rezeptionskontext zur Entstehungszeit mutmaßen?
- Zu welcher Zeit spielt das Drama, und ist dieser Hintergrund für das Verhalten der Figuren relevant? Wie werden zeitliche Abläufe dargestellt, ergibt sich daraus eine bestimmte Wirkung für den Rezipienten?
- In welchen Räumen spielt sich die Handlung ab? Sind sie mit Bedeutung aufgeladen?
- Wie verhält sich das Wissen der Figuren zueinander? Wie beeinflusst das die Handlung und wo kommt es zu handlungsentscheidenden Erkenntnissen?
- Wie verhält sich das Wissen der Figuren zum Wissen des Rezipienten? Welche Wirkung entsteht daraus?
- Gibt es im Text angelegte Grenzüberschreitungen zwischen dem inneren und dem äußeren – eigentlich textexternen – Kommunikationssystem?

3 Formanalyse systematisch: Bauelemente des Dramas

Das Verstehen eines literarischen Werks beruht darauf, das Zusammenspiel von Inhalt und Form zu ergründen. Denn aus der künstlerischen Gestaltung eines Texts – von seiner Gesamtanlage bis hin zu einzelnen rhetorischen Stilmitteln im sprachlichen Ausdruck – resultieren besondere Wirkungen, die wesentlich zu dessen Interpretation beitragen. Eine Textanalyse hat also das Ziel, die Darstellungsweise des zu untersuchenden Textes im Blick auf ihre Funktion für das Dargestellte herauszuarbeiten. Bei einer Studienarbeit, in der es um ein Drama geht, wird erwartet, dass formbezogene Aspekte (beschrieben mit den entsprechenden dramenanalytischen Fachtermini).

In den vorangegangenen Kapiteln wurde die mediale Perspektive des Theaters aufgerufen, aus der sich das besondere Kommunikationssystem ergibt, auf das hin ein Drama in der Regel angelegt ist. Das folgende Kapitel baut auf den daraus abgeleiteten Charakteristika auf, um die wichtigsten Bestandteile eines Dramas zu erfassen, die entsprechend bei einer Dramenanalyse untersucht werden können.

Damit die Verbindung der Formelemente mit ihrer inhaltlichen Aussagekraft im Blick bleibt, sollen sie weitgehend an Beispielen entfaltet werden. Die Beispiele (etwas ausführlicher und wiederkehrend: Lessings *Miß Sara Sampson*) werden dabei tendenziell aus früheren Epochen gewählt, weil sich an ihnen die traditionellen Bauelemente klarer erläutern lassen, während Theatertexte des Gegenwartstheaters diese oft bereits überschreiten. Zur Ausdifferenzierung eines sich wandelnden Umgangs mit dramatischen Formen – im Horizont der Dramentradition und auch gegen sie – dient dann das anschließende Kapitel 4 (»Formanalyse historisch: ›aristotelisches‹ Drama und Positionen des Wandels«).

Da ein Drama über szenische Präsentation funktioniert, stehen im Text die Figuren mit ihrer Figurenrede im Zentrum. Ihr beigesellt sind die Regieanweisungen, die weitere Hinweise geben. Die Interaktion der Figuren vermittelt die Handlung. Diese kann mehr oder weniger geschlossen sein, meist lässt sich ein dramaturgischer Entwicklungsgang nachzeichnen. Diesen Entwicklungsgang kann man mit äußeren Gliederungsfaktoren, der Aufteilung in Akte und ihre Untereinheiten (Auftritte/Szenen) ins Verhältnis setzen. Und schließlich sind Aspekte der Rahmung zu berücksichtigen, die oft schon die Rezeptionserwartung beeinflussen, wie der Titel und das Personenregister. Die folgende Darstellung beginnt bei einem Außenblick (Titel, Personenregister) und geht von einem Überblick (Figurencharakterisierung, Handlungsaufbau) zu einem Innenblick (Figurenrede, Szenenanalyse) über.

3.1 Vor- und Zwischeninformationen im Nebentext

3.1.1 Titel und Personenregister

In der Regel ist das Erste, was nach dem Autornamen von einem Drama wahrgenommen wird, der **Titel**. Er wird oft begleitet von einem Untertitel, der häufig eine gattungsbezogene Spezifizierung und gegebenenfalls eine formbezogene Angabe vornimmt, etwa: »Miß Sara Sampson. Ein bürgerliches Trauerspiel in fünf Aufzügen«. Damit hat man bei diesem Drama von Lessing schon relativ viele Informationen. Man erwartet, dass in diesem Stück eine unverheiratete (Miss), also vermutlich junge Frau (»Sara Sampson«) mit bürgerlichen Werten oder aus der Mittelschicht (»bürgerliches«) im Mittelpunkt einer Handlung steht, die tragisch enden wird (»Trauerspiel«). Man erwartet auch eine relativ traditionelle Bauform (fünf Akte), wobei der Untertitel für den zeitgenössischen Rezipienten (das Drama erschien 1755) zugleich auch eine Irritation enthält, weil der Gattungsbezeichnung »Trauerspiel« das Attribut »bürgerlich« beigegeben ist. Während die herrschende Dramentradition noch in der ersten Hälfte des 18. Jahrhunderts bei tragischen Stoffen handelnde Personen von hohem Stand (hoher Adel, Würdenträger, Heeresführer) vorsah, wird man es hier also mit einer anderen Situierung zu tun haben. Zu bemerken ist auch, dass der Stücktitel eine Frau zur Hauptperson erklärt. Man kann sich aber auch fragen, was nicht genannt wird. Hier bleibt eine spannungsreiche Leerstelle, weil nicht angedeutet wird, was mit ihr passiert.

Weitere wertvolle Vorabinformationen zu einem Stück gibt das **Personenregister**: die vorangestellte Liste der vorkommenden Personen. Traditionell folgt die Anordnung der Personen von oben nach unten wahlweise (a) dem gesellschaftlichen Rang (vom König bis zum Bettler), (b) der Bedeutung der Figuren für das Stück (in Goethes *Iphigenie auf Tauris* [1787] steht die Priesterin Iphigenie vor König Thoas) oder (c) schlicht der Reihenfolge ihres Auftritts (mitunter auch der alphabetischen Reihenfolge). Bis ins späte 18. Jahrhundert hinein war die ständisch-hierarchische Anordnung dominant, so dass Abweichungen davon bemerkenswert sind – und bereits ein Gestaltungsmerkmal des Texts mit potentiell großer Bedeutung für das Textverständnis.

Bei Lessings bürgerlichem Trauerspiel fällt auf, dass das Personenregister zwar durchaus einen (niederen) Adel aufruft (das verrät die Anrede als »Sir William Sampson«, und auch die Tatsache, dass den Personen jeweils eine Dienerfigur zugeordnet ist, könnte das nahelegen). Aber keiner Person wird ein gesellschaftlicher Status zugewiesen, stattdessen sprechen die Attribuierungen »Tochter« und »Geliebte« bzw. im Erstdruck »alte Liebste« für privat-familiäre Beziehungsgefüge.

Um Staatsangelegenheiten wird es in diesem Drama also nicht gehen. In heutiger literaturgeschichtlich informierter Perspektive verbindet man mit dem »bürgerlichen Trauerspiel« eine Gattungsformel: Speziell im deutschsprachigen Raum markierte »bürgerlich« zunächst stärker das Privat-Menschliche einer bürgerlichen Wertemoral als die gesellschaftspolitische Bezeichnung eines sozialen Stands. In einem zeitgenössischen Lexikon (Johann Heinrich Zedlers *Grossem vollständigen Universal-Lexicon*, Bd. 4, Halle/Leipzig 1733, Sp. 1879) wird definiert: »*Bürgerlich*, heißt so viel als ehrlich, weil es der Zustand einer Stadt oder Bürgerschafft erfordert, daß alles mit deren Nutzen und Wohlseyn verknüpfet seyn soll.«

Ein weiteres Beispiel sei hier angeführt, um den speziellen Fall von **Doppeltiteln** zu veranschaulichen, nämlich ein berühmtes Drama des Barockdichters Andreas Gryphius, im Druck 1657 erschienen: *Catharina von Georgien. Oder Bewehrete Beständigkeit. Trauer-Spiel.* Im ersten Teil des Titels ist die Protagonistin über die Art der Namensgebung als Königin eines Landes erkennbar, der zweite gibt eine Deutungsabsicht mit: Das Schicksal der Königin wird als Beispiel für Standhaftigkeit dienen. Da das Stück als Trauerspiel apostrophiert wird, kann man ein trauriges Ende vermuten – dem doch zugleich etwas Tröstliches anmuten wird, da der Titel eine erfolgreiche Bewährung verspricht. Damit ist bereits über den Titel umrissen, was sich dann später über den Handlungsgang der Märtyrertragödie ausformen wird.

Der Blick ins Personenregister gibt weitere zentrale Aufschlüsse für die Textdeutung, denn über Schreibweise und Reihenfolge der Personen wird eine klare Oppositionsbildung widergespiegelt: Drucktechnisch hervorgehoben werden zwei Personen, Catharina, ausgewiesen als »Königin von Georgien«, und Chach [= Schah] Abas, »König der Persen [= Perser]«. Man darf also annehmen, dass es sich um Gegenspieler handelt, denen – als zwei Lagern – die meisten anderen Personen jeweils zuzuordnen sind. Im Gefolge des Schahs befindet sich außerdem ein Iman, was eine religiös fundierte Kontrastierung andeutet.

Manchmal ist dem Personenregister zusätzlich eine Angabe zum Schauplatz und zur Spielzeit beigegeben. Bei diesem Gryphius-Drama etwa wird direkt spezifiziert, dass die Einheiten der Zeit (dargestellt wird der »letzte[] Lebens-Tag der Königin CATHARINE«) und des Ortes (Schauplatz ist der persische Hof zu Schiras) eingehalten werden. Dass es eine georgische Königin an den persischen Hof verschlagen hat und sie dort ihren Tod finden wird, lässt einen politischen und/oder religiösen Konflikt vermuten. Hier wird deutlich, dass auch die oftmals dem Personenregister folgenden Angaben zu Ort und Zeit aufschlussreich sein können.

Falls vorhanden, können **weitere paratextuelle Informationen**, die dem Druck beigegeben sind und also der lesenden Rezeption vorbehalten sind, im Sinne einer vorbereitenden Leserlenkung ausgewertet werden. Bei Gryphius' Drama wird nach einer Widmung an den Leser sogar eine ausführliche Inhaltsangabe geliefert. Es geht dem Autor also offensichtlich um etwas anderes als um spannende Unterhaltung, denn er verrät dem Leser ja den Handlungsverlauf, noch bevor das Stück beginnt. Worauf das Stück stattdessen zielt, eröffnet die dem Druck vorangestellte Widmung, die eine didaktische Deutungsabsicht enthält (»wende dein Gesicht mit mir von dem was / Vergänglich auff die / ewigherrschende / EWIGKEIT«, Gryphius [1657], S. 8).

3.1.2 Regiebemerkungen

Regiebemerkungen (auch: »Bühnenanweisungen«, »Regieanweisungen«, »Szenenangaben«, »Begleitangaben«) sind der Teil des Nebentextes, der am engsten mit der Figurenrede in Zusammenhang steht: »Bemerkungen vor, in, zwischen oder nach den direkten Reden im Drama«, definiert Klaus Weimar im *Reallexikon der deutschen Literaturwissenschaft* (Weimar 2003, S. 251). Diese beschreibenden Zusatzkommentare zu den handelnden Personen oder der Raumgestaltung, die oft auch graphisch durch Klammern oder Schriftsatz von der Figurenrede abgesetzt sind, werden bei der Behandlung von Dramen häufig zu wenig beachtet. Dabei können sie nicht nur für die Interpretation wichtige inhaltliche Hinweise geben, sie sind auch strukturell bemerkenswert. Denn in ihnen bündelt sich die eigenartige Zwischenstellung der Gattung zwischen den Medien Buch (das man liest) und Theater (das man sehend und hörend erlebt).

Weimar betont, dass die übliche Bezeichnung als Regie-, Bühnen- oder Szenenanweisungen »in der Wortwahl dreifach unpassend« sei, »weil sie zum einen nur ausnahmsweise die syntaktische Form einer ›Anweisung‹ haben [...], zum anderen auf der Bühne oft gar nicht in dieser Form realisiert werden können (z. B. ›erbleicht‹) und zum dritten für die Lektüre bestimmt sind, die auch jeder Inszenierung notwendigerweise vorausgeht« (Weimar 2003, S. 251). Tatsächlich ist angesichts der Regiebemerkungen die **Frage nach der ›eigentlichen‹ Rezeptionsform**, auf die das Drama zielt, und die Berechtigung des Dramas als Buch und nicht nur als Spielvorlage für eine Theaterinszenierung noch einmal am Einzelfall zu diskutieren. Wenn man etwa in den Regiebemerkungen von Gerhart Hauptmanns naturalistischem Drama *Vor Sonnenaufgang* (1889) liest, der auftretende Protagonist Alfred Loth sei »mittelgroß, breitschultrig, untersetzt« und habe »blondes Haar, blaue Augen und ein dünnes, lichtblondes Schnurrbärtchen« sowie ein »knochig[es]« Gesicht, so dürfte eine exakte Umsetzung bei einer Aufführung schwierig werden. Die geforderten »ungelenk[en]«, wenngleich »bestimmt[en]« Bewegungen kann ein Schauspieler mimen, man kann ihn auch passend mit Perücke und Schnurrbart ausstatten, doch findet man einen Darsteller, der genau die beschriebene Statur mitbringt? Und dies setzt sich bei den anderen handelnden Personen des Stücks fort. Es ist klar, dass hier eine bildliche Vorstellung gestaltet wird, die in ihrem Detailreichtum über eine Vorgabe für die Theaterinszenierung hinausgeht und eher auf die Imaginationskraft des Lesers zielt: ein ›Theater im Kopf‹ evozierend.

> *Das Zimmer ist niedrig; der Fußboden mit guten Teppichen belegt. Moderner Luxus auf bäuerische Dürftigkeit gepfropft. An der Wand hinter dem Eßtisch ein Gemälde, darstellend einen vierspännigen Frachtwagen, von einem Fuhrknecht in blauer Blouse geleitet.*
>
> *Miele, eine robuste Bauernmagd mit rothem, etwas stumpfsinnigen Gesicht; sie öffnet die Mittelthür und läßt Alfred Loth eintreten. Loth ist mittelgroß, breitschultrig, untersetzt, in seinen Bewegungen bestimmt, doch ein wenig ungelenk; er hat blondes Haar, blaue Augen und ein dünnes, lichtblondes Schnurrbärtchen, sein ganzes Gesicht ist knochig und hat einen gleichmäßig ernsten Ausdruck. Er ist ordentlich, jedoch nichts weniger als modern gekleidet. Sommerpaletot, Umhängetäschchen, Stock.*
>
> Gerhart Hauptmann, *Vor Sonnenaufgang* (1889), Erster Akt, S. 11

Mitunter ist in der Textgenese nachweisbar, dass Regiebemerkungen erst für das **Lesepublikum** eingefügt wurden. Ein markantes Beispiel erwähnt Detken (2009, S. 27) mit Verweis auf die Shakespeare-Studien Sir Walter Gregs: So seien erst in »späteren Shakespeare-Ausgaben […] explizite Regiebemerkungen vornehmlich für den Leser hinzugefügt« worden, die in der ersten Folio-Ausgabe noch fehlten. Das Manuskript enthält dafür »Leerstellen – ›leave a blank for the direction‹ –, so dass diese nachträglich gefüllt werden können, wenn die Schauspieler das Stück geprobt haben« (Detken 2009, S. 27).

Grundsätzlich ist also auch möglich, dass dieser Teil des Nebentextes, der gemeinhin als klarstes Signal für den Theaterbezug der dramatischen Gattung gilt, gar nicht für die Theaterakteure geschrieben wurde, sondern für die Leser.

Vergleichbares lässt sich auch an einem speziellen Teil der Regiebemerkungen beobachten, den **Sprecherbezeichnungen**. Wenn etwa in Schillers *Die Räuber* (1781) in einer Wiederbegegnungsszene von Vater und Sohn (IV,5) die ersten Redeanteile des Vaters nur als »STIMME« ausgewiesen werden, und erst in dem Moment, als fiktionsintern Karl den Vater erkennt – »Das ist *meines Vaters* Stimme!« – auch die Sprecherbezeichnung auf »DER ALTE MOOR« wechselt, ist klar, dass dies nicht den Schauspielern dient, sondern der Spannung beim Lesenden (hierzu und zu weiteren Beispielen: Detken 2009, S. 14–16).

Das Beispiel zeigt, dass es zu kurz greift, Regieanweisungen als externe Anmerkungen des realen Autors aufzufassen: Sie sind ebenfalls als Teil des fiktionalen Gefüges ernst zu nehmen. Schlüssiger sind hier die bereits angesprochenen Ansätze, die mit einer Erzählerfunktion argumentieren, da sie kategorial innerhalb des Textsystems verbleiben.

Man kann ein erstes **Kriterium zur Differenzierung von Regiebemerkungen** ableiten, nämlich den **Adressatenbezug**: je nachdem, ob sie sich an die Akteure des Theaters (Regisseur, Schauspieler, Bühnenarbeiter) richten oder an ein Lesepublikum. Zweitens lassen sich Regieanweisungen bezüglich des **Inhalts** gruppieren, abhängig davon, ob sie sich auf die Personen, ihre äußere Erscheinung und den Ausdruck von Gefühlsregungen oder Handlungsweisen (z. B. »liest den Brief«), beziehen oder auf Elemente der Umgebung (Ausstattung des Raums, Lichtverhältnisse u. Ä.). Gerade die Gestaltung des Raums kann erheblich zur Charakterisierung ihrer Bewohner beitragen (z. B. sozialer Stand, finanzielle Verhältnisse, Geschmack, Bildung, politische Einstellung).

Abgesehen von individuellen Unterschieden, die im jeweiligen schriftstellerischen Selbstverständnis liegen, ist das Ausmaß von Anweisungen, die der Autor seinem Text für die Umsetzung auf der Bühne mitgibt, allgemein einem literarhistorischen Wandel unterworfen. Während zum Beispiel noch in der Frühaufklärung Regiebemerkungen eher unüblich waren, änderte sich dies deutlich in der Mitte des 18. Jahrhunderts, was mit der Aufwertung des Gefühls (und damit der Körpersprache) einhergeht. Der Naturalismus um 1900 wiederum gibt mit seinem Anspruch auf genaue Wirklichkeitswiedergabe ein Beispiel für einen Höhepunkt hinsichtlich detaillierter Beschreibungen von Raumausstattungen und Personen (siehe später etwa auch Rolf Hochhuths dokumentarisches Theaterstück *Der Stellvertreter*, vgl. Kap. 4.4.2), wohingegen in der Gegenwart seit der Nachkriegszeit mit allen Varianten und auch Extremen gespielt wird: so Peter Handkes *Das Mündel will Vormund sein* (1969) und *Die Stunde da wir nichts voneinander wußten* (1992), zwei Stücke, die ausschließlich aus Nebentext bestehen und keine Figurenrede enthalten, oder postdramatische Theatertexte, die ganz auf Regiebemerkungen inklusive Sprecherzuweisungen verzichten, wie Gesine Danckwarts *Girlsnightout* (1999) oder die Textflächen Elfriede Jelineks (vgl. Kap. 4.4.3).

Eine besondere Form stellen **implizite Regiebemerkungen** dar: Beschreibungen von Elementen der Szenerie (Raumausstattung, Lichtverhältnisse, Erscheinung von Personen u. a.), die die Funktion von Regiebemerkungen haben, aber von handelnden Personen ausgesprochen werden. Rein formal sind sie nicht dem Nebentext zuzurechnen, da sie Teil der Figurenrede sind.

EIN DUTZEND SCHAUSPIELER UND LIEBHABER

Die Bühne ist ein freier Platz im hellen Licht.

Es beginnt damit, daß einer schnell über ihn wegläuft.

Dann aus der anderen Richtung noch einer, ebenso.

Dann kreuzen zwei einander, ebenso, ein jeder in kurzem, gleichbleibendem Abstand gefolgt von einem dritten und vierten, in der Diagonale.

Pause.

Einer kommt über den Platz gegangen, im Hintergrund.

Indem er für sich dahingeht, öffnet und spreizt er in einem fort alle seine Finger, streckt und hebt zugleich langsam die Arme, bis er damit einen Bogen geschlossen hat über dem Scheitel, und senkt sie wieder, ebenso gemächlich, wie er über den Platz schlendert.

Bevor er hinten in der Gasse verschwindet, macht er noch Wind mit seinem Gehen, fächelt sich diesen zu mit vollen Händen, legt entsprechend den Kopf in den Nacken, das Gesicht nach oben, und kurvt zuletzt ab.

Als er, in dem gleichen Rhythmus, im Handumdrehn wieder auftaucht, kommt im Platzmittelgrund ihm ein andrer entgegen, der sich unterwegs einen lautlosen Takt schlägt, erst mit der einen Hand, dann im Verein mit der zweiten, und schließlich, beim Abbiegen seinerseits von dem Platz in noch eine Gasse, ist dem sein ganzer Körper gefolgt, hat auch die Gangart sich den Takt eingeübt.

Während er, wie sein Vorgänger – der im übrigen hinten im Gleichmaß auf- und abtretend, sich weiter Wind und Licht zu machen versucht –, auf den Fersen umkehrt, von neuem, und dann wieder von neuem, den Platz durchmißt und sich seinen Takt vorgibt, laufen im Vordergrund, von links, von rechts, von oben, von einer unsichtbaren Brüstung oder Brücke gesprungen, von unten, aus einem Graben oder einem Gassenloch, geschwungen, vier, fünf, sechs, sieben andere ein, eine ganze Mannschaft.

Peter Handke, *Die Stunde da wir nichts voneinander wußten* (1992)

Ein solches Einbeziehen in das gesprochene Wort kann verschiedene Hintergründe haben. In früheren Epochen beispielsweise waren explizite Regieanweisungen unüblich, so dass dies ein Mittel sein konnte, den Darstellern einige Hinweise für Spiel- oder Ausdrucksweise (auch, wenngleich seltener, zur Zeit und zur Raumgestaltung) mitzugeben.

Auch schauspieldidaktische Absichten konnten damit verbunden sein, wie das Beispiel Lessing zeigt (vgl. dazu Košenina 1995, S. 201–219). In seinem ersten bürgerlichen Trauerspiel *Miß Sara Sampson* findet man exzessive Selbst- und Fremdbeschreibungen von körpersprachlichem Ausdruck. So sagt die Titelheldin beispielsweise zu ihrer Widersacherin: »Ich erschrecke, Lady; wie verändern sich auf einmal die Züge ihres Gesichts? Sie glühen; aus dem starren Auge schreckt Wut,

1. Wie die Mädchen

Heute bin ich 17 Jahr und hab blondes Haar und bin ein Sehnsuchtsobjekt, aber das weiß ich natürlich nicht, darum habe ich diese entzückende Unbewußtheit der Jugend. Auch Dummheit kann ich mir gut leisten, weil es darauf noch nicht ankommt. Natürlich bin ich gar nicht so dumm, wie man gern hätte, und durchschau alles ganz gut.

Und später wird das Leben mir meine Wunden ins Gesicht schlagen, und das weiß ich schon. Wenn jemand eine dicke alte Frau verarscht, vielleicht eine, die in einem Bus im Gang auf dem Oberdeck mit ihrem Körper hinundher schwankt, dann finde ich das nicht lustig und habe Mitleid mit ihr, weil ich schon ahne, daß ich irgendwann wie sie bin.

Oder wenn jemand ein dickes Mädchen verarscht, das noch dicker ist als ich, dann finde ich das auch nicht lustig. Aber heutzutage sind die Mädchen ja gar nicht mehr so dick.

Ich bin kein Siegertyp, ich tret nicht gerne jemandem ins Gesicht.

Und darum tret ich dir jetzt ins Gesicht. Aus uns soll noch mal etwas werden, und aus mir wird auch ganz bestimmt etwas, darauf könnt ihr scheißen.

Gesine Danckwart, *Girlsnightout* (Fassung 2000)

und des Mundes knirschende Bewegung –« (IV,8). Was sich in der Mimik der Personen ausdrücken sollte, müsste eigentlich nicht noch vorm Publikum verbalisiert werden. Lessing verstand es aber als eine Hilfestellung für die Schauspieler, damit sie sich selbst oder andere in den Affekt ›hineinreden‹.

Von derartigen impliziten Regiebemerkungen in der Figurenrede können solche abgegrenzt werden, die nur so klingen, aber keine echten Bühnenhinweise sind – weil sie nämlich gar nicht dazu gedacht sind, auf der Bühne auch realisiert zu werden, sondern im Gegenteil eine solche Realisierung ersetzen. Auch hier können Shakespeare-Dramen als Beispiel dienen, in denen – aufgrund der kulissenarmen elisabethanischen Bühne – Raumvorstellungen durch Beschreibungen in den Köpfen des Publikums erzeugt werden sollten. Für die Dramenanalyse immerhin ist nicht entscheidend, ob die Hinweise nur imaginiert oder tatsächlich auf der Bühne verwirklicht werden sollen: Im Text ist die Information präsent und als solche ernst zu nehmen.

Abgesehen von schauspiel- und bühnenpragmatischen Funktionen können solche in die Figurenrede eingelagerten Hinweise aber für die Interpretation noch einmal besonders interessant werden. Da sie von einer handelnden Person artikuliert werden, können sie Aufschlüsse über die psychologische Wirkung der geäußerten Sinneswahrnehmung auf eben diese Person geben und damit auf ihre innere Gemütslage in der konkreten Situation.

3.2 Handlung und ihre Sequenzierung

Um die Struktur der Handlung zu beschreiben, bietet sich zunächst eine Orientierung an den mitgegebenen Gliederungseinheiten an: den **Akten** (je nach Epoche sind als eingedeutschte Bezeichnungen auch »Aufzüge« oder »Abhandlungen«/»Handlungen« geläufig). Die Akteinteilung beim Drama geht auf das antike griechische Theater zurück, bei dem zwischen den Dialogsequenzen (den Epeisodia) Chorlieder vorgesehen waren.

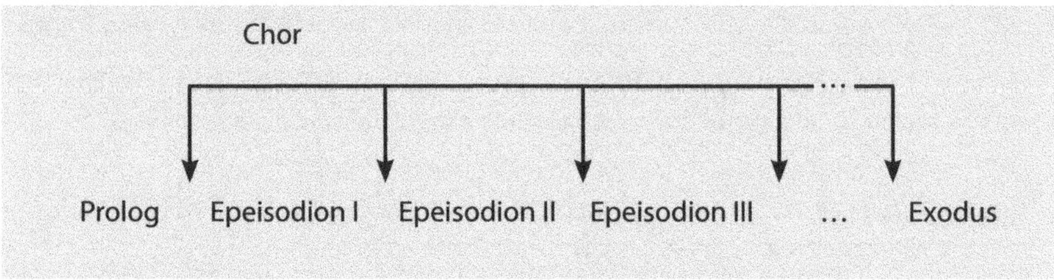

Abb. 8: Die Akteinteilung im griechischen Drama (nach Asmuth 2016, S. 38)

Vor diesem Hintergrund hat die Akteinteilung einen praktischen Sinn, der ohne Chor nicht mehr zu erkennen ist. Sie findet sich noch im Barockdrama wieder mit den dort üblichen Zwischenspielen (»**Reyen**«), die strukturanalog zu den antiken Chorliedern sind, wenngleich sie inhaltlich einem etwas anderen Muster folgen (etwa dem des Niederländers Joost van den Vondel). Die Reyen im barocken Drama begleiten weniger direkt die Handlung (wie der Chor im antiken Drama), sondern leisten allegorische Übertragungen.

Aber auch ohne Chor oder Reyen hat sich die Akteinteilung lange erhalten. Sie ermöglicht eine Strukturierung des Dramas, die mit inhaltlichen Aspekten verbunden sein kann oder auch einfach mit darstellerisch-technischen (z. B. einem nötigen größeren Kulissenumbau oder einem Zeitsprung in der Handlung). Im Theater des 20. und 21. Jahrhunderts wird allerdings die Aktgliederung häufig zugunsten einer bloßen Zählung beliebig vieler Szenen oder Bilder (man kann auch neutral von »**Sequenzen**« sprechen) aufgegeben.

Der **Anzahl der Akte** und auch ihrer dramaturgischen Funktion ist in der Vergangenheit mitunter viel Bedeutung beigemessen worden. Die Regulierung der Anzahl ist dabei in der Literaturgeschichte sehr unterschiedlich gehandhabt worden. Am wirkungsmächtigsten war hier die Orientierung an einem Ideal von fünf Akten. Man findet sie bei Horaz, der in seiner Poetik (*Ars poetica*, um 13 v. Chr.) als normative Vorgabe formuliert hat, das Drama solle nicht weniger und nicht mehr als fünf Akte haben (*neve minor neu sit quinto productior actu fabula*; vgl. dazu Reisch 1893, S. 337). Aristoteles hatte dagegen keine solche Festlegung getroffen, und immer sind auch Dramen geschrieben worden, die nicht fünfaktig sind (relativ häufig sind drei oder vier Akte). In der Vorstellung vom regelgemäßen Drama dominiert dennoch die Fünfaktigkeit.

Bei der Interpretation eines Dramas lohnt der Blick auf die jeweils individuelle Aufteilung der Akte: erstens im Verhältnis zur dominanten Praxis in der jeweiligen Epoche sowie zweitens im Verhältnis zur Entwicklung der Handlung des Stücks.

Um den **Entwicklungsgang** zu beschreiben, orientiert man sich an dramaturgisch wichtigen Momenten. Dazu gehören die **Exposition**, die sich in der Regel aus *dramatischem Auftakt, Exposition im engeren Sinn* und *erregendem Moment* zusammensetzt, die **Verwicklung** der Handlung, ein oder mehrere **Wendepunkt(e)** mit Wissens- und Glücksumschwung und ggf. noch einer Verzögerung (**retardierendes Moment**), bis sich die schlussendliche Auflösung (**Katastrophe**) vollzieht. Zur Veranschaulichung soll dies direkt am Beispiel entfaltet werden.

Üblicherweise beginnt ein Drama mit einem *dramatischen Auftakt*, der mit dem Öffnen des Vorhangs direkt das Interesse des Publikums wecken soll. In Lessings *Miß Sara Sampson* ist es der ehrwürdige alte Sir Sampson, der weinend in einem heruntergekommenen Wirtshaus auftritt, so dass man sich fragt, wie es sein kann, dass ein solcher Mann weint, und was ihn an diesen Ort hat bringen können.

Sodann muss zunächst das Publikum mit den wesentlichen Informationen versorgt werden, um der Handlung folgen zu können. Das heißt in der Regel, dass die zentralen Personen eingeführt werden und die Vorgeschichte erläutert wird (*Exposition im engeren Sinne*). Oft wird der zuerst auftretenden Person zu diesem Zweck ein Gesprächspartner beigesellt; hier ist es der treue Diener, der den Anlass bietet, das zu versprachlichen, was das Publikum wissen muss. Wir erfahren, dass der Vater der zärtlich geliebten Tochter nachgereist ist, die sich von einem Adligen hat verführen lassen und mit dem Geliebten geflohen ist. Mit Szenenwechseln zu anderen Zimmern im selben Wirtshaus lernen wir im ersten Akt auch bereits das Liebespaar kennen, Sara und Mellefont, sowie indirekt, angekündigt über einen Brief, eine weitere Person, von der Unheil droht, wie man aus der Reaktion Mellefonts schließen kann: Lady Marwood, die ehemalige Mätresse Mellefonts.

Mit diesem Brief wird der Keim (*erregendes Moment*) für die sich dann entwickelnde Handlung gelegt. Die *Exposition*, die diese drei Schritte umfasst (dramatischer Auftakt, Exposition im engeren Sinn, erregendes Moment), ist damit abgeschlossen.

Mit dem zweiten Akt beginnt die Verwicklung der Handlung um einen dramatischen Konflikt herum. Das treibende Element in *Miß Sara Sampson* ist die Intrigantin Marwood, die versucht, die Liebenden auseinanderzubringen und Mellefont zurückzugewinnen oder, wo ihr das nicht gelingt, sich zu rächen.

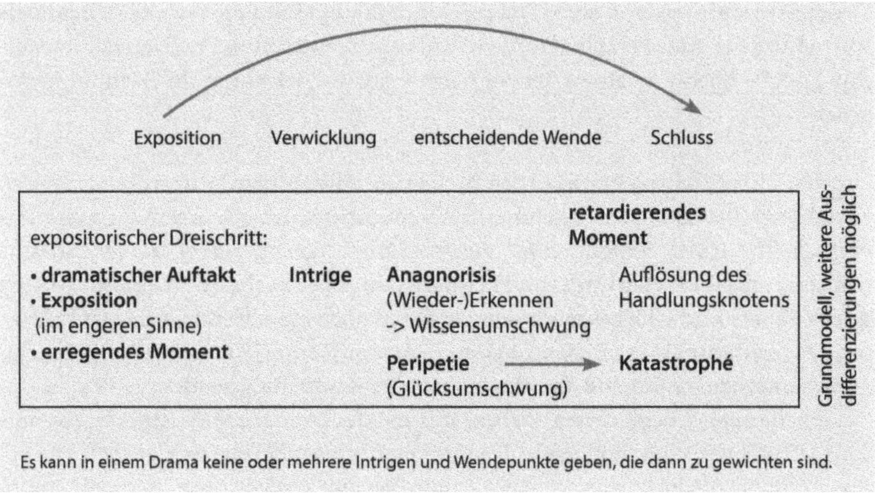

Abb. 9: Schema für die Handlungsentwicklung

Im Verlauf eines Dramas kommt es zu Momenten, an denen die Handlung sich zum Guten oder zum Schlechten wendet. Auch in *Miß Sara Sampson* gibt es solche Wendepunkte, und zwar mehrere. Die erste Intrige Marwoods, die sie schon vor Beginn des Stücks eingefädelt hatte, schlägt gegenläufig zu ihrer Intention aus: Sie hatte dem Vater Saras den Aufenthaltsort des Paars verraten – in der Erwartung, ein strafender Vater werde das Paar trennen. Womit sie nicht gerechnet hat, ist der empfindsam-verzeihende Vater, mit dem sich ein möglicher glücklicher Ausgang ankündigt, nämlich die familiäre Versöhnung einschließlich der väterlichen Einwilligung in eine Eheschließung zwischen Sara und Mellefont.

Eine zweite Intrige folgt, die das Blatt wieder wendet. Marwood erwirkt gegen Ende des vierten Akts ein Treffen allein mit Sara, ohne dass diese weiß, wer ihr gegenübersteht. Der Moment, als sich Marwood Sara zu erkennen gibt (zentraler Wissensumschwung: *Anagnorisis*), erschüttert diese so sehr, dass sie in Ohnmacht fällt.

Und dies wiederum gibt Marwood die Gelegenheit, Sara zu vergiften und so den endgültigen Glücksumschwung (*Peripetie*) herbeizuführen, der schließlich zum nun unausweichlich gewordenen tragischen Ende führt: zur *Katastrophe*[4] (griechisch: ›Umwendung‹) als Folge aus dem Glückswechsel, die in diesem Fall negativ ist (Saras Tod). (Umgekehrt ist im Fall einer Komödie mit glücklichem Ende die *Katastrophe* positiv!)

In der Dramaturgie von Lessings fünfaktigem Trauerspiel lässt sich die Exposition im ersten Akt verorten, der Höhepunkt des Dramas mit *Anagnorisis* und *Peripetie* im vierten Akt. Die Kenntnis vom fatalen Glücksumschwung (der Vergiftung Saras) erfolgt aber retardiert. Der vierte Akt endet mit einem Monolog Marwoods (IV,9), die, vor der ohnmächtigen Sara stehend, ein Selbstgespräch führt, in dem sie ihre Lage überdenkt. Sie spricht von einem Giftfläschchen, das sie – sollte Not dazu sein – für sich selbst vorgesehen hatte. Im fünften Akt ist Marwood bereits abgetreten, und nun entfaltet sich langsam die Kenntnis davon, was sie mit dem Giftfläschchen gemacht hat. Was das Publikum bereits ahnt, wird von den Personen auf der Bühne erst nach und nach erschlossen – in bitterer Überlagerung mit der Aussicht auf das Glück, das für Sara bereitgelegen hätte. Denn im fünften Akt kommt es endlich zur Zusammenkunft mit dem Vater: eine Versöhnung, die Hand in Hand geht mit dem Sterben Saras.

Der Wechsel zwischen dem vierten und dem fünften Akt enthält einen kleinen Sprung im Ablauf der Zeit, der die Lücke im Wissen ermöglicht: Wie Marwood der Dienerin statt des Riechsalzfläschchens das Giftfläschchen für die ohnmächtige Sara gibt, sieht man nicht.

Aber auch auf die Szenenwechsel innerhalb der Akte ist zu achten. Nicht immer sind sie bedeutungsvoll, können es aber sein. Im ersten Akt ermöglichen die Wechsel zwischen Zimmern im Gasthof jeweils den Blick auf andere Personen und damit anders gewichtete Eindrücke von der Situation: Erfährt man erst die Sicht des Vaters, erhält man danach Einblicke in das Empfinden Mellefonts und dann Saras. Als schwerwiegenden Bruch mit der Einheit des Ortes (vgl. Kap. 2.1 und 4.1, 4.3) muss man diese Zimmerwechsel noch nicht bewerten, zumal sich alle in einem Haus befinden.

Wie die **Untereinheiten der Akte** bezeichnet werden (in *Miß Sara Sampson* »**Auftritte**«, geläufig ist aber auch die Bezeichnung »**Szenen**«), enthält traditionell durchaus pragmatische Hinweise für die Aufführung. Begriffsgeschichtlich verweist »Szene« auf einen Schauplatzwechsel, »Auftritt« auf einen Personenwechsel.

4 Als dramentechnischer Begriff (griechisch mit Betonung auf der letzten Silbe) nicht mit der umgangssprachlichen Verwendung des Wortes zu verwechseln.

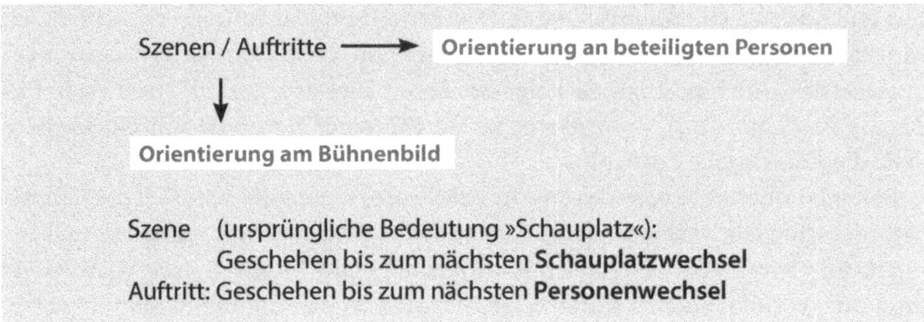

Abb. 10: »Szene« vs. »Auftritt«

Welchen der beiden Begriffe ein Dramatiker für sein Stück gewählt hat, kann also bereits andeuten, ob im Stück viele wechselnde Schauplätze vorkommen (wie z. B. bei Shakespeare) oder nicht. Für den Frühaufklärer Johann Christoph Gottsched etwa, der, dem französischen Klassizismus folgend, die Einheit des Ortes besonders strengnahm, bot sich schon von daher die Auftrittszählung an. Zugleich darf man den Zusammenhang nicht überbewerten. Asmuth (2016, S. 39) zeigt dies am Beispiel von Schillers *Die Räuber* (1781): Die Einteilung in durchnummerierte Sequenzen erfolgt in »Szenen« (15 an der Zahl), obwohl es deutlich mehr Personenwechsel gibt (Asmuth zählt ca. 60), die sich dann auch innerhalb von Szenen vollziehen. Heutzutage werden die Begriffe stark synonym gebraucht (wenn die Sequenzen nicht überhaupt nur noch schlicht durchnummeriert werden oder gar auf entsprechende Untergliederungen ganz verzichtet wird wie etwa in den Textflächen von Jelinek, vgl. Kap. 4.4.3).

Die Szenen- bzw. Auftrittszählung ist letztlich ein pragmatisches Instrument der übersichtlicheren Unterteilung der Akte. Bei **Zitatnachweisen** gibt man die Originalzählung an (Konvention: Aktzählung mit römischer Ziffer, Szenen- bzw. Auftrittszählung mit arabischer, z. B. IV,3) und hält sich bei Beschreibungen an die jeweils im Drama vorliegende Bezeichnung. Handelt es sich um ein Versdrama, ist ergänzend die Verszählung (sofern angegeben) zu nennen.

Um bei der Analyse der Handlungsentwicklung die Untergliederung zu nutzen, kann man sich die folgenden Fragen stellen: Wo wird die raumzeitliche Handlungskontinuität unterbrochen? Wer agiert wann, an welchen Schauplätzen, mit wem, wie lange? Wo wechselt die Zusammensetzung der agierenden Personen auf der Bühne? Und sind das ›Schnitte‹, die bedeutungstragend sind?

3.3 Figuren

»**Figuren**« ist ein allgemeiner Begriff für Kunstpersonen[5] in einem literarischen Werk, sei es ein Drama oder ein Erzähltext, der immer angewendet werden kann. Im Fall speziell des Dramas ist auch die Rede von »**handelnden Personen**« (oder *dramatis personae*), ein Terminus, mit dem oft auch die Personenregister überschrieben sind. Diese Bezeichnungen (Figuren, handelnde Personen) haben eine größere Bedeutungsextension, als wenn man von »Charakteren« spricht. »**Charakter**« zielt auf die geistig-charakterliche Eigenart einer Figur als ihrer unveränderlichen Grunddisposition. Es sind also ihre Wesenszüge gemeint, während der soziale Stand oder Äußerliches wie Körper oder Kleidung nicht eingeschlossen sind und auch nicht ihre ggf. wechselnden Gemütsverfassungen. Weitere Ausführungen zu den Begrifflichkeiten liefert Asmuth (2016, S. 90–93).

Die Figuren können nach ihrer Wichtigkeit, nach ihrem Realitätsstatus und auch hinsichtlich ihrer Bühnenpräsenz klassifiziert werden:

Protagonist/Protagonistin	Hauptfigur
Antagonist/Antagonistin	Gegenspieler/Gegenspielerin
Nebenfigur	
Sonderformen:	
– stumme Figur	erscheint auf der Bühne, hat aber keinen Redeanteil
– *off stage character*	Figur, die man nie sieht, deren Stimme man aber von hinter der Bühne hört
– *personae fictae*	Figuren, die nicht den Realitätsstatus normaler handelnder Figuren haben, z. B. allegorische Figuren wie die »Ewigkeit« in Gryphius' *Catharina von Georgien* oder auftretende Geister und redende Leichname

Abb. 11: Klassifikation von Figuren

Eine wichtige Aufgabe bei der Dramenanalyse ist die **Figurencharakterisierung**. Eine Figur zu charakterisieren bedeutet, sowohl konstante Faktoren zu beschreiben als auch ihre Entwicklung.

Ein guter Startpunkt ist (1) die grundsätzliche Einordnung der zu charakterisierenden Figur. Keine Figur ist isoliert zu interpretieren, sondern immer im Gefüge

5 Auch der heute ganz allgemein verwendete Begriff »Person« hat etymologisch einen theatergeschichtlichen Hintergrund, denn er leitet sich vom lateinischen *persona* ab, was ursprünglich die Maske der Schauspieler im antiken Theater bezeichnete.

der anderen Figuren. Dazu hilft es zunächst, die **Figurenkonstellation** zu beschreiben: Sind unterschiedliche Gruppen auszumachen, zu welcher gehört die Figur? Wie wichtig ist sie (Hauptfigur/Nebenfigur)? In welchem Verhältnis steht sie zu anderen Figuren? Gibt es Ähnlichkeiten (*Korrespondenzrelation*) oder Gegensätze (*Kontrastrelation*) zu anderen Figuren?

Korrespondenzen oder Kontraste können auf allen Ebenen bestehen, zum Beispiel hinsichtlich der sozialen Schicht oder des Geschlechts, aber auch hinsichtlich charakterlicher Eigenschaften oder Ansichten. In Betracht kommt dabei, was im Drama auch tatsächlich Relevanz gewinnt. Dass zwei Figuren Frauen sind, muss nicht unbedingt bedeutungstragend werden. Wenn aber wie in Kleists *Penthesilea* (1808) die Gruppe der Amazonen gegen die des griechischen Heers ins Feld geführt wird, gehört die Geschlechterdichotomie sogar zur Grundkonzeption.

Besonders interessant sind die Fälle, in denen Kontrast- und Korrespondenzrelationen changieren und gegeneinander ausgespielt werden. Sara und Lady Marwood in Lessings *Miß Sara Sampson* sind ein solcher Fall. Vordergründig stehen sie in einer Kontrastrelation: von anderen Personen des Stücks wird Sara als tugendhaft und »die Beste Ihres Geschlechts« (III,3) bezeichnet, während Marwood als lasterhaft und »Schande ihres Geschlechts« (II,6) charakterisiert wird. Unter dieser Oberfläche wird aber zugleich mit Ähnlichkeiten gespielt: Marwood evoziert die Parallele der verführten und von männlicher Gunst abhängigen Frau, und Sara hatte von einer »mir ähnlichen Person« (I,7) geträumt, die sie zu retten scheint und dann doch tötet, was sich später als Vorausdeutung auf Marwood erweist.

Nach der Verortung in der Figurenkonstellation empfiehlt sich (2) eine kurze Gesamtbewertung hinsichtlich der prinzipiellen **Konzeption der Figur**: Ist es eine psychologisch ausgestaltete Figur oder eine schematisch-stereotyp angelegte? Ist Letzteres der Fall, spricht man von *Typen*. Dies kann sogar gattungskonstituierend sein wie bei »Typenkomödien«, z. B. Molières *Der Geizige* (*L'Avare*, 1668) oder *Der eingebildete Kranke* (*Le Malade imaginaire*, 1673). Bereits diese Titel verraten, dass menschliche Eigenschaften als solche im Zentrum stehen und Gegenstand satirischer Überzeichnung werden. Die Figuren dienen dabei als Träger solcher Eigenschaften und sind nicht als komplexe Persönlichkeiten gestaltet. Traditionsbildend ist hier die italienische Commedia dell'arte gewesen mit ihrem Repertoire bekannter Typen, die einen feststehenden Satz an Eigenschaften und Attributen haben. Anhand einer konventionalisierten Kostümierung konnte das zeitgenössische Publikum sie bereits beim jeweils ersten Auftritt in einem Stück zuordnen.

Aber auch, wenn es sich nicht um Typen handelt, sondern um individuelle Figuren, können sie einfach und mit wenig oder gar keiner Entwicklung angelegt sein. Klassifizieren lässt sich eine Figur nach zwei Kriterien: Welches Bild wird von ihr erzeugt (*eindimensional/mehrdimensional*), und verändert sie sich nicht oder entwickelt sie sich im Laufe der Handlung (*statisch/dynamisch*)?

Konzeption der Figur

eindimensionale Figur	→ durch Regieanweisungen und Figuren widerspruchsfrei und homogen charakterisiert, klares und gleichbleibendes Bild
mehrdimensionale Figur	→ durch Regieanweisungen und Figuren widersprüchlich und vielschichtig charakterisiert, komplexes und changierendes Bild

Entwicklung der Figur

statische Figur	→ keine Veränderung
dynamische Figur	→ Figur verändert sich während der Handlung, wobei die Veränderung plötzlich oder kontinuierlich erfolgen kann

Abb. 12: Konzeption und Entwicklungsgrad von Figuren (nach Pfister 2001, S. 241–244)

Nach einer solchen grundsätzlichen Einordnung kann (3) die Charakterisierung im Detail verfolgt werden.

Im Stück kann eine Figur auf verschiedene Weisen charakterisiert werden. Zunächst einmal ist hier die **Selbstcharakterisierung** einer Figur durch ihr eigenes Auftreten, Handeln und Reden zu nennen. Im sprachlichen Bereich sagen nicht nur die Redeinhalte etwas über eine Person aus, sondern auch ihre Redeweise (z. B. Dialekt, Soziolekt, Sprachstil und Sprachrichtigkeit sowie ggf. Ausdruck hoher Emotionalität durch Satzabbrüche und Interjektionen). Eine Figur charakterisiert sich zudem außersprachlich durch ihre Gestik und Mimik sowie durch ihren Kleidungsstil und auch indirekt über Raumsemantik, falls ihre Auftritte an besondere Örtlichkeiten gebunden sind. (Hier wird zugleich deutlich, welchen interpretierenden Einfluss eine Aufführung nimmt: durch die Besetzung, die Ausstattung von Seiten der Kostümbildnerei und Maske sowie das konkrete Spiel des Schauspielers.)

Neben der Selbstpräsentation der Figur sind **Charakterisierungen von außen** einzubeziehen: auf der Figurenebene durch Fremdkommentare der anderen handelnden Personen sowie auf auktorialer Ebene durch Beschreibungen in den Regiebemerkungen und durch die Namensgebung, z. B. durch Adels- oder Amtstitel und durch sprechende Namen (*telling names*). Wenn etwa in der satirisch angelegten Typenkomödie *Die Pietisterey im Fischbein-Rocke* von Luise Adelgunde Victorie Gottsched (1736 anonym erschienen) Figuren auftreten, die »Frau Glaubeleichtin« und »Magister Scheinfromm« heißen sowie »Frau Zanckenheimin«, »Herr von Muckersdorff«, aber auch »Herr Liebmann« und »Herr Wackermann«, so weiß man sofort, was man von ihnen jeweils zu erwarten hat. Eine der wenigen Figuren ohne *telling name* ist »Jungfer Luischen«, um die herum die Handlung kreist, denn den Anlass für die Verwicklungen geben ihre anstehende Verheiratung und zwei konträre Heiratskandidaten.

Während auktoriale Hinweise zweifelsfrei sind, kommt es bei figuralen Äußerungen immer sehr darauf an, von wem und in welcher Situation sie getätigt werden. Was im Monolog einer Figur ausgesprochen wird, kann sich zwar um eine Fehleinschätzung handeln, in jedem Fall aber eine, von der die sprechende Person überzeugt ist, wohingegen im Dialog mit anderen Personen auch manipulierende Absichten im Hintergrund stehen können.

Für eine Gesamtschau der verschiedenen Arten, wie eine Figur mit Attributen versehen werden kann, ist die differenzierte Übersicht zu empfehlen, die Manfred Pfister (2001, S. 252) zusammengestellt hat.

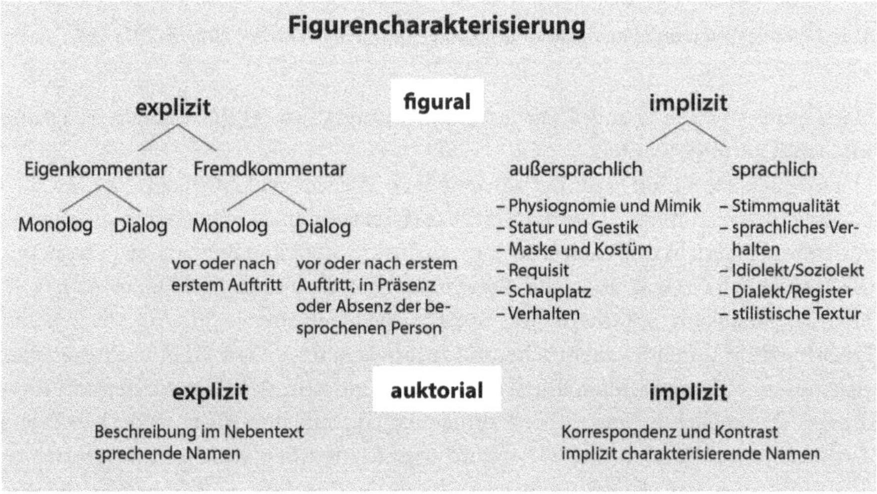

Abb. 13: Möglichkeiten der Figurencharakterisierung (nach Pfister 2001, S. 252)

Hinsichtlich der Lenkung des Publikums ist bereits darauf zu achten, **wie eine Figur eingeführt wird**: Erfährt man schon etwas über sie, bevor sie auftritt? Durch wen geschieht das und in welcher Weise? So wird beispielsweise Lessings

Emilia Galotti indirekt eingeführt, indem der Prinz und ein Maler sich über ihre Schönheit unterhalten. Anlass ist ein Porträt von Emilia, das der Maler dem Prinzen zeigt, ohne dass es dem Publikum zugewendet wird, so dass sich jeder Theaterbesucher seine eigene Idealvorstellung bilden kann. Es folgen weitere Gespräche über Emilia, die Informationen zu ihrer Situation und einer potentiellen Gefährdung liefern, während sie selbst erst im zweiten Akt auftritt.

Für eine interpretierende Bündelung bei der Figurencharakterisierung kann die Frage dienen, welche **Funktion der Figur** im Handlungsgefüge zukommt. Emilia Galotti ist die Titelfigur und tragische Heldin, woran sich Untersuchungen anschließen können, wie viel Aktionsfreiraum sie eigentlich hat. In diesem Drama eröffnet auch die Frage, wie die Funktionen von Gegenspieler und Intrigant verteilt sind, eine Interpretationsperspektive.

Auf ein Beispiel soll hier noch genauer eingegangen werden, weil sich an ihm zeigen lässt, dass auch literarhistorische Betrachtungen eine Rolle spielen können: In der Funktionsfigur des »**Boten aus der Fremde**« (die Bezeichnung geht zurück auf Bleich 1936) spiegeln sich Grundannahmen wider, die Ende des 19. Jahrhunderts die Stilrichtung des Naturalismus kennzeichnen. Ihre Vertreter wollten die soziale Wirklichkeit wiedergeben, und zwar in all ihrer realen Hässlichkeit, wobei sie von einem (sozialen und biologischen) Determinismus ausgingen: Gefangen in seinem Milieu und abhängig von seinen erbbedingten Anlagen, hat der einzelne Mensch keine Chance, einen selbstbestimmten Lebensentwurf zu verwirklichen. Wenn man aber die zwischenmenschlichen Gefüge als fixiert versteht, determiniert von äußeren Faktoren, und dies darstellen will, stellt sich dramaturgisch die Frage, wie sich eine Handlungsentwicklung überhaupt in Gang bringen lässt.

So zeigt das Drama *Die Familie Selicke* (1890) von Arno Holz und Johannes Schlaf eher einen Ausschnitt aus einem Familienalltag als eine Entwicklung: Zwar gibt es eine Erschütterung durch den Tod des jüngsten Kindes, an den Verhältnissen in der Familie verändert sich aber letztlich nichts – der Vater bleibt ein alkoholsüchtiger und gewalttätiger Tyrann, unter dem die anderen Familienmitglieder leiden, vor allem die Mutter. Um sie nicht allein zu lassen, lehnt die Tochter Toni den Heiratsantrag des jungen Pastors, den sie liebt, ab und bleibt bei ihrer Familie. Die drei Akte führen ein Auf und Ab in einem familiären Elend vor, dem niemand entrinnt. Von einer Handlungsentwicklung im eigentlichen Sinne kann man dabei kaum sprechen. Soll eine deterministisch festgefahrene Situation vorgeführt und dennoch eine Entwicklung in den Handlungsverlauf eingebracht werden, bedarf es besonderer Mittel. Dies erfüllt ein neu in das System einbrechender Störfaktor, insbesondere eine Person, die von außen kommt und das soziale Gefüge in Bewegung bringt.

In Gerhart Hauptmanns erstem naturalistischen Drama *Vor Sonnenaufgang* (1889) ist es der Sozialutopist Alfred Loth, der auf dem Gut der reichen, aber sittlich-moralisch und durch Alkoholismus verkommenen Familie Krause auftaucht, um in der Region Recherchen über die Arbeitsbedingungen der Bergarbeiter anzustellen. Mit ihm eröffnet sich der jungen Helene – kurzfristig – eine Zukunftsperspektive. Die Hoffnung auf ein anderes Leben scheint auf und stößt eine dramatische Entwicklung an, die tragisch endet, als sich die Hoffnung als unerfüllbar erweist.

Ein anderes Beispiel für die Funktionsfigur des »Boten aus der Fremde« ist die russische Studentin Anna Mahr in Hauptmanns *Einsame Menschen* (1890). Ihr Aufenthalt bei der Familie des jungen Gelehrten Johannes Vockerat bringt eine mühsam aufrechterhaltene Idylle, unter der sich Unzufriedenheiten und Selbstzweifel verbergen, zum Einsturz. Dabei reicht die bloße Anwesenheit der jungen Studentin, die einen zu der Zeit ganz ungewöhnlichen Lebensentwurf verkörpert, aus: Indem sie zur Projektionsfläche für die zuvor unterdrückten Wünsche und Ängste aller Familienmitglieder wird, nimmt eine tragische Entwicklung ihren Lauf.

Die Frage nach der Funktion einer Figur kann also nicht nur ins Zentrum der Interpretation eines Dramas führen, sondern gegebenenfalls auch in seine literarhistorische Kontextualisierung.

3.4 Figurenrede

Die Figurenrede ist, wie eingangs erläutert, das eigentliche Ausdrucksmittel im Drama. Bei ihrer genauen Analyse sind philologische Kernkompetenzen gefragt. Bevor man sich aber die sprachliche Gestaltung im Detail vornimmt, ist zunächst die jeweilige **Funktion einer sprachlichen Äußerung** in den Blick zu nehmen: Geht es um die Interaktion mit anderen Figuren, aus der sich die Weiterentwicklung der Handlung ergibt (*Handlungsfunktion*)? Oder müssen Informationen vermittelt werden (*Informationsfunktion*), die außerhalb der präsentierten Handlung liegen – entweder zeitlich, weil sie zur Vorgeschichte gehören, oder darstellerisch, weil das Geschehen bühnentechnisch nicht umsetzbar ist? Es kann aber auch darum gehen, einen Einblick in den Gemütszustand einer Figur zu geben (*Innensicht*) oder das Publikum über verdeckte Beweggründe aufzuklären (*dramatische Ironie*, falls die Zuschauenden mehr wissen als die Figuren).

Je nach Funktion differieren auch die **Modi des Sprechens**, wobei in der Skala möglicher Redeweisen Dialog und Monolog die beiden Pole sind. Dazwischen gibt es verschiedene Varianten von Mischformen. Diese Mischformen entstehen durch monologisierende Elemente im Dialog oder dialogisierende im Monolog. Ein ansonsten formal korrekt vorliegender Dialog kann bereits subtil unterlaufen werden, wenn die Kommunikation nicht funktioniert, weil die Gesprächspartner aneinander vorbeireden.

Klarer von **monologisierenden Elementen im Dialog** kann aber dann gesprochen werden, wenn Berichte eingeschoben sind: eine Mauerschau (*Teichoskopie*) etwa, wenn ein zeitgleich ablaufendes Geschehen, das nicht szenisch dargestellt wird, von jemandem geschildert wird, der dieses beobachten kann, oder ein *Botenbericht*, der die Information eines bereits stattgehabten Ereignisses nachliefert. Auch das Vorlesen eines Briefes kann hier eingeordnet werden. Ein noch deutlicherer monologisierender Bruch im Dialog ist das *Beiseitesprechen* einer Person, wenn sie während eines Dialogs plötzlich eine Äußerung tätigt, die nicht an den Dialogpartner gerichtet ist (und von diesem auch nicht gehört wird), sondern an sich selbst oder in Richtung des Publikums (*ad spectatores*): Hier geht es um eine personale Innensicht, die dem Publikum vermittelt werden soll. Wird dabei das Publikum sogar explizit angesprochen, haben wir es mit einer Illusionsbrechung zu tun, da in dem Moment die kategoriale Trennung zwischen Aktionsraum und Zuschauerraum aufgehoben wird.

Umgekehrt kann auch ein **Monolog dialogisiert** werden, wenn eine Person wie in gespaltenen Rollen mit sich selbst spricht. Ein Beispiel liefert der Vater in Lessings *Emilia Galotti*, als er sich in höchster Unruhe und emotionaler Verwir-

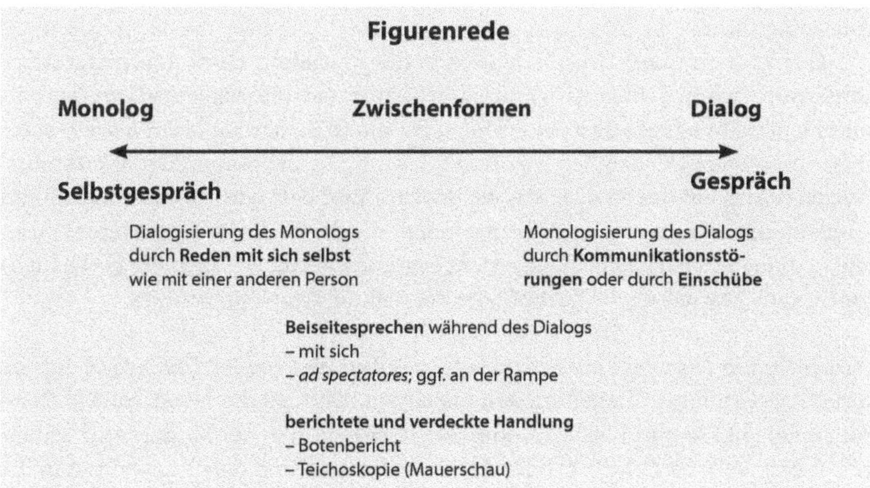

Abb. 14: Formen der Figurenrede

rung befindet: »Ha! ha! ha! – *(Blickt wild umher.)* Wer lacht da? – Bei Gott, ich glaub, ich war es selbst.« (V,6)

Man erkennt schon im Überblick, dass es innerhalb der Gattungskonventionen des Dramas Redeformen gibt, die die Vorstellung einer szenischen Handlung, die man wie durch eine imaginäre *vierte Wand* beobachtet, strapazieren. Würde nicht implizit das Publikum adressiert, wäre kaum zu erwarten, dass ein auf der Bühne nicht darstellbares, sich aber im Blickfeld der handelnden Personen vollziehendes Geschehen, etwa eine Schlacht, in Worten beschrieben wird oder dass ein Brief vom Empfänger laut gelesen wird. In *Miß Sara Sampson* versucht Lessing der Künstlichkeit entgegenzuwirken, indem er die Titelfigur im inneren Konflikt mit sich selbst vorführt, während sie den Brief des Vaters liest, der sich – für sie völlig unerwartet – nicht strafend, sondern verzeihend zeigt:

> »SARA *(nachdem sie einige Augenblicke gelesen).* Ach Waitwell, was für ein Vater! [...] Er bittet mich – Er bittet mich? Ein Vater seine Tochter? seine strafbare Tochter? Und was bittet er mich denn? – *(Lieset für sich.)* Er bittet mich, seine übereilte Strenge zu vergessen und ihn mit meiner Entfernung nicht länger zu strafen. Übereilte Strenge! – Zu strafen! – *(Lieset wieder und unterbricht sich.)* Noch mehr! Nun dankt er mir gar, und dankt mir, dass ich ihm Gelegenheit gegeben, den ganzen Umfang der väterlichen Liebe kennen zu lernen.« (III,3)

Erst recht grenzwertig ist das Beiseitesprechen, wenn sich eine Figur im Gespräch abwendet und laut etwas sagt, was das Publikum vernimmt, die anwesenden Figuren aber nicht.

Dabei können unter Umständen schon die gewählten Modi interpretatorisch ausgewertet werden. In Lessings bürgerlichem Trauerspiel *Miß Sara Sampson* beispielsweise gibt es genau zwei Personen, für die an keiner Stelle ein Beiseitesprechen vorgesehen ist, nämlich Sara und ihr Vater, die die bürgerliche Wertemoral vertreten und bei denen das, was sie denken, und das, was sie aussprechen, im Einklang miteinander stehen. Die Personen, die die Welt des Hofes repräsentieren, bedienen sich dagegen häufiger des Beiseitesprechens – allen voran die Intrigantin Lady Marwood, die die höfische Verstellungskunst praktiziert.

Dass nicht nur das, *was* eine Person sagt, sondern auch die Art und Weise, *wie* sie spricht, viel zu ihrer Charakterisierung beiträgt, liegt auf der Hand. Eine passend zur einzelnen Figur modellierte Ausdrucksweise wird in der Moderne zur gängigen Praxis. **Wortwahl und rhetorische Stilmittel** sind dabei unbedingt in die Analyse einzubeziehen. Wenngleich auch das keine neue Erfindung ist (man denke etwa an die Schuldramen des Barockdichters Christian Weise), wird es besonders dem Naturalismus zugeschrieben, die Figurenrede dadurch weiterentwickelt zu haben, dass auch **Dialekte und Soziolekte** einbezogen werden, um Bildungsstand und Milieuzugehörigkeit einer Figur zu markieren.

Insgesamt sind *konstante* Charakteristika der Redeweise einer Figur von *situativen* Veränderungen zu unterscheiden. Momente besonderer Gefühlsaufwallung werden sich in der Regel auch im sprachlichen Ausdruck niederschlagen, etwa durch die Häufung von Interjektionen, durch Ellipsen, Satzabbrüche oder syntaktisch falsche Anschlüsse.

Im **Versdrama**, das in der Gestaltung der Figurenrede weniger Freiheiten hat als das Prosadrama, kennt man das Mittel der Aufteilung eines Verses auf zwei oder mehr Sprechende (*Antilabe*), gelegentlich auch kombiniert mit einer Fortsetzung und erneuten Aufteilung im nächsten Vers (*Hakenstil*), um die Rede zu dynamisieren, und für das Streitgespräch die Wechselrede (*Stichomythie*), bei der sich die Streitgegner einen alternierend pro Äußerung nur einen Vers umfassenden Schlagabtausch liefern.

Als Beispiel sei Gryphius' *Catharina von Georgien* herangezogen. Chach Abbas will die von ihm gefangen gehaltene Königin Catharina dazu drängen, eine seiner Ehefrauen zu werden – was für sie dem schlimmsten Verrat gleichkäme: Nicht nur ist Abbas für den Mord an ihrem Gatten verantwortlich, sie müsste auch dem christlichen Glauben entsagen und zum Islam übertreten. Abbas stellt die Ehefrage, die als Anapher wiederholt wird und im selben Vers als Antilabe in die Absage Catharinas mündet (v. 744 f.):

> Chach. Wil sie das Ispahan sie vnterthänigst grüsse?
>   Wil sie?   Cath. Wir achten vns nicht diser Ehren werth. /

Chach Abbas insistiert, »Sie soll der Persen Thron / wie wir gewündtscht / besteigen« (v. 768), worauf Rede und Gegenrede im hohen Tempo der Stichomythie folgen (v. 779–784):

> Cath. Ist jhre Majestet mit andern nicht vermählet?
> Chach. Die wir für jhre Mägd' O Göttin / außerwehlet!
> Cath. Der Christen Recht verknüpfft nur Zwey durch dises Band.
> Chach. Der Persen Recht gilt mehr. Wir sind in jhrem Land!
> Cath. Noch mehr deß Höchsten Recht! wir stehn auff seiner Erden.
> Chach. Was Abas schafft muß Recht / dafern es Vnrecht / werden.

Im Fall von Gryphius' Märtyrerdrama sind die Positionen klar einander gegenübergestellt. Dies kann sehr viel ambivalenter ausfallen, wenn die Intentionen der interagierenden Personen weniger offen zu Tage treten oder sich sogar während des Gesprächs wandeln.

Grundsätzlich ist die **Entwicklung eines Dialogs** immer vor dem Hintergrund der Voraussetzungen zu bewerten: Wie ist der Wissensstand, wie sind die Absichten, mit denen die Personen das Gespräch beginnen? Für die konkrete Ausprägung der Rede einer Figur nennt Asmuth (2016, S. 62) fünf Faktoren, die sich gegenseitig beeinflussen:

1. die Ziele des Redenden,
2. die grundsätzliche Situation,
3. die konkreten Umstände der Kommunikation,
4. das Verhältnis der Gesprächspartner zueinander,
5. der individuelle Stil der Person und ihre momentane seelische Verfassung.

Die **Analyse der Figurenrede** ist ein wesentlicher Bestandteil sowohl bei einer Figurencharakterisierung als auch bei einer Szenenanalyse.

Leitfragen

- Wie ist der prinzipielle Redestil einer Figur (Wortwahl, gehobenes/niedriges Sprachregister, Dialekt, Soziolekt)?
- Welche sprachlichen Eigentümlichkeiten fallen auf (stilistische Besonderheiten) – allgemein oder in einer bestimmten Situation?
- Was verraten die Figuren (direkt/indirekt) über sich und ihren Gemütszustand?

} relevant bei einer Figurencharakterisierung

- Funktioniert die Kommunikation oder nicht, gibt es Missverständnisse, gehen die Dialogpartner aufeinander ein oder reden sie aneinander vorbei (mögliche Gründe: unterschiedlicher Wissensstand, Manipulationsabsicht)?
- Kategorisierung der vorliegenden Redeformen: In welchem Modus (dialogisch/monologisch) sind sie gehalten und welche Funktion (Handlungsfunktion/Innensicht/Informationsfunktion) erfüllen sie?

} relevant bei einer Szenenanalyse (Fragen 2–5)

Im Vergleich zur Aufgabe einer Figurencharakterisierung, bei der es um Aussagen geht, die eine Figur für das gesamte Drama beschreiben, geht es bei der Aufgabe der Szenenanalyse, die abschließend noch erläutert werden soll, um die Spezifik eines bestimmten zeitlichen Ausschnitts.

3.5 Szenenanalyse

In der Analyse einer Szene (der Begriff wird hier verallgemeinernd für eine als Sequenz ausgewiesene Textpassage im Drama verwendet und schließt »Auftritt« mit ein) fließen die vorangegangenen Einzelbetrachtungen (Handlung, Figurenkonstellation, Figurenrede) zusammen, um die Bedeutung der Szene innerhalb des Dramas herauszuarbeiten.

Dabei ist zunächst einmal die **Einordnung** wichtig: An welcher Stelle im Handlungsverlauf (vgl. 3.2) befindet sich die Szene? Welche Figuren treten auf und was verbindet sich mit ihnen? Unter welchen Voraussetzungen treten sie in die Interaktion ein?

Das Kernstück der Szenenanalyse bildet dann die detaillierte Textarbeit: die **sprachlich-stilistische Untersuchung der Figurenrede** (unter Einbeziehung etwaiger Regieanweisungen) mit der Zielsetzung, die Gesprächsentwicklung zu beschreiben und die Folgen für die Situation der handelnden Personen zu interpretieren. Schließlich ist zu diskutieren, ob der Szene im Drama eine besondere Funktionsstelle zukommt, z. B.: Exposition, Verwicklung oder ein Wendepunkt. Die Auswertung hinsichtlich der **dramaturgischen Funktion** kann das Fazit der Szenenanalyse bilden.

In Lessings *Emilia Galotti* sind die Szenen, die den Vater dazu bringen, die geliebte Tochter zu töten, rhetorische Meisterleistungen zweier kluger Frauen: Im Dialog mit der Gräfin Orsina, der verstoßenen Mätresse des Prinzen, erhält Odoardo das Wissen (Anagnorisis) und die Mittel zur Tat (Orsina gibt ihm den Dolch, den sie selbst zur Rache am Prinzen einzusetzen keine Gelegenheit fand; IV,7), und im letzten Dialog mit Emilia führt diese selbst die Peripetie herbei, indem sie den Vater zur Tat überredet (V,7). Diese Aktionen der Beredung und Überredung eines zutiefst erschütterten und in Unruhe versetzten Vaters stehen im Gegensatz zum klar und selbstmächtig handelnden Vater der Stoffvorlage. In der römischen Legende um die junge Virginia, die vom zunehmend tyrannisch regierenden Decemvir Appius Claudius in einem arrangierten Gerichtsverfahren zur Sklavin erklärt wird, agiert der Vater entschlossen und einzig von der aussichtslos gewordenen Situation motiviert. In Lessings Stück lassen sich die beiden Schlüsseldialoge mit einer genauen rhetorischen Analyse der Figurenrede verbinden, denn Orsina verabreicht Odoardo die Erkenntnis in erregungssteigernder Verzögerung, damit sie als »Gift« wirken und zum Mord bewegen kann (wobei Orsina freilich den Mord am Prinzen beabsichtigt), und Emilia muss erhebliche Register ziehen bis hin zur Aktivierung des kulturellen Archivs, indem sie an den handlungsmächtigen Vater der Virginia erinnert, bis Odoardo die Tat schließlich begeht.

3.6 Checkliste: Fragen zur Anlage dramenanalytischer Untersuchungen

Konkretere Fragen zu einzelnen Analyseschritten wurden in diesem Kapitel bereits in die Unterkapitel eingearbeitet, da sie vom jeweiligen Analysezweck abhängen. Hier wird also dazu eine Metaebene für die Arbeitsorganisation eingenommen.

- Was ist das konkrete Untersuchungsziel?
  Um die ›Gesamtinterpretation‹ eines Dramas kann es im Studium in der Regel nicht gehen, sondern um eine spezifizierte Untersuchung, die die Arbeit in bestimmter Weise konzentriert: z. B. die Analyse einer ausgewählten Szene, einer Figur bzw. Figurenkonstellation oder eine inhaltliche Fragestellung (Beispiele: Geschlechterverhältnisse in Lessings *Miß Sara Sampson* und Christiane Karoline Schlegels *Düval und Charmille* [1778] im Vergleich; das problematische Verhältnis von Weiblichkeit und Macht in Friedrich Schillers *Maria Stuart* [uraufgeführt 1800]; Dea Lohers *Tätowierung* [1992] als kritische Überschreibung des bürgerlichen Trauerspiels o. Ä.).
- In Abhängigkeit vom Untersuchungsziel: Kann man sich auf einen Textausschnitt fokussieren? Zur Bewertung dieses Ausschnitts ist oft gleichwohl die Situierung im Drama relevant.
  Falls es sich um eine Querschnittsuntersuchung handelt (z. B. eine Figurencharakterisierung): Gibt es dafür besonders aussagekräftige Textpassagen, die man hervorheben und exemplarisch genauer untersuchen sollte? Eine Selektion ist arbeitsstrategisch oft geboten (Umfangsbegrenzung, Vermeidung einer zu oberflächlichen Betrachtung, Möglichkeit zu genauer Textarbeit, die literaturwissenschaftliche Studien auszeichnet). Die Auswahl sollte aber immer begründet getroffen werden.
- Sind alle Strukturelemente, die relevant sein könnten, berücksichtigt worden? Auf ihre Relevanz abzufragen wären insbesondere:
  - rahmende Informationen wie Titel, Personenregister (ggf. auch Motto, Vorrede o. Ä.);
  - Konzeption der Figuren;
  - Stellung der Figuren zueinander;
  - Auffälligkeiten in der Figurenrede (bei der Bewertung zu berücksichtigen: Vers- oder Prosadrama, Epochenstile);
  - genaue sprachliche Gestaltung (Wortwahl, rhetorische Stilmittel);
  - Funktion von Äußerungen (Handlungsfunktion, Informationsfunktion, Innensicht?) und ihre Form (Dialog, Monolog, Sonderformen wie Beiseitesprechen, Mauerschau, Botenbericht, episierende Elemente?);

    - Regiebemerkungen; Aufbau/Gliederung (Akteinteilung?);
    - dramaturgischer Verlauf, besondere Momente im Entwicklungsgang.
- Sind bei der Analyse formale Befunde und inhaltliche Thesen miteinander verbunden worden? (Immer ist nach der Funktion/Wirkung der jeweils festgestellten Gestaltungsweise zu fragen, um sie für die inhaltliche Interpretation produktiv zu machen.)

4 Formanalyse historisch: ›aristotelisches‹ Drama und Positionen des Wandels

Für die Dramenanalyse ist der systematische Blick stets mit einer historischen Perspektivierung zu verbinden, *die* Dramenform, die zeitunabhängig immer Gültigkeit hätte, gibt es nicht. Im Laufe der Literaturgeschichte hat es bezüglich der Vorstellung vom dramatischen Kunstwerk immer wieder normative Setzungen, dominante Konventionen und Gattungserwartungen gegeben, auch aber programmatische Reformen und Revolten gegen eingespielte Traditionen. Dies betrifft alle Aspekte des Dramas, seine Form, den Aufbau, das auftretende Personal, die Bühnensprache (z. B. Vers oder Prosa, Hochsprache oder Dialekt), die erlaubten Themen und Darstellungen, die Wirkungsziele usw. Mitunter wurden in Form von Poetiken, also in theoretischen Abhandlungen zur Literatur, ausdrückliche Vorgaben formuliert. In anderen Fällen bzw. Epochen sind die Vorstellungen nur indirekt aus den überlieferten Stücken abzuleiten.

Wie groß der Einfluss von Poetiken auf die tatsächliche Dramenproduktion ist und wie einheitlich oder divers die vertretenen Positionen in einer Zeit ausfallen, kann sehr unterschiedlich sein. Während für frühere Epochen oft ein gewisser Konsens festzustellen ist, sehen sich Dramatiker des 21. Jahrhunderts keiner gemeinsamen Dramenpoetik verpflichtet, sondern vertreten eine ausgesprochen breite Palette höchst individueller Auffassungen von Theater.

Das folgende Kapitel soll ein Gefühl für die Variabilität von Formvorgaben und deren Umsetzung vermitteln, wobei der Fokus auf ausgewählten, besonders wirkungsmächtigen und aussagekräftigen poetologischen und dramaturgischen Beispielen in der deutschsprachigen Dramengeschichte liegen soll. Unser heutiges Verständnis vom traditionellen Theater ist vom sogenannten aristotelischen Theater geprägt, wie es sich im 18. Jahrhundert konsolidiert hat. Die Innovation und Radikalität der im Gegenwartstheater praktizierten anderen Formen lassen sich kontrastiv auf dieser Folie beschreiben. Die exemplarischen Schlaglichter aus der Geschichte der Dramenpoetik (= Lehre von dramatischer Dichtkunst) und Dramaturgie (= kompositorische Funktionsweise von Dramen – sei es in theoretischer Beschreibung als Teilgebiet der Poetik, sei es in der Praxis konkreter Dramen) sind entsprechend gewählt.

Nach einem Kapitel über Aristoteles' *Poetik*, dem über die Jahrhunderte wirkmächtigen Bezugspunkt, soll ein kurzer Blick auf das Barockdrama die Verschiedenartigkeit des Umgangs mit Aristoteles veranschaulichen, bevor es ausführlicher um das 18. Jahrhundert geht: dem Zeitalter der großen Theaterreformen im deutschsprachigen Raum, die, wie bereits angesprochen, die Leitvorstellung vom Theater bis in die Moderne hinein prägten. Mit exemplarischen Neuerungen seit der Weimarer Republik bis in die Gegenwart (Brecht, Dokumentartheater, postdramatisches Theater) sowie der Frage nach einem Theater, das der heutigen pluralistischen Gesellschaft Rechnung trägt (»postmigrantisches Theater«), gibt das Kapitel dann einen Ausblick auf Aufbrüche im 20. und 21. Jahrhundert.

Für den Ausschnitt der deutschsprachigen Dramenpoetologie liefert die von Peter Langemeyer herausgegebene Anthologie (*Dramentheorie* 2011) einen guten Einblick: Es bietet sich an, sie als Begleitlektüre zu nutzen.

4.1 Aristoteles

Mit einigen Gründen kann man davon sprechen, dass die für unsere Dramentradition relevante Poetologie mit Aristoteles (384–322 v. Chr.) ›beginnt‹. Seine ***Poetik***, die er im 4. Jahrhundert vor Christi verfasste (nach 335 v. Chr.), ist im Kontext der westlichen Theatertradition die älteste überlieferte dramentheoretische Schrift – und sie ist zugleich zum wesentlichen Bezugspunkt einer Vielzahl späterer Poetologen geworden. Angelegt war die Schrift allerdings wohl eher »für den innerschulischen Gebrauch« (Thomas Busch, in: Aristoteles 2008, S. XVII). Von einer »kahle[n] Diktion«, oft nur skizzierend und andeutend, und von einer »sonderbare[n] Mischung von Diszipliniertheit und Willkür« hinsichtlich der strukturellen Stringenz spricht der Herausgeber und Übersetzer Manfred Fuhrmann der hier verwendeten Reclam-Ausgabe (Aristoteles 2022, S. 144). Und Arbogast Schmitt, Herausgeber und Übersetzer der *Poetik* in der historisch-kritischen deutschen Werkausgabe (Aristoteles 2008, mit sehr empfehlenswertem Kommentar), fasst zusammen (ebd., S. XV):

> »Die Poetik ist ein in nüchterner Wissenschaftsprosa geschriebener Text, der sich an einen Adressatenkreis richtet, der mit der aristotelischen Begrifflichkeit und Denkweise vertraut war. Aristoteles drückt sich deshalb manchmal elliptisch aus, er lässt selbstverständlich zu ergänzende Teile der Gedankenführung weg.«

Dies mag befördert haben, warum die **Rezeptionsgeschichte** von Aristoteles' *Poetik* (vgl. dazu Schmitt 2010) zugleich eine vielschichtige Auslegungsgeschichte ist: Jede Epoche, so könnte man zugespitzt formulieren, legte sich ›ihren‹ Aristoteles zurecht. In diesem Prozess wurde nicht nur wiedergegeben, sondern es wurden mehr oder weniger kreativ Lücken gefüllt (etwa zur Komödie, die in Aristoteles' *Poetik* nur vage angerissen wird; eine – von ihm angekündigte – separate Schrift ist nicht überliefert) und Regel-Fixierungen vorgenommen, wo dies bei

Aristoteles mitunter noch offener gehalten ist. Die *Poetik* gibt durchaus Vorschriften, sie liest sich aber an vielen Stellen auch einfach als Sammlung von Erkenntnissen im pragmatischen Zusammenhang mit der dem Verfasser bekannten Theaterpraxis. Sie enthält sowohl präskriptive als auch deskriptive Passagen.

Zunächst einmal ist vorauszuschicken, dass Aristoteles der Dichtung insgesamt die höchste gesellschaftliche Relevanz zuschreibt. Gegen Platons Vorbehalt, Dichtung sei Lüge, setzt Aristoteles den Wert der Dichtung noch über der Geschichtsschreibung an:

> »Aufgabe des Dichters ist mitzuteilen, […] was geschehen könnte, d. h. das nach den Regeln der Wahrscheinlichkeit oder Notwendigkeit Mögliche. Denn der Geschichtsschreiber und der Dichter unterscheiden sich […] dadurch, daß der eine das wirklich Geschehene mitteilt, der andere, was geschehen könnte. Daher ist Dichtung etwas Philosophischeres und Ernsthafteres als Geschichtsschreibung; denn die Dichtung teilt mehr das Allgemeine, die Geschichtsschreibung hingegen das Besondere mit.« (Aristoteles 2022, S. 29)

Im Zentrum der Gattungsbetrachtungen in der *Poetik* steht die **Mimesis** (Nachahmung von Wirklichkeit): Literatur wird als nachahmende Kunst betrachtet, die Aristoteles entsprechend ihrer jeweiligen Mittel, Gegenstände und Vorgehensweisen unterscheidet. Dramen, so seine Feststellung, ahmen Handlung über handelnde Personen nach. Während die **Komödie** schlechtere Menschen nachahme (durchaus moralisch gemeint, wobei dem dargestellten Schlechten zugleich etwas Lächerliches anhaften müsse), gehe es in der **Tragödie** – wie im Epos – um bessere Menschen, als man ihnen im Lebensalltag begegne. Doch während das erzählende Epos »über unbeschränkte Zeit« verfüge, versuche die Tragödie, »sich nach Möglichkeit innerhalb eines einzigen Sonnenumlaufs zu halten oder nur wenig darüber hinauszugehen« (Einheit der Zeit) (Aristoteles 2022, S. 17).

Was man in der westeuropäischen Dramentradition als *Ständeklausel* kennt, die Vorgabe, in Tragödien müsse es um Personen hohen Standes gehen, in Komödien dagegen um solche mittleren oder niederen Standes, ist eine Zuspitzung späterer Zeiten. Für die tragische Wirkung argumentiert Aristoteles aber bereits im Sinne der **Fallhöhe** (je tiefer der Fall, desto größer die tragische Wirkung) mit Helden, die zu Beginn der Tragödie über großes Ansehen und Glück verfügen sollen. Er rät zudem, bei der Tragödie, die im Vergleich zur Komödie von moralisch wichtigem Gehalt sei, einen als wahr verbürgten **Stoff** zu wählen (wozu in der Antike auch mythologische Stoffe zählen). Dies stärke die Glaubwürdigkeit und Wahrscheinlichkeit der Handlung.

Für die Tragödie konstatiert er **sechs Elemente**: Am wichtigsten sei die Handlung (»Mythos« im Sinne von »Zusammensetzung der Geschehnisse«; Aristoteles 2022, S. 19), denn sie bilde das Ziel der Nachahmung. Es folgen als zweitwichtigstes Element die Charaktere (über die die Nachahmung läuft), sodann der Verstand/Gedanke (der die Reden der Handelnden organisiert), die Sprache und die Melodik (im Sinne einer »anziehenden Formung«; ebd., S. 25) und zum Schluss die Schau (*opsis*) im Sinne von Inszenierung. Aristoteles legt im Verhältnis von Text und Bühne deutlich das Primat auf den Text, wenn er betont, die Zurschaustellung (Inszenierung) vermöge »zwar die Zuschauer zu ergreifen«, sie sei aber »das Kunstloseste«, das »am wenigsten etwas mit der Dichtkunst zu tun [hat]« (ebd.).

Sodann geht er auf die Zusammenfügung der Handlung und die Gestaltung der Charaktere genauer ein. Die nachgeahmte **Handlung** müsse geschlossen sein sowie eine bestimmte Größe haben (groß genug, um für das Publikum die Abfolge glaubhaft nachvollziehbar zu machen und der Anschauung genügend Raum zu geben, aber Maß haltend, um die Auffassungsfähigkeit nicht zu überfordern) und ein Ganzes bilden, wobei er als »Ganzes« definiert, »was Anfang, Mitte und Ende hat« (ebd.):

> »Ein Anfang ist, was selbst nicht mit Notwendigkeit auf etwas anderes folgt, nach dem jedoch natürlicherweise etwas anderes eintritt oder entsteht. Ein Ende ist umgekehrt, was selbst natürlicherweise auf etwas anderes folgt, [...] während nach ihm nichts anderes mehr eintritt. Eine Mitte ist, was sowohl selbst auf etwas anderes folgt als auch etwas anderes nach sich zieht.«

Es kommt also darauf an, einen guten Ausschnitt zu wählen. Für die Handlung, die grundsätzlich aus »Verknüpfung und Lösung« bestehe (ebd., S. 57), betont Aristoteles den inneren Zusammenhalt (**Einheit der Handlung**). Falsch sei, was einige Dichter glauben würden, nämlich dass es reiche, einen einzigen Helden in den Mittelpunkt der Handlung zu stellen, der dann viel erlebt. Aus dem unendlich Vielen, das diesem zustößt, und seinen »vielerlei Handlungen« gehe »keinerlei Einheit« hervor (ebd., S. 27). Stattdessen müssten die einzelnen Bestandteile der Handlung miteinander in einer kausalen Verbindung stehen, bei der sich das eine folgerichtig aus dem anderen ergibt und so eben ein ›Ganzes‹ bildet. Am wirkungsvollsten sei dabei, »wenn die Ereignisse wider Erwarten eintreten und gleichwohl folgerichtig auseinander hervorgehen« (ebd., S. 33) und wenn die Wende mit einer überraschenden »Wiedererkennung [*anagnórisis*] oder Peripetie oder beidem verbunden ist« (ebd., S. 33).

Beim Entwicklungsgang bezieht Aristoteles die **Konzeption der Charaktere** mit ein. Da die Tragödie eine Handlung nachahme, bei der es um »Schaudererregendes und Jammervolles« gehe (ebd., S. 39), dürfe der tragische Held weder vollkommen makellos noch ganz verworfen sein, sondern bei guten Absichten dennoch durch einen gewissen Fehler (*hamartía*) einen Anteil am tragischen Verlauf haben. Bei diesem gewissen Fehler geht es mehr um einen Irrtum, ein Verkennen, aus dem ein falsches Verhalten folgt, als um eine moralisch-sittliche Schuld (vgl. Asmuth 2016, S. 33). Es solle also ein Held sein, der dazwischensteht – einer »von denen, die großes Ansehen und Glück genießen«, der trotzdem »wegen eines Fehlers« »einen Umschlag ins Unglück erlebt« (Aristoteles 2022, S. 39). Denn ebenso wenig wie der verdiente Untergang eines »Schuft[s]« jammervoll oder schaudererregend sei, sei es das Unglück eines gänzlich »unverdient Leidenden«, das man nur als ungerecht und damit »abscheulich« empfinden könne (ebd.). Der Fehler des Helden, so ist daraus abzuleiten, sollte nicht nur ein zufälliger, vereinzelter Missgriff sein, sondern aus seiner charakterlichen Disposition hervorgehen. Denn nur so bleibt die Stimmigkeit gewahrt, die Aristoteles insgesamt für die Figurenkonzeption fordert (§ 15; ebd., S. 47–50), und die Unausweichlichkeit der tragischen Entwicklung, die das Publikum emotional ergreifen können soll.

Dies aber ist das eigentliche **Wirkziel**, auf das Aristoteles setzt und das mit dem Begriff der Katharsis verbunden ist (§ 6; ebd., S. 19–25): Die Tragödie soll beim Publikum die tragischen Affekte *éleos* (Jammer) und *phóbos* (Schauder) erregen und auf diese Affekte bezogen eine Reinigung (*kátharsis*) erzielen. Letzteres ist dabei verschieden übersetzt und verstanden worden.[6]

In seiner Auslegung hatte Lessing im 18. Jahrhundert die Reinigung auf die Affekte *éleos* und *phóbos* (bei ihm mit »Mitleid« und »Furcht« übersetzt) selbst bezogen, nämlich als eine Art Schule der Gefühle, Läuterung der Affekte zur Förderung der Mitleidsfähigkeit, und dies mit nachhaltiger Wirkung für das gesellschaftliche Verhalten des Zuschauers über das Theatererlebnis hinaus. In der heutigen altphilologischen Forschung wird neben dieser Deutung auch die alternative Auffassung vertreten, die Reinigung im Sinne einer medizinischen Purgierung zu deuten, als ein Loswerden der Affekte durch deren Ausleben während der Aufführung. Noch die aktuell gültigen deutschen Übersetzungen spiegeln die nicht abschließend geklärte Kontroverse wider. So übersetzt Schmitt durchaus im Sinne Lessings: »Die Tragödie ist also Nachahmung einer bedeutenden Handlung, die vollständig ist und eine gewisse Größe hat. [...] Durch Mitleid und Furcht bewirkt sie eine Reinigung eben dieser Gefühle« (Aristoteles 2008, S. 9). Dagegen

6 Im griechischen Original steht ein Genitiv, der unterschiedlich gelesen werden kann. Während der Genitivus subjectivus nicht zur Debatte steht, werden die beiden Fälle des Genitivus objectivus (die Affekte sind Objekt – sie werden gereinigt) oder des Genitivus separativus (Aussonderung der Affekte – sie werden bei der Reinigung beseitigt oder gemäßigt) diskutiert.

übersetzt Fuhrmann (in der Textausgabe, die als ebenfalls gute und zugleich leicht verfügbare im vorliegenden Einführungsband zugrunde gelegt wird): »Die Tragödie ist Nachahmung einer guten und in sich geschlossenen Handlung von bestimmter Größe, [...] die Jammer und Schaudern hervorruft und hierdurch eine Reinigung von derartigen Erregungszuständen bewirkt« (Aristoteles 2022, S. 19).

Für unsere Zusammenhänge können wir als zentrale Elemente der Dramentheorie des Aristoteles, die in der nachfolgenden westeuropäischen Literaturgeschichte besonders stark rezipiert wurden, festhalten:

- *mímesis práxeos*, Nachahmung von Handlung (vermittelt durch handelnde Personen);
- die *drei Einheiten von Handlung, Zeit und Ort*, von denen Aristoteles in seiner Schrift eigentlich nur zwei behandelt: die Einheit der Handlung und die Einheit der Zeit (die Einheit des Ortes ist immerhin implizit aus den Einheiten von Handlung und Zeit, verbunden mit der Anordnung der antiken Spielstätten, bei denen kein Kulissenwechsel üblich war, abzuleiten);
- die *hamartía* als Fehlerhaftigkeit eines zwar grundsätzlich guten, aber dadurch mittleren Charakters des tragischen Helden;
- *anagnórisis* (Wissensumschwung) und *peripéteia* (Peripetie, Glücksumschwung) als dramaturgisch entscheidende Momente der Handlung
- das Wirkziel der *kátharsis* als Reinigung, bezogen auf die tragischen Affekte *éleos* (Jammer/Mitleid) und *phóbos* (Schauder/Furcht);
- die für die Gattungsdichotomie zwischen Tragödie und Komödie bemühten Kriterien: moralische Qualität (hoch bei Tragödie) und Wahrheit des Stoffes (bei Tragödie, bei Komödie auch rein fiktive Handlung), bessere (Tragödie) oder schlechtere (Komödie) Charaktere, dazu jeweils passender sprachlicher Stil.

4.2 Barock

Die Geschichte auch der deutschen Dramenpoetik lässt sich ein Stück weit über Aristoteles erzählen, jedenfalls seit der Renaissance, in der man die Antike wiederentdeckte. Das Mittelalter hat seine eigenen theatralen Formen, ausdifferenziert nach geistlichen und weltlichen Spielen, und lohnt eine gesonderte Betrachtung,[7] auf die wir hier zugunsten der Beschränkung auf Schlaglichter im Sinne der eingangs erläuterten Leitlinie nicht eingehen.

7 Vgl. zum geistlichen Drama des Mittelalters Schulze (2012) sowie Jan Mohr und Julia Stenzel (»Mittelalter – geistliches Spiel«, in: *Handbuch Drama* 2012, S. 209–214); zum weltlichen

Im Blick auf Positionen in der Dramengeschichte des deutschsprachigen Raums bildet die Barockdramatik einen guten Startpunkt, weil sich – trotz der erheblichen Differenz zum antiken wie auch zum modernen Drama – auf eine Art bereits mit Aristoteles argumentieren lässt (so im Bezug auf die Gattungsdichotomie von Komödie und Tragödie, auf die drei Einheiten sowie Anagnorisis und Peripetie). Wie die Literatur des 17. Jahrhunderts allgemein wird auch das Drama mit klaren **Aufgaben** verbunden. So soll es der Glaubensfestigung dienen, zu guter Tugend und gottgefälligem Lebenswandel erziehen oder zu klugem Rollenverhalten anleiten. Literarische Texte werden dabei nach **Vorgaben der Rhetorik** verfasst, also nach (in der Antike geprägten) Regeln für die Erstellung einer Rede, und unter Nutzung von Tropen (semantischen Figuren) und Stilfiguren. Von Horaz entlehnt man die Formel, Dichtung solle das Lehrreiche mit Angenehmem verbinden (nützen und erfreuen: *prodesse et delectare*).

Für den doch auch sehr speziellen Aristoteles-Bezug im Barock ist ein genauerer Blick auf die Tragödie aufschlussreich. So unterscheidet Hans-Jürgen Schings (1980) die **Tragödienformen** danach, ob ihnen eine Auseinandersetzung mit Aristoteles' Katharsis-Konzept zugrunde liegt oder nicht. Davon ausgehend stellt er für die Barocktragödie zwei dominante Stränge fest, die hier kurz resümiert werden sollen. In beiden Fällen geht es um die didaktische Absicht, es soll eine Moral vermittelt werden. Aber der Weg dahin wird entweder ohne Umschweife verfolgt oder über den Umweg der Affekterregung.

Der erstgenannten Richtung sind z. B. die Dichter des Nürnberger Kreises wie Georg Philipp Harsdörffer und Sigmund von Birken zuzurechnen. Sie streben in ihren Tragödien eine **direkte moralische Belehrung** an, indem tugendhafte Charaktere als Vorbilder und lasterhafte zur Abschreckung vorgeführt werden.

Die andere Richtung zeichnet sich nach Schings durch ein **dialektisches Vorgehen** aus. Als Auseinandersetzung mit der aristotelischen Katharsis ist dabei zu werten, dass der Umgang mit Gefühlen und Gemütserregungen (die Affekte sollen geschult und beherrscht werden) zum entscheidenden Instrument wird. Einflussreich war hier die poetologische Schrift des niederländischen Renaissance-Gelehrten Daniel Heinsius *De Tragoediae Constitutione Liber* (1611), in der die Reinigung bezüglich der Affekte – im Fokus steht dabei der Schrecken – als **Affekt-Mäßigung** ausgelegt wird: Durch Gewöhnung an Schrecken (Anschauen gesteigerten Leids auf der Bühne) soll der Zuschauer abgehärtet werden, um eigene Schicksalsschläge besser ertragen zu können.

Drama Simon (2003); außerdem Brett-Evans (1975). Für einen knappen Einstieg ist auch das entsprechende Kapitel bei Kotte (2013) geeignet.

Die viel rezipierte Schrift lässt sich als Spur auch bei dem wohl berühmtesten deutschen Barockpoetiker **Martin Opitz** nachweisen. In dessen poetologischen Einlassungen in einer Vorrede zur Übersetzung von Senecas *Troerinnen* (1625) proklamiert er zwei mögliche Heilmittel, die die Gattung der Tragödie gegen das Leid durch die Unbeständigkeit des Glücks (*fortuna*) und Vergänglichkeit (*vanitas*) bereithalte: ein rationales Sich-Wappnen gegen zukünftiges Unglück, um die eigene Standhaftigkeit (*constantia*) zu stärken, oder – und hier argumentiert Opitz im Sinne von Heinsius – eine affektive Gewöhnung an Leid, so dass es den Zuschauer im eigenen Alltag nicht mehr so stark erschüttern kann (Förderung eines größeren Gemüts, *magnanimitas*). Dabei wird das aristotelische Wirkziel der Katharsis – als Prozess, der erst im Zuschauer zum Abschluss kommt – in der barocken Auslegung zu Trost und Beruhigung (*consolatio*) gewandelt. Andreas Gryphius' *Leo Armenius* (erschienen 1650) als Tragödie des Fürstensturzes (es geht um den byzantinischen Kaiser Leo V., der am Weihnachtsmorgen 820 am Altar ermordet wurde) ist ein Beispiel dafür.

In Opitz' poetologischer Hauptschrift *Buch von der Deutschen Poeterey* (1624), die vor allem für ein Umdenken hinsichtlich metrischer Formen in der deutschsprachigen Lyrik bekannt ist, findet sich auch eine kurze Passage zum Drama, in der die Unterscheidung zwischen Tragödie und Komödie thematisiert wird.

> »Die Tragedie ist an der maiestet dem Heroischen getichte gemeße / ohne das sie selten leidet / das man geringen standes personen vnd schlechte sachen einführe: weil sie nur von Königlichem willen / Todtschlägen / verzweiffelungen / Kinder- vnd Vätermörden / brande / blutschanden / kriege vnd auffruhr / klagen / heulen / seuffzen vnd dergleichen handelt. Von derer zugehör schreibet vornemlich Aristoteles / vnd etwas weitleufftiger Daniel Heinsius; die man lesen kan.
>
> Die Comedie bestehet in schlechtem wesen vnnd personen: redet von hochzeiten / gastgeboten / spielen / betrug vnd schalckheit der knechte / ruhmrätigen Landtsknechten / buhlersachen / leichtfertigkeit der jugend / geitze des alters / kupplerey vnd solchen sachen / die täglich vnter gemeinen Leuten vorlauffen. Haben derowegen die / welche heutiges tages Comedien geschrieben / weit geirret / die Keyser vnd Potentaten eingeführet; weil solches den regeln der Comedien schnurstracks zuewieder laufft.« (Opitz [1624], S. 30)

Die **Ständeklausel** (hochstehende Persönlichkeiten in der Tragödie, niederes Personal in der Komödie) fußt hier schon deutlich auf standesbezogenen Kriterien. Bereits geläufig ist zudem die Differenzierung nach Bedeutsamkeit des Inhalts.

Entsprechend der im Barock so einflussreichen Rhetorik, die eine Angemessenheit des Stils (*aptum* ›das Angemessene‹ und *decorum* ›das Schickliche, Passende‹) einforderte, ist aus dem Inhalt auch zugleich auf die **Stilhöhe** (die sog. *genera dicendi*) rückzuschließen (bei Opitz an anderer Stelle auch ausgeführt): Der hohe Ton entspricht der Tragödie, während man in Komödien einen mittleren Sprachstil finden kann oder sogar derb-zotigen Wortwitz.

Bemerkenswerterweise fehlt bei Opitz bei der Abgrenzung von Tragödie und Komödie das Unterscheidungskriterium des Ausgangs (tragisches versus glückliches Ende).

Tatsächlich fällt die diesbezügliche Bewertung des Schlusses vor dem Hintergrund des dominant theologischen Deutungsrahmens in Barockdramen auch nicht immer leicht, wie das Beispiel des Märtyrerdramas zeigt. Zwar kann man etwa Andreas Gryphius' *Catharina von Georgien oder Bewehrete Beständigkeit* (erschienen 1657) als Tragödie auffassen, denn die christliche Königin Catharina wird vom persischen Schah gefangen genommen und, als sie ablehnt, seine Frau zu werden (womit sie zum Islam hätte übertreten müssen), auf seinen Befehl zu Tode gefoltert. Aber ihr Tod als Märtyrerin ist nicht im eigentlichen Sinn als ›tragisch‹ zu bewerten. Durch ihre Beständigkeit im christlichen Glauben, für den sie sogar den Tod in Kauf nimmt, besteht sie die ultimative Bewährungsprobe als Christin auf Erden. Denn: Indem der christliche Märtyrer dem irdischen Leben entsagt, wird er des ewigen Lebens teilhaftig; sein vordergründiger Fall ist als Steigen zu interpretieren und kommt einem Sieg über die Hinfälligkeit der Welt gleich.

Das Beispiel mag schon andeuten, dass im Barocktheater **Übertragungsrelationen** ein wichtiger Stellenwert zukommt: Allegorische Figuren treten auf (in *Catharina von Georgien* z. B. die personifizierte »Ewigkeit«, die aus dem Theaterhimmel herabschwebt), das Bühnenbild wird mit Symbolen angereichert (in *Catharina von Georgien* Kronen, Zepter und Schwerter als Symbole der Vergänglichkeit irdischer Macht) und, sofern technisch möglich, der Bühnenraum mit Höhen- und Tiefendimension bespielt als Sphären von Himmel und Hölle. Die Formensprache entspricht einem Weltbild, das darauf ausgerichtet ist, die weltlichen Phänomene mit theologischen Sinngebungen zu verbinden, hinter dem oberflächlichen ›Schein‹ das wahre ›Sein‹ zu suchen. Ein Gleichnischarakter wird dabei dem Theater an sich zugesprochen: Die Welt ist ein Theater (*theatrum mundi*-Vorstellung) – so wie der Schauspieler auf der Theaterbühne spielt der Mensch in der Welt eine ihm (von Gott als oberstem Spielleiter) zugewiesene Rolle, und ob er sie gut oder schlecht ausgeführt hat, darüber fällt am Ende das göttliche Urteil.

4.3 18. Jahrhundert: Schlaglichter eines Jahrhunderts der Theaterreformen

Mit dem ideengeschichtlichen Wandel der Aufklärung geht eine Veränderung der Formensprache auch auf dem Theater einher. Es sei kein Gewinn für das Theaterpublikum, »wenn die Verse nach lauter Ambra [...] und Jasmin riechen, oder mit lauter Perlen und Diamanten versetztet, oder in dunckele Allegorien aus der Mythologie eingewickelt sind«, so polemisiert beispielsweise der Frühaufklärer Erdmann Neumeister (1722, S. 410) in seiner Poetik *Die Allerneueste Art, Zur Reinen und Galanten Poesie zu gelangen* gegen die Barockdramatik. Stattdessen votiert er im Einklang mit dem neuen Geschmacksideal der Zeit für das Klarheitsgebot der antiken Rhetorik, das neben *aptum* und *decorum* eben auch Durchsichtigkeit und Deutlichkeit (*perspicuitas*) forderte. Dies betrifft zugleich das Wie und das Was der Darstellung.

Zunehmend setzte man auf **Wahrscheinlichkeit**, die der Wirklichkeit verpflichtet und vernunftmäßig nachvollziehbar sein sollte. ›**Natürlichkeit**‹ war ein neues Schlagwort, das im Laufe der Aufklärung allerdings einen großen Bedeutungswandel durchmachte. In der Frühaufklärung mit ihrer Orientierung am französischen Rationalismus galt z. B. die gebundene Rede des Versdramas durchaus als natürliche Sprache: als Ausdruck der Natur des geordneten menschlichen Verstandes. Mit der Hinwendung zur Empfindsamkeit (unter dem Einfluss des englischen Sensualismus) wurde dagegen die natürliche Rede in Orientierung an ›echten‹, fühlenden Menschen eingefordert, was dem Wandel zu Prosadramen Vorschub leistete und dem Ausdruck emotionaler Bewegtheit mehr Raum gab.

Auch die Regeln wurden flexibler gehandhabt, bis sie schließlich von Dramatikern des Sturm und Drang mit Emphase für die freie Natur gänzlich abgelehnt wurden. Im 18. Jahrhundert wurde zudem die Gattungsdichotomie von **Tragödie und Komödie** neu verhandelt, indem neben einer weiter praktizierten strengen Trennung verschiedene **Spielarten** ausprobiert wurden, wie das »rührende Lustspiel« (Christian Fürchtegott Gellert) oder das *genre sérieux* (Denis Diderot), das Lessing mit seinen Übersetzungen auch dem deutschen Publikum nahezubringen versuchte. Die tendenzielle Entwicklung, die im Folgenden über drei Vertreter (Gottsched, Lessing, Lenz) schlaglichthaft veranschaulicht werden soll, darf nicht darüber hinwegtäuschen, dass im gesamten 18. Jahrhundert eine Vielfalt von Formen koexistierte, man in der Frühaufklärung auch Regelbrüche praktizierte und am Ende des Jahrhunderts immer auch noch Versdramen alten Vorbilds geschrieben wurden.

4.3.1 Frühaufklärung: Gottsched

Für die Frühaufklärung ist Johann Christoph Gottsched (1700–1766) als prägender Akteur zu verzeichnen, dessen Theaterreform (vornehmlich in den 1730er und 1740er Jahren) nachhaltig in die deutsche Literaturgeschichte eingegangen ist. Der Leipziger Universitätsprofessor (zunächst für Poetik, ab 1734 ordentliche Professur für Logik und Metaphysik) wollte die deutsche Theaterlandschaft, die er als weitgehend chaotisch und qualitativ minderwertig empfand, auf einheitliche Standards und Regeln verpflichten. Sein Vorbild war der französische Klassizismus (einflussreiche Dramatiker: Jean Racine und Pierre Corneille) und dessen Regelorientierung (die *doctrine classique*, vertreten etwa durch Nicolas Boileau-Despréaux mit seiner als Versepistel verfassten Poetik *L'Art poétique* von 1674).

Die Leitlinien, die Gottsched verfolgte, sind: Vernunftorientierung, Wahrscheinlichkeit des Dargestellten, *bienséance* (Wohlanständigkeit des Bühnengeschehens), eine klare Gattungsdichotomie von Tragödie und Komödie ohne Mischformen und insgesamt ein verbindlicher Regelkanon.

Als Frühaufklärer weist Gottsched in seiner Theaterkonzeption (sowohl bei der Produktion als auch bei der Rezeption des dramatischen Kunstwerks) der Verstandestätigkeit eine zentrale Rolle zu. Das Drama soll der **Vermittlung von Einsichten** dienen und auf diesem Weg eine sittlich-moralischen Verbesserung des Publikums befördern, wobei die sinnliche Darbietung über handelnde Personen als Mittel eingesetzt wird, um die Erkenntnis eindrücklicher zu machen: »Zuallererst wähle man sich einen lehrreichen moralischen Satz«, dann suche man eine dazu passende Handlung, »daran dieser erwählte Lehrsatz sehr augenscheinlich in die Sinne fällt« (Gottsched [1730], S. 96). Dabei ist das Postulat der **Wahrscheinlichkeit** entscheidend: »Eine Fabel aber, die nicht wahrscheinlich ist, taugt nichts: weil dieses ihre vornehmste Eigenschaft ist« (Gottsched [1730], S. 166).

Das Geordnete entspricht Gottsched zufolge dem menschlichen Verstand, woraus sich die Wichtigkeit der regelgemäßen Gestaltung des Dramas ableitet. In seiner Poetik *Versuch einer Critischen Dichtkunst vor die Deutschen* (1729 veröffentlicht, aber auf 1730 datiert) erscheinen die aristotelischen Theaterregeln im Gefolge des französischen Klassizismus ausgeformt und dogmatisch: Sie werden **präskriptiv** und überzeitlich gesetzt.

Dazu zählen insbesondere die **drei Einheiten** (vgl. Gottsched [1730], S. 163–167). Die Einheit der Handlung wird mit der Zielgerichtetheit des zu vermittelnden Lehrsatzes verbunden: »Die ganze Fabel hat nur eine Haupt-Absicht: nämlich einen moralischen Satz; also muß sie auch nur eine Haupt-Handlung haben, um derentwegen alles übrige vorgehet« (ebd., S. 163). Interessant sind nun aber die Begründungen für die Einheiten von Ort und Zeit, weil sie zeigen, wie sehr Gottsched beim Postulat der Wahrscheinlichkeit die Aufführungssituation selbst einbezieht. »Die Zuschauer«, so Gottsched, »bleiben auf einer Stelle sitzen, folglich müssen auch die spielenden Personen alle auf einem Platze bleiben, den jene übersehen können, ohne ihren Ort zu ändern« (ebd., S. 165). Und für den zeitlichen Verlauf des Bühnengeschehens fordert er: »Die besten Fabeln sind […] diejenigen, die nicht mehr Zeit nötig gehabt, wirklich zu geschehen, als sie zur Vorstellung brauchen; das ist etwa drei oder vier Stunden […]« (ebd., S. 164).

Auch die **Personenregeln** wie das Verbot der leeren Bühne (bei neuen Auftritten müssen personal oder verbal Überleitungen geschaffen werden) und die Drei-Personen-Regel (es dürfen nicht mehr als drei Personen zugleich auf der Bühne agieren) orientieren sich daran, die Vorstellungsfähigkeit des Publikums nicht zu überfordern.

Die gattungsdifferente Personenwahl ist hier eine **Ständeklausel** im engeren Sinne: Im Fall der Tragödie bediene man sich »vornehmer« (ebd., S. 99) Standespersonen, um beim Publikum Beachtung hervorzurufen und angesichts von deren großen Lastern oder tiefem Unglück große Gefühle, während der Komödie »ordentliche Bürger oder doch Leute von mäßigem Stande« entsprächen (ebd., S. 189). Wo er für die Tragödie mit dem größeren Interesse am Schicksal hoher Persönlichkeiten und mit der Fallhöhe argumentiert, offenbart seine Begründung des Komödienpersonals den realen gesellschaftlichen Kontext, in dem sich Theateraufführungen vollziehen: »Nicht als wenn die Großen dieser Welt etwa keine Torheiten zu begehen pflegten, die lächerlich wären: Nein, sondern weil es wider die Ehrerbietung läuft, die man ihnen schuldig ist, sie als auslachenswürdig vorzustellen« (ebd.).

Wenn Gottsched heute zumeist als starrer Regelpoetiker gilt, dessen eigenes Versdrama *Sterbender Cato* (Uraufführung 1731 durch die Neubersche Truppe in Leipzig) über einen stoisch für seine Ideale in den Selbstmord gehenden römischen Republikaner bereits Lessing als lebensfremd und von ›halsstarriger Tugendhaftigkeit‹ diffamierte, trifft das nur zum Teil zu und wird der literarhistorischen Leistung seiner Reformbemühungen nicht gerecht. Als er auf den Plan trat, stand der Theaterbetrieb in schlechtem Ruf. Man unterstellte den Schauspieltruppen der Wanderbühne einen unsittlichen Lebenswandel und den Theatervorführungen einen negativen Einfluss. Gottsched betonte dagegen den didaktischen Nutzen, den man, gute Stücke vorausgesetzt, aus dem Medium des Theaters ziehen könne.

Berühmt geworden ist eine Rede von 1729 mit dem programmatischen Titel »Die Schauspiele und besonders die Tragödien sind aus einer wohlbestellten Republik nicht zu verbannen«. Freilich ziele dies, so Gottscheds Plädoyer, auf eine

»regelmäßige[] und wohleingerichtete[] Tragödie«; keinesfalls rede er »von denjenigen Mißgeburten der Schaubühne, die unter dem prächtigen Titel der Haupt- und Staatsaktionen mit untermischten Lustbarkeiten des Harlekins pflegen aufgeführet zu werden« (Gottsched [1729], S. 5). Mit Letzterem meinte er die Praxis der Wanderbühnen, bei der (nicht zuletzt aus finanziellen Gründen) auch in tragische Stücke lustige Zwischenspiele eingeschoben wurden, um den Unterhaltungserwartungen des zahlenden und eher wenig gebildeten Publikums zu entsprechen.

Wenngleich im Fokus seines Schaffens das hohe Fach der Tragödie stand, bezog er auch die Komödie als geeignetes Medium in sein didaktisches Programm mit ein. Entscheidende Beiträge zu diesem Genre leistete seine Frau **Luise Adelgunde Victorie Gottsched**, geb. Kulmus (1713–1762), die sich als Übersetzerin und Bearbeiterin englischer und vor allem französischer Stücke einen Namen machte, aber auch eigene Stücke schrieb (im Stil der **sächsischen Typenkomödie** mit stereotyp angelegten Figuren und einer Wirkungsästhetik, die auf das Verlachen lasterhaften Verhaltens zielt).

Gottscheds Reformprojekt war groß angelegt und umfasste nicht nur theoretische Einlassungen, sondern auch die Herausgabe einer Anthologie mit in seinem Sinne vorbildlichen Theatertexten (*Die Deutsche Schaubühne*, 1741–45) als Anregung für Dramatiker und Handreichung für Theaterschaffende sowie die konkrete Zusammenarbeit mit einer Schauspieltruppe (geleitet von Caroline Neuber und ihrem Mann). Dies ging mit Bemühungen um eine Aufwertung des Schauspielerberufs und feste Spielstätten (unabhängig vom Hoftheater) für ein von der Bürgerschaft getragenes Theater einher sowie mit Bestrebungen um verbindliche Textgrundlagen bei Aufführungen, was eine **Literarisierung** des Theaters entscheidend voranbrachte.

4.3.2 Empfindsamkeit: Lessing

Die starke Orientierung am Rationalismus wandelte sich im Verlauf der Hochaufklärung, so dass gegen Mitte des Jahrhunderts mit der Strömung der Empfindsamkeit die Bildung des Herzens ins Zentrum aufklärerischer Entwürfe rückte. Vernunft wurde nun als Einklang von **Verstand und Gefühl** gewertet. Für Veränderungen im Bereich des Dramas werden Gotthold Ephraim Lessing (1729–1781) die nachhaltigsten Impulse zugeschrieben. Hervorzuheben sind dabei der *Briefwechsel über das Trauerspiel* (eine mit Friedrich Nicolai und Moses Mendelssohn 1756/57 geführte Debatte, die als Ganzschrift aber erst 1794 postum veröffentlicht wurde) und die *Hamburgische Dramaturgie* (Theaterkritiken und theoretische

Reflexionen, die als Begleitung eines Nationaltheater-Projekts in Hamburg in unregelmäßigen Abständen zwischen 1767 und 1769 erschienen).

Auch Lessing wollte das Theater für das **aufklärerische Projekt der Verbesserung** des Menschen nutzen, aber er schlug dafür andere Wege vor. Dies betrifft zum einen die **Auflösung der Ständeklausel** im Umfeld der Profilierung eines ›bürgerlichen Trauerspiels‹. Um den Zuschauer wahrhaft ergreifen zu können, müsse sich dieser in die Konfliktlage der handelnden Personen einfühlen können. Dazu aber bedürfe es einer gewissen Ähnlichkeit der Bühnenfiguren mit der Lebenssituation der Zuschauer. »Die Namen von Fürsten und Helden können einem Stücke Pomp und Majestät geben; aber zur Rührung tragen sie nichts bei«, schreibt Lessing im 14. Stück der *Hamburgischen Dramaturgie.* »Das Unglück derjenigen, deren Umstände den unsrigen am nächsten kommen, muß natürlicherweise am tiefsten in unsere Seele dringen; und wenn wir mit Königen Mitleiden haben, so haben wir es mit ihnen als mit Menschen, und nicht als mit Königen« (Lessing [1767–69], S. 77).

Es geht also um eine **Hinwendung zum Privat-Menschlichen**, wenngleich dies auch einen durchaus politischen, antihöfischen Akzent annehmen kann, wie sich im Fortgang der Gattung des bürgerlichen Trauerspiels mit Lessings *Emilia Galotti* (1772) und auch Schillers *Kabale und Liebe* (1784) erweist.

Statt über Bewunderung und Abschreckung solle die Tragödie über die Erregung von **Mitleid** wirken, wobei er die aristotelische Hamartia einbezieht, wenn er **gemischte Charaktere** fordert und keine unfehlbaren Heroen. Im *Briefwechsel über das Trauerspiel* mit Moses Mendelssohn und Friedrich Nicolai nennt er als die »Bestimmung der Tragödie«: »sie soll *unsre Fähigkeit, Mitleid zu fühlen*, erweitern. Sie soll uns nicht blos lehren, gegen diesen oder jenen Unglücklichen Mitleid zu fühlen, sondern sie soll uns so weit fühlbar machen, daß uns der Unglückliche zu allen Zeiten, und unter allen Gestalten, rühren und für sich einnehmen muß. [...] *Der mitleidigste Mensch ist der beste Mensch*, zu allen gesellschaftlichen Tugenden, zu allen Arten der Großmuth der aufgelegteste« (Lessing [1756/57], S. 138). Er legt damit Aristoteles' **Katharsis** im Sinne einer Reinigung der tragischen Affekte aus, wobei er *éleos* und *phóbos* mit Mitleid und Furcht übersetzt. Die Furcht versteht er (wie er 1768 im 75. Stück der *Hamburgischen Dramaturgie* ausführt) als »das auf uns selbst bezogene Mitleid«: »[E]s ist die Furcht, welche aus unserer Ähnlichkeit mit der leidenden Person für uns selbst entspringt; es ist die Furcht, daß die Unglücksfälle, die wir über diese verhänget sehen, uns selbst treffen können« (Lessing [1767–69], S. 383). Im Gegensatz zu Aristoteles hat Lessing mit seiner **Mitleidsdramaturgie** nicht nur einen Effekt für die Dauer der Aufführung im Sinn, sondern eine im Leben des Zuschauers fortwirkende Läuterung.

Es lohnt der Hinweis darauf, dass sich Lessing auch poetologische Gedanken zum **Lustspiel** gemacht hat: in der *Hamburgischen Dramaturgie*, gesondert aber in seiner Schrift *Abhandlungen von dem weinerlichen oder rührenden Lustspiele* von 1754, in der er eine »wahre Komödie« proklamiert (»das *Possenspiel* will nur zum Lachen bewegen; das *weinerliche Lustspiel* will nur rühren; die wahre *Komödie* will beydes«, Lessing [1754], S. 14).

Lessing trifft mit seinen Entwürfen durchaus den Zeitgeist, an den er innovativ anzuknüpfen weiß. Rührung wird zur literarischen Mode – vorangegangen waren etwa die Erfolge **Christian Fürchtegott Gellerts** (1715–1769) im Bereich des rührenden Lustspiels in den 1740er Jahren –, und auch Dramen in Prosa sowie Szenarien in anderem Milieu sind keine Erfindung Lessings, was der argumentativen Originalität seiner dramentheoretischen Schriften keinen Abbruch tut.

Erwähnenswert ist zugleich, dass in der Zeit neben dem bürgerlich-empfindsamen Trauerspiel in der Lessing-Linie auch die **Abschreckungsdramaturgie** präsent blieb: Stücke, die das Publikum sittlich-moralisch verbessern sollten, indem sie bei diesem Abscheu und Schrecken vor den Folgen lasterhaften Verhaltens erzeugen. Im selben Jahr mit Lessings erstem »bürgerlichen Trauerspiel« *Miß Sara Sampson* (1755) erschien der theoretische Entwurf *Vom bürgerlichen Trauerspiele* von **Gottlob Benjamin Pfeil** (1732–1800), in dem der Verfasser das Tugend-Laster-Schema für die neue Gattung aktualisiert, das vor dem Laster abschrecken und zur Nachahmung der Tugend anregen solle. Dabei setzte Pfeil wie Lessing auf die Ähnlichkeit der Protagonisten mit dem Zuschauer auf der Basis familiärer Situationen, wodurch das bürgerliche Trauerspiel eine höhere Wirksamkeit entfalten könne als die heroische Tragödie mit ihrem hohen Personal in Staatsaffären. Man erblicke die potentiell »eigenen Laster«: »Wir sehen, dass uns oft nur noch einige wenige Schritte fehlen, um eben der Bösewicht zu seyn, der uns auf dem Theater vorgestellet wird. Wir können nicht anders, wir müssen anfangen, wegen unserer eigenen Person zu zittern, so bald wir ihn gestraft sehen« (Pfeil [1755], S. 184). Und während man hinsichtlich der »tugendhaften Charaktere [...] bey dem heroischen Trauerspiele höchstens nichts mehr thun [könne], als dass wir sie bewundern«, sei hier mehr möglich: »Wenn sie uns liebenswürdig genug gezeiget werden und wir ein gutes Herz haben, so können wir sie nachahmen« (Pfeil [1755], S. 184).

Das Beispiel von Pfeil, der auch ein Drama in der beschriebenen Konzeption verfasst hat (*Lucie Woodvil*, 1756), soll andeuten, dass die zeitgenössische Dramenproduktion im Umfeld eines privat-familiären Szenarios (die Gattungsbezeichnung »bürgerliches Trauerspiel« war auch noch nicht gefestigt) divers war und nicht mit Lessings Dramaturgie allein erfasst wird. Die umfassende Quellenstudie von Cornelia Mönch (1993) gibt darüber Auskunft, und auch in Einführungsbänden zum bürgerlichen Trauerspiel wird dem inzwischen Rechnung getragen (vgl. z. B. Rochow 1999).

Mit der Hinwendung zu Gefühl und familiärem Raum steigerte sich auch die Beteiligung von **Autorinnen** an der Dramenproduktion, die sich hier auf den herrschenden Geschlechterdiskurs berufen konnten, der Frauen ja gerade auf die private Sphäre verwies. Friederike Sophie Hensel, Victoria von Rupp, Christiane Karoline Schlegel, Sophie Albrecht, Susanne von Bandemer und Wilhelmine von Gersdorff sind nur einige der von der Forschung beachteten Schriftstellerinnen, von denen im späten 18. Jahrhundert dramatische Werke erschienen.

Der Zugang zum öffentlichen Literaturmarkt blieb freilich problematisch. In den Vorreden finden sich oft rechtfertigende Hinweise, man habe die Sorge für den Haushalt nicht vernachlässigt und kein Kunstwerk zu schaffen beabsichtigt (vgl. Schein 2023). Von einer Teilhabe an kunsttheoretischen Debatten blieben sie weiterhin ausgeschlossen.

4.3.3 Sturm und Drang: Lenz

Noch während die Aufklärungsdramatik mit ihrer Unterströmung der Empfindsamkeit Höhepunkte feierte (wenn wir an Lessing denken: 1772 erschien *Emilia Galotti*, 1779 *Nathan der Weise*), entstand die Bewegung des Sturm und Drang. Sie lässt sich ebenso als Ablösung wie auch als Fortsetzung verstehen, denn sie setzt das **Gefühl**, dessen Wichtigkeit (allerdings in vernunftbezogener Moderation) schon die Empfindsamkeit betont hatte, absolut: Die Leidenschaft der dargestellten Helden geht über Grenzen und steigert sich nicht selten ins Monströse.

Der Sturm und Drang umfasst eine relativ kurze, gleichwohl intensive Phase. Nach Vorläufern in den 1760er Jahren (Herders aufklärungskritische Schriften, Gerstenbergs 1768 erschienene Tragödie *Ugolino*) bis zu ihrem Ausklang 1785/86 (Ende von Schillers Mannheimer Zeit und Beginn von Goethes Italienreise) spielte sich ihre **Hochphase** in gut zehn Jahren ab. Ein erster Höhepunkt verbindet sich mit der sogenannten Götz-Werther-Debatte: *Götz von Berlichingen mit der eisernen Hand* (1773) und der Roman *Die Leiden des jungen Werthers* (1774) des jungen Johann Wolfgang Goethe (zu diesem Zeitpunkt noch nicht geadelt) lösten einen Literaturstreit mit Vertretern der Aufklärung aus. Den zweiten Höhepunkt bildet das sogenannte »Dramenjahr« 1776, das von einer enormen Produktivität der ›Stürmer und Dränger‹ gekennzeichnet war: In diesem Jahr erschienen Johann Anton Leisewitz' *Julius von Tarent*, Friedrich Maximilian Klingers *Die Zwillinge* und *Sturm und Drang* (das der Bewegung den Namen gebende Drama), Jakob Michael Reinhold Lenz' *Die Soldaten*, Heinrich Leopold Wagners *Die Kindermörderin*, Johann Wolfgang Goethes *Stella* sowie Ausschnitte aus *Golo und Genovefa* von Friedrich Müller (genannt »Maler Müller«). Einen dritten (und letzten) Höhepunkt bestritt Friedrich Schiller, im Vergleich zur die Bewegung tragenden Generation fast ein Nachzügler, mit seinen frühen Dramen: *Die Räuber* (1781), *Die Verschwörung des Fiesco zu Genua* (1783) und *Kabale und Liebe* (1784).

Im Gegensatz zur Aufklärung ist der Sturm und Drang kein europäisches Phänomen, sondern auf den deutschsprachigen Raum beschränkt (mit Zentren in Göttingen, Frankfurt und Straßburg). Huyssen (1980, S. 13) beschreibt die Bewegung als »vorwiegend literarische und weltanschauliche Bewegung«, die »nur als Ausdruck eines durchdringend und umfassend neuen Lebensgefühls adäquat zu verstehen ist«. Letztlich ist es auch eine **›Jugendbewegung‹** sich in der Dichtkunst auflehnender junger Männer. Im Jahr 1770, das als Jahr der Begegnung von Goethe und Herder in Straßburg in die Literaturgeschichte eingegangen ist, wurden Goethe und Müller 21 Jahre alt, Lenz wurde 19, Klinger und Leisewitz wurden 18 (während Schiller, geb. 1759, noch ein Kind war).

Zum Leitbegriff wurde das **Genie**. »Genie ist das Talent (Naturgabe), welches der Kunst die Regel gibt. Da das Talent, als angebornes produktives Vermögen des Künstlers, selbst zur Natur gehört, so könnte man sich auch so ausdrücken: Genie ist die angeborne Gemütsanlage (ingenium), durch welche die Natur der Kunst die Regel gibt«, so definiert Kant 1789 in der *Kritik der Urteilskraft* (Kant [1790], §46, S. 242), was die zentralen Begriffe in ihrer Spannung auf den Punkt bringt: Die Natur des einzelnen Menschen gibt die ›Regeln‹, die damit keine Regeln im eigentlichen Sinne mehr sind, nämlich systematisch erschlossene und einheitlich für alle geltende Vorgaben. Stattdessen geht es um das individuelle, unverbildete (»angeborne«) ›Gemüt‹, das sich im Fall derer, die dazu begabt sind, Ausdruck verschafft. Schöpferisch tätig zu sein, beansprucht damit Originalität, womit eine Gegenposition zur früheren Kunstauffassung im 17. und 18. Jahrhundert behauptet wird, die von einem erlernbaren und bewusst zu steuernden Schaffensprozess ausgeht. Damit wird die moderne Vorstellung des Künstlers als *auctor* im Sinne des Urhebers eines einzigartigen Werks, auf das er allein ein Recht hat, etabliert.

Shakespeare, dessen Dramen sich mit den Vorgaben des Regeldramas französisch-klassizistischer Prägung so gar nicht fassen lassen, wurde zum Vorbild und Inbegriff des dramatischen Genies erhoben. Das Drama behauptete bei den Autoren des Sturm und Drang seine bevorzugte Stellung unter den literarischen Gattungen, allerdings nicht mehr unter dem didaktischen Vorzeichen der Aufklärer, sondern als **Ausdruck leidenschaftlicher Emphase**.

Zur **Absage an rationale Regeln** passt, dass die Bewegung kaum theoretische Schriften zur Dramenpoetik hervorbrachte. Eine der wenigen Ausnahmen lieferte **Jakob Michael Reinhold Lenz** (1751–1792) mit seinen *Anmerkungen übers Theater* (1774), wobei er sich durch seinen Schreibstil ebenfalls einer systematisch aufgebauten und in gelehrtem Ton verfassten Abhandlung versagt. Stattdessen handelt es sich um eine bewusst an umgangssprachliche Mündlichkeit angelehnte Polemik, in der er gegen die poetologischen Richtlinien seiner Zeit wettert. »[Z]um Henker hat denn die Natur den Aristoteles um Rath gefragt, wenn sie ein Genie?«, fragt er rhetorisch, und »[]schie[ßt]« gegen die »so erschröckliche jämmerlichberühmte Bulle von den drey Einheiten« (Lenz [1774], S. 25 f.):

> »[W]as heissen denn nun drey Einheiten, meine Lieben? Ist es nicht die e i n e, die wir bey allen Gegenständen der Erkenntniß suchen, die eine, die uns den Gesichtspunkt giebt, aus dem wir das Ganze umfangen und überschauen können? […] Ist es den Herren beliebig, sich in dem Verhältniß eines Hauses und eines Tages einzuschränken, in Gottes Namen, behalten Sie Ihre F a m i l i e n - stücke, Miniaturgemählde, und lassen uns unsere Welt.«

Sein im selben Jahr (1774) anonym erschienenes Drama *Der Hofmeister oder Vorteile der Privaterziehung*, als dessen Autor Zeitgenossen zunächst Goethe vermuteten, führt eine Vielzahl verschiedener Schauplätze auf (fünf Städte mit Innen- und Außenräumen: Straße, Haus, Gefängnis; eine Schule in einem Dorf; ein Wald mit Bettlerhütte und Teich), stellt einen Zeitraum von vielen Monaten dar (mit Ellipsen zwischen den Szenen, die sogar die Dauer einer Schwangerschaft überspringen) und verfolgt ein Geschehen, das sich um die drei Protagonisten Läuffer (Hofmeister im Hause des Majors von Berg), Fritz von Berg (Sohn des Bruders des Majors) und Pätus (Studienfreund von Fritz) zwischenzeitlich in drei parallel verlaufende Handlungsstränge aufteilt und nur im Fall von Fritz und Pätus am Schluss wieder zusammengeführt wird, während der Strang des Titelhelden in einem absurd anmutenden Szenario ausläuft (er hat sich selbst entmannt, weil er Gustchen, die Tochter des Majors und Verlobte von Fritz, geschwängert hat, findet aber doch noch sein Glück in einem Dorfmädchen, das auf den Vollzug der Ehe ohnehin lieber verzichtet).

Das Stück ist als »Komödie« ausgewiesen und es endet durchaus gattungsgemäß in Versöhnung (die Väter von Fritz und Pätus erkennen ihre ungerechte Härte den Söhnen gegenüber) und der beschlossenen Hochzeit zwischen Gustchen und Fritz, der ihr Kind als seines annimmt: »Und dennoch mir unendlich schätzbar, weil's das Bild seiner Mutter trägt. Wenigstens, mein süßer Junge! werd ich dich nie durch Hofmeister erziehen lassen.« (Lenz [1774], V,12) Das sind die letzten

Worte – als läge das Problem in den Personen, die gezwungen sind, sich als Hofmeister zu verdingen, und nicht in einem ausbeuterischen Ständesystem, das diese zu dienender Abhängigkeit verdammt, und in den selbstherrlichen Vätern, die ihre Kinder unterdrücken und verstoßen.

Tatsächlich hat das Drama eine deutliche Anlage zur Tragödie (Fritz sitzt im Gefängnis, weil er für Schulden gebürgt hat, Läuffer kastriert sich, Gustchen will sich ertränken). Die positive Wendung zum doch noch glücklichen Ausgang erfolgt – hierin mag man eine scharfe sozialkritische Pointe sehen – nur durch einen unwahrscheinlichen Theatertrick (*coup de théâtre*): einen unvermuteten Lottogewinn, der Pätus erlaubt, den für ihn einsitzenden Freund aus dem Gefängnis auszulösen, so dass dieser seinerseits sein Gustchen wiederfinden und mittels Ehe ›ehrbar machen‹ kann.

Die Neuerungen, die von Lenz ausgehen, betreffen formale wie inhaltliche Aspekte. So wird er als wichtiger **Impulsgeber eines Sozialdramas** gesehen (nicht umsonst wird Bertolt Brecht Lenz' *Hofmeister* in einer eigenen Bearbeitung wieder aufgreifen, uraufgeführt 1950; siehe Brecht 1951) und auch als Impulsgeber einer neuen **Überschreitung der Gattungsdichotomie** in Richtung einer Tragikomödie, bei der tragische und komische Elemente miteinander verzahnt sind.

1775 erscheint seine *Recension des Neuen Menoza von dem Verfasser selbst aufgesetzt*, in der er seine Vorstellung von einer grenzüberschreitend konzipierten Komödie formuliert: »Komödie ist Gemählde der menschlichen Gesellschaft, und wenn die ernsthaft wird, kann das Gemählde nicht lachend werden.« Von den »deutschen Komödienschreiber[n]« fordert er, sie müssten »komisch und tragisch zugleich schreiben, weil das Volk, für das sie schreiben, oder doch wenigstens schreiben sollten, ein solcher Mischmasch von Kultur und Rohigkeit, Sittigkeit und Wildheit ist« (Lenz [1775], S. 191).

Wichtig ist, dass die vorgestellten Schlaglichter nicht als chronologisch fortschreitende Entwicklung misszuverstehen sind. Ausgewählt wurden die Beispiele zwar, weil sie durchaus Meilensteine in der Dramenpoetik darstellen, es gab aber immer auch davon abweichende Ansätze und auch gegenläufige Tendenzen. Noch im letzten Drittel des 18. Jahrhunderts koexistierten beispielsweise Rührstücke der empfindsamen Mode mit heroischen Tragödien des regelorientierten Musters, wie sie Gottsched propagiert hatte. Ausblickhaft sei angedeutet, dass in der Folgezeit um 1800 mit **Romantik** und **(Weimarer) Klassik** sogar zwei große Stilrichtungen miteinander konkurrierten: zeitlich nicht ganz deckungsgleich, aber mit großer Überschneidung. Während die Romantik unter dem Motto der »progressiven Universalpoesie« (Friedrich Schlegel, 116. »Athenaeum«-Fragment) mit Formbrüchen, Gattungsmischungen und Entgrenzungsideen experimentierte, besann sich die Klassik auf ein formvollendetes Ideal nach dem Vorbild der griechischen Antike. Schiller und Goethe, die beide zuvor am Sturm und Drang sowie an der Romantik teilhatten, verfassten als führende Vertreter der Weimarer Klassik auch Versdramen (vgl. zum Theater Goethes und Schillers z. B. Alt 2008).

Ein weiterer Abriss der Literaturgeschichte soll hier nicht verfolgt werden; wir machen für die Schlaglichter auf die frühere Dramenpoetik mit dem 18. Jahrhundert einen Schnitt, denn damit sind die wesentlichen Koordinaten für spätere Entwicklungen im Blick: die Konsolidierung eines regelorientierten Dramas, seine Umformung im Kontext eines bürgerlichen Theaterbetriebs, zu dem auch die Institutionalisierung von Stadttheatern gehört, und Ansätze der Revolte.

4.4 Und heute? Schlaglichter des Wandels im 20. und 21. Jahrhundert

Es ist darauf hinzuweisen, dass es in der langen, politisch so wechselvollen Zeit vom 19. Jahrhundert bis zur Zeit nach dem Zweiten Weltkrieg im 20. Jahrhundert zahlreiche innovative Impulse gab, man denke etwa an Ausnahmedramatiker wie Kleist und Büchner oder an Bewegungen wie den Naturalismus Ende des 19. Jahrhunderts oder die Avantgarden der 1920er Jahre bis zum Ende der Weimarer Republik.

Wir setzen für die schlaglichtartigen Betrachtungen zum Gegenwartstheater mit Bertolt Brecht ein, dessen bis heute einflussreiches Theaterkonzept einen zentralen Bruch mit dem aristotelischen Theater markiert. Sodann werden mit dem Dokumentartheater und dem postdramatischen Theater zwei weitere bedeutsame Entwicklungen im Gegenwartstheater vorgestellt, bei denen die zugrundeliegenden Texte in Spannung zum traditionellen Drama stehen. Abschließend soll noch ein Ausblick auf die Forderung eines »postmigrantischen Theaters« gegeben werden. Die Auswahl soll keinesfalls als Priorisierung im variantenreichen Feld dramen- und theatergeschichtlicher Entwicklungen missverstanden werden. Wir legen hier einen Fokus auf Ausschnitte, die besonders aussagekräftig sind, um ein Gefühl für Auseinandersetzungen mit der Dramentradition zu vermitteln. Für weiterführende Hinweise zu Poetikentwürfen in der Gegenwartsdramatik ist der Überblicksbeitrag von Johannes Birgfeld im *Handbuch Poetikvorlesungen* zu empfehlen (Birgfeld 2022).

4.4.1 Brechts episches Theater

Bereits die Bezeichnung »episches Theater« verrät den radikal neuen Schritt, denn sie akzentuiert einen Widerspruch: Es war ja gerade das definitorische Merkmal des Mediums, nicht erzählend, sondern szenisch darzustellen. Hier geht es nicht mehr nur um Überschreitungen der Regeln, mit denen das Dramatische gestaltet wird, sondern um **Eingriffe in das Wesen des Dramatischen**.

Erwähnt sei an dieser Stelle, dass man die Bezeichnung im weiteren Sinne für unterschiedlichste Formen eines Theaters mit erzählerischen Elementen verwenden kann, bei dem nicht der dramatische Dialog im Vordergrund steht, »sondern eine distanzierende, demonstrierende Darstellung« (Patrick Primavesi, in: *Metzler Lexikon Theatertheorie* 2014, S. 94). Beispiele finden sich bis in die Antike zurück (Chor) oder bis zum monologisch organisierten Erzähltheater der Gegenwart.

Im engeren Sinn verbindet man das »epische Theater« indes mit dem spezifischen Konzept, das Brecht entwickelt hat. Für **Bertolt Brecht** (1898–1956; mit selbst gewählter Vornamenschreibung, getauft worden war er als Eugen Berthold Friedrich) führte der Weg zunächst nach Berlin, das er einen Tag nach dem Reichstagsbrand 1933 verließ (mit zahlreichen Stationen im Exil), um 1948 in den Ostteil der Stadt in der sowjetisch besetzten Zone zurückzukehren. Mit dem *Berliner Ensemble* am Schiffbauerdamm konnte er (mit Helene Weigel) in Ost-Berlin sein eigenes Theater aufbauen. Die Wurzeln seines epischen Theaters gehen indes zurück in die Weimarer Republik, wo Brecht wesentliche Anregungen von den bahnbrechenden Theaterarbeiten Erwin Piscators (1893–1966) erhielt.

Piscator erweiterte für seine Theaterproduktionen, die dezidiert als »politisches Theater« wirken sollten und sich nicht nur an ein proletarisches Publikum, sondern an ein Massenpublikum richteten, die auf der Bühne eingesetzte Technik und die medialen Darstellungsmittel. Wichtige Elemente des epischen Theaters ebenso wie eines dokumentarischen Theaters (mit agitatorischer Zielsetzung) waren damit eingeführt: Mit Film- und Fotoprojektionen, Spruchbändern und Ähnlichem wurden Spielszenen kommentiert und wirkungsästhetisch verstärkt.

Über seine Inszenierung von Alfons Paquets Theaterstück *Fahnen* 1924 an der Berliner Volksbühne schrieb Piscator rückblickend: »Ich hatte die Möglichkeit, eine Art der Regie zu entwickeln, die Jahre später von anderer Seite als ›episches Theater‹ proklamiert wurde. Worum handelte es sich? Kurz gesagt um die Ausweitung der Handlung und die Aufhellung ihrer Hintergründe, also eine Fortführung des Stückes über den Rahmen des nur Dramatischen hinaus« (Piscator [1929], S. 58).

Dem Montageprinzip statt einem Handlungstheater standen seine vielbeachteten Revuen nahe, so die *Revue Roter Rummel* (1924) und *Trotz alledem!* (1925), die sich als »multimediale[] Politshow[s]« beschreiben lassen (Brauneck 2009, S. 581). Dabei wurde fiktionales Spiel mit faktualem Material kombiniert, um eine maximale Wirksamkeit der Aussage zu erreichen – »unter skrupelloser Verwendung aller Möglichkeiten: Musik, Chanson, Akrobatik, Schnellzeichnung, Sport, Projektion, Film, Statistik, Schauspielerszene, Ansprache« (Piscator [1929], S. 61). Während Piscator die Ausweitung in der Regiekunst praktizierte, vollführte Brecht auch den Transfer in die Textproduktion, womit sein Ansatz in die Entwicklungen der Dramenpoetik einzubeziehen ist.

Bei Brecht taucht der Begriff »episches Theater« 1926 erstmals als Gegenbegriff zur aristotelischen Dramatik auf, in der er den Inbegriff eines auf Einfühlung ausgerichteten Illusionstheaters sah (über die Erregung von »Furcht und Mitleid [...], des klassischen Zwiegespanns zur Herbeiführung der aristotelischen Katharsis«, Brecht [1939], S. 553). Ihm ging es dagegen um eine **kritisch-reflektierende Distanznahme**, und zum Schlüssel wurde die gezielte Illusionsbrechung. »Welche Haltung sollte der Zuhörer einnehmen in den neuen Theatern, wenn ihm die traumbefangene, passive, in das Schicksal ergebene Haltung verwehrt wurde? Er sollte nicht mehr aus seiner Welt in die Welt der Kunst entführt, nicht mehr gekidnappt werden; im Gegenteil sollte er in seine reale Welt eingeführt werden, mit wachen Sinnen« (ebd., S. 553 f.).

»Das Prinzip«, so Brecht, »besteht darin, anstelle der Einfühlung die Verfremdung herbeizuführen«, und er erläutert: »*Was ist Verfremdung?* Einen Vorgang oder einen Charakter verfremden heißt zunächst einfach, dem Vorgang oder dem Charakter das Selbstverständliche, Bekannte, Einleuchtende zu nehmen und über ihn Staunen und Neugierde zu erzeugen« (ebd., S. 554). Gewonnen werde damit, dass »der Zuschauer die Menschen auf der Bühne nicht mehr als ganz unänderbare, unbeeinflußbare, ihrem Schicksal hilflos ausgelieferte dargestellt sieht. Er sieht: dieser Mensch ist so und so, weil die Verhältnisse so und so sind« (ebd., S. 555). Zugleich aber sehe der Zuschauer, dass es auch anders vorstellbar wäre, womit er sich als Agent mit Handlungsmacht begreife.

Die **Mittel der Verfremdung** können dabei vielfältig sein, z. B. die Unterbrechung der Handlung durch Lieder oder durch Kommentare einer Erzählerfigur, das Heraustreten einer Figur aus ihrer Rolle mit Anrede des Publikums (die Vorstellung der *vierten Wand* hat bei Brecht ohnehin keine Berechtigung mehr), Irritationen durch Spruchbänder, Plakate oder Projektionen. Der dafür eingeführte Terminus ist »Verfremdungseffekt« oder kurz: »V-Effekt«. Die Strategie, die dargestellten Situationen in einen historischen Kontext zu stellen, kann eine doppelte Funktion erfüllen: Sie schafft einerseits ebenfalls eine reflexionsfördernde Distanz für den Zuschauer und zeigt zugleich die Historizität und damit potentielle

Vergänglichkeit von Machtverhältnissen – »den Zuschauer von der Last des vorgeblich Absoluten, Überzeitlichen befrei[end]« (Ulrich Kittstein, in: *Handbuch Drama* 2012, S. 301).

Im Zusammenhang mit einer solchen reflexionsfördernden Distanz ist speziell auf den Gleichnischarakter des Parabelstücks hinzuweisen: Das Publikum soll hinter einem plakativ der Alltagswelt der Zuschauer entrückten Szenario (in *Der gute Mensch von Sezuan*, uraufgeführt 1943, ist es das stilisierte chinesische Setting) eine allgemeine, auf das eigene Leben übertragbare Aussage erkennen.

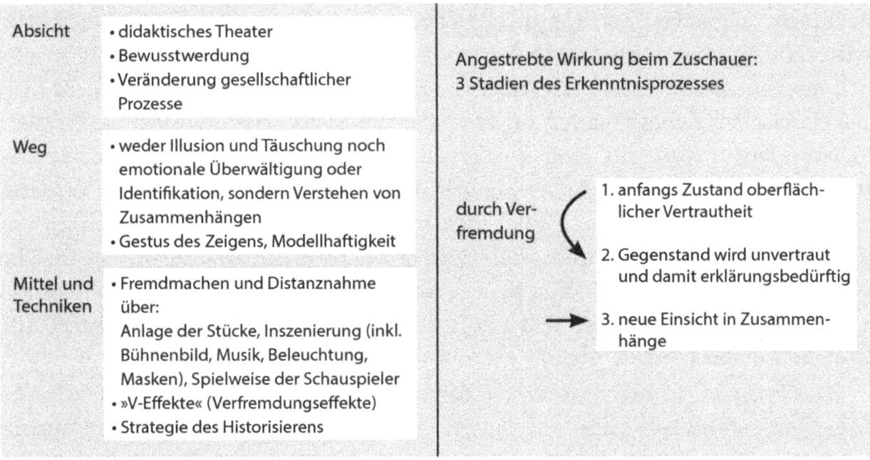

Abb. 15: Brechts episches Theater (nach Ulrich Kittstein, in: *Handbuch Drama* 2012, S. 301)

Der nach 1945 von Brecht für das epische Theater bevorzugte Ersatzbegriff »**dialektisches Theater**« markiert, dass es ihm nicht um eine einfache Opposition zum dramatischen Theater ging, bei dem das Dramatische vom Epischen abzulösen wäre, sondern um eine Wechselwirkung zwischen Gewohntem/Erwartetem und anderen Formen, um Irritationen zu erzeugen. Entscheidend ist das entstehende Spannungsverhältnis (vgl. Brecht [1948/49]), das insofern einer dialektischen Methode entspricht, als es darauf setzt, dass aus einem These-Antithese-Verhältnis eine Synthese hervorgeht: als neue Erkenntnisstufe beim Zuschauer. Die Verfremdungseffekte funktionieren auf der Folie des dramatischen Theaterszenarios, das für das Publikum spürbar bleibt und sogar explizit ausgestellt wird.

Elemente des epischen Theaters gehören inzwischen zum gängigen Repertoire, in ganz unterschiedlichen Theaterproduktionen – und »oft auch nicht mehr in direktem Bezug auf Brechts Theorien« (Patrick Primavesi, in: *Metzler Lexikon Theatertheorie* 2014, S. 96). Mit Brechts anti-aristotelisch konzipiertem epischen Theater, so ist festzuhalten, sind entscheidende Grundlagen geschaffen, die mit dem »postdramatischen Theater« im späten 20. Jahrhundert weiter ausgeschritten werden (vgl. Kap. 4.4.3).

Dass Brecht insgesamt von »Theater« und nicht von »Drama« spricht, ist programmatisch zu verstehen. Denn er strebte ein ganzheitliches Projekt an, das auf eine Veränderung des Theaterbetriebs insgesamt zielte, inklusive Rückwirkung des Probenprozesses auf den Text und mit einer **Spielweise**, die vom Schauspieler fordert, seine Rolle nicht identifizierend, sondern im Zeigemodus auszuführen: vergleichbar mit dem Zeugen eines Unfalls, der für die Hinzukommenden das Verhalten der Unfallbeteiligten nachstellt (vgl. zur »neuen Technik der Schauspielkunst, die einen Verfremdungseffekt hervorbringt«: Brecht [1940]).

Das *Lehrstück*, das man ebenfalls mit Brecht verbindet (z. B. *Der Jasager*, 1930; *Der Neinsager*, 1931; *Die Maßnahme*, 1930), ist davon insofern kategorial abzugrenzen, als es sich um ein Theater ohne Publikum handelt (wobei Brecht zwar nicht ausgeschlossen hat, dass es Zuschauer geben kann, sie aber im Konzept nicht vorgesehen sind): Hier soll das kritische Bewusstsein im Spiel entwickelt werden, die Texte sind »Übungsmaterial für Laiendarsteller« (Ulrich Kittstein, in: *Handbuch Drama* 2012, S. 298).

4.4.2 Dokumentartheater

Mit dem Dokumentartheater wird das aristotelische Theater von einer anderen Warte her herausgefordert. In diesem Fall steht nicht das Wirkziel der Einfühlung zur Debatte, sondern die Frage der Nachahmung der Wirklichkeit. Als Nachahmung durch Handlung (und zwar vermittelst handelnder Figuren) hatte Aristoteles das Drama charakterisiert und als Wirklichkeit das im Blick, »was geschehen *könnte*« (Aristoteles 2022, S. 29; Hervorhebung R. W.). Abgesehen davon, dass die Handlung über Charaktere in den Hintergrund rückt, wird mit dem **Dokument** das tatsächlich Geschehene auf die Bühne geholt, was Kunst und Realität konkret aufeinander bezieht: sei es als Authentifizierung des im Kunstwerk Dargestellten, sei es als künstlerisch verstärkter Ausschnitt der Realität, der damit zugleich fiktionalisiert wird. Dabei wird in jüngeren Debatten hervorgehoben, dass die **Frage der Authentizität** ohnehin abgründig sei, weil jedes Dokument, sei es ein Bild, Film oder Textzeugnis, immer schon medial vermittelt sei und es einen direkten Zugang zu einer ›objektiven‹ Wirklichkeit gar nicht gebe (vgl. zur Kritik an der

Oppositionsbildung zwischen Fakt und Fiktion: Michael Bachmann, in: *Handbuch Drama* 2012, S. 305).

Insgesamt kann sehr unterschiedlich sein, welchen Status das Dokumentarische im jeweiligen Theaterstück behauptet und wie es eingebracht wird. Michael Bachmann schlussfolgert entsprechend: »Als offene Definition von Dokumentartheater und -drama lässt sich lediglich festhalten, dass sie Dokumente im weitesten Sinn einbinden, um einen zeitgeschichtlich als relevant erachteten Vorgang mit meist politischem oder aufklärerischem Anspruch zu ›dokumentieren‹, d.h. für die Öffentlichkeit erfahrbar zu machen.« Dabei bleibe offen, »was auf welche Weise zum Dokument werden kann« (Bachmann, in: *Handbuch Drama* 2012, S. 307).

Historisch sind **drei Hauptphasen** auszumachen. Beginnend in der Zeit zwischen den Weltkriegen (als internationale Strömung) gab es in der Nachkriegszeit der 1960er Jahre eine zweite Welle (als deutsches Phänomen). Seit den 1990er Jahren ist (international) ein neuer Trend zu Formen des Dokumentarischen im Theater festzustellen, wobei eine beachtliche Varianz in den Ausprägungen und theoretischen Positionen besteht.

Für den deutschsprachigen Kontext kann, wie bereits angedeutet, **Piscator** auch für das dokumentarische Theater als Wegbereiter in Anschlag gebracht werden. Er selbst bezeichnete seine im Berlin der Weimarer Republik aufgeführte Revue *Trotz alledem!* als das erste »dokumentarische Drama« (Piscator [1929], S. 64): eine Montage von »authentischen Reden, Aufsätzen, Zeitungsausschnitten [...], Fotografien und Filmen des Krieges und der Revolution«, um das Publikum mit der »absoluten, von uns selbst erlebten Wirklichkeit« zu konfrontieren (ebd., S. 67).

Ob die behauptete Originalität im internationalen und historischen Vergleich haltbar ist, kann hier nicht entschieden werden. Immerhin weist Michael Bachmann zu Recht darauf hin, dass in den Fällen, in denen bereits zu früheren Zeiten zeitgeschichtliche Quellen in die Dramenproduktion (speziell von Geschichtsdramen, wie z.B. Georg Büchners *Dantons Tod*, 1835) einbezogen worden waren, doch in der Regel »die Autonomie des Kunstwerks bestimmend« geblieben war (Bachmann, in: *Handbuch Drama* 2012, S. 307).

Dass das Dokumentartheater im engeren Sinne seinen Aufschwung in der Zeit zwischen den Weltkriegen nahm, erklärt sich u. a. vor dem Hintergrund der technischen Entwicklungen in Aufnahme- und Reproduktionsverfahren (z.B. Film, Phonographie) sowie der Politisierungs- und Medialisierungstendenzen der Zeit. Die schon im Naturalismus geforderte schonungslose Auseinandersetzung mit der Wirklichkeit erhielt neue Möglichkeiten und Anforderungen.

Die für den deutschsprachigen Raum bedeutende zweite Hochphase in den 1960er Jahren wurde von drei Autoren geprägt: **Rolf Hochhuth** (1931–2020), **Heinar Kipphardt** (1922–1982) und **Peter Weiss** (1916–1982). Es war ein dezidiert politischer Anspruch, der mit der Verbindlichkeit des dokumentarischen Materials auf der Bühne einherging: Verantwortlichkeit und Auseinandersetzung mit den Verbrechen der jüngsten Vergangenheit einfordernd gegen Verdrängungstendenzen in der Nachkriegsgesellschaft. Hochhuths *Der Stellvertreter. Ein christliches Trauerspiel* (1963) behandelte die Haltung des Vatikans zum Holocaust, Kipphardts *In der Sache J. Robert Oppenheimer* (1964) die Untersuchungen in den USA der McCarthy-Ära gegen den zuvor als Nationalhelden gefeierten ›Vater der Atombombe‹ wegen pazifistisch-kommunistischer Umtriebe, Weiss' *Die Ermittlung. Oratorium in 11 Gesängen* (1965) die ersten Frankfurter Auschwitzprozesse. Die Stücke (zum Teil in Inszenierungen von Erwin Piscator) verfehlten ihre Wirkung nicht. So rief *Der Stellvertreter* Theaterskandale und Tumulte in verschiedenen europäischen Ländern hervor, in denen das Stück aufgeführt wurde. Die theoretischen Prämissen im Umgang mit dokumentarischem Material waren indes recht unterschiedlich. Wir konzentrieren uns exemplarisch auf den Ansatz von Peter Weiss.

In seinem Manifest *Das Material und die Modelle. Notizen zum dokumentarischen Theater*, das **Peter Weiss** aus Anlass des internationalen Brecht-Dialogs (1968 in Ost-Berlin) verfasste, knüpft er an das Theater Piscators der 1920er Jahren an (vgl. Peter Langemeyer, in: *Dramentheorie* 2011, S. 511): im Wirklichkeitsbezug und in der politischen Wirkabsicht. Bei Weiss wird dies zu einer eigenen Dramenpoetik des Dokumentarischen. Das Wort »Drama«, so wie es im aristotelischen Theater grundgelegt ist, passt eigentlich nicht mehr recht, weil hier die Stücke nicht von einer fiktiven oder zumindest fiktionalisierten Handlung durch die Interaktion handelnder Personen geleitet werden, sondern von im öffentlichen Diskurs vorgefundenem **Material**: »Das dokumentarische Theater enthält sich jeder Erfindung, es übernimmt authentisches Material und gibt dies, im Inhalt unverändert, in der Form bearbeitet, von der Bühne aus wieder.« Dieses Material, das aus Protokollen, Briefen, Statistiken, Reportagen, Fotos oder anderen »Zeugnisse[n] der Gegenwart« bestehen könne, bilde »die Grundlage der Aufführung« (Weiss [1968], § 1, S. 512). Zwar bleibe es »Bestandteil des öffentlichen Lebens, wie es uns durch die Massenmedien nahe gebracht wird« (ebd.), aber:

> »Im Unterschied zum ungeordneten Charakter des Nachrichtenmaterials, das täglich von allen Seiten auf uns eindringt, wird auf der Bühne eine Auswahl gezeigt, die sich auf ein bestimmtes, zumeist soziales oder politisches Thema

konzentriert. Diese kritische Auswahl, und das Prinzip, nach dem diese Ausschnitte der Realität montiert werden, ergeben die Qualität der dokumentarischen Dramatik.« (Ebd.)

Es solle **keine ›objektive‹ Neutralität** angestrebt werden, sondern eine kritische »Stellung des Beobachtenden und Analysierenden« (ebd., § 8, S. 514).

Peter Weiss akzentuiert klar: »Das dokumentarische Theater ist parteilich« (ebd., S. 516). Für das Verhältnis von Kunst und Wirklichkeit, das mit einem dokumentarischen Theater generell auf den Prüfstand gestellt wird, konstatiert Weiss, dass immer ein Kunstprodukt entstehe, »[s]elbst wenn es versucht, sich von dem Rahmen zu befreien, der es als künstlerisches Medium festlegt, selbst wenn es sich lossagt von ästhetischen Kategorien« (ebd., S. 513). Nicht nur sei dies unvermeidlich, darin liege auch der Wert des dokumentarischen Theaters gegenüber der ansonsten »effektiver[en]« politischen Aktion in der Außenwelt: Erst durch die – »sondierende, kontrollierende, kritisierende« – künstlerische Tätigkeit könne es »volle Gültigkeit in der Auseinandersetzung mit der Realität gewinnen« (ebd., § 7, S. 514).

Es wurde eingangs bereits angedeutet, dass die **Ansätze im Gegenwartstheater**, die darauf zielen, Grenzen zwischen Kunst und Wirklichkeit zu überschreiten, vielfältig geworden sind. Wenn **Rimini Protokoll** statt Schauspielern »Experten des Alltags« auf der Bühne ihre eigenen Geschichten erzählen lassen wie eine seit ihrem Kopfsprung in ein Nichtschwimmerbecken querschnittgelähmte junge Frau (*Qualitätskontrolle*, 2013), kann man sich fragen, ob hier überhaupt noch ›Theater‹ gespielt wird. Immerhin ist die Reihenfolge des Erzählten choreographiert, und der Theaterrahmen bleibt durch den gestalteten Bühnenraum stets präsent. **Milo Rau** auf der anderen Seite setzt bei der medialen Vermitteltheit allen ›dokumentarischen‹ Materials an, so dass er sich gegen die Bezeichnung verwahrt und von »postdokumentarische[m] Realtheater« spricht (Rau 2019, S. 19). Wenn er in seinen Reenactment-Stücken historische Ereignisse wie die Verstrickung eines Radiosenders in den Völkermord an den Tutsi in Ruanda (*Hate Radio*, 2011) oder den Scheinprozess vor der Hinrichtung des Diktatorenehepaars Ceaușescu in Rumänien (*Die letzten Tage der Ceausescus*, 2010) im Theater nachstellt, geht es ihm um das Wachrufen einer kollektiven Erinnerung, nicht um eine tatsächlich authentische Wirklichkeit, die es ohnehin nicht gebe bzw. zu der man keinen unverstellten Zugang habe.

Aktuelle Tendenzen eines im weitesten Sinne ›dokumentarischen‹ Theaters können im Hinblick darauf, wie der Kunstcharakter des Bühnengeschehens und seiner Textvorlage sowie der Wahrheitswert der »Zeugnisse der Gegenwart«

(Weiss) eingeschätzt wird, differenzierend beschrieben werden. Boris Nikitin macht in seiner Bestandsaufnahme dokumentarischer Theaterformen im 21. Jahrhundert deutliche Unterschiede zu denen der 1960er Jahre aus: in der Dominanz von »Performer[n] (z. B. She She Pop), Choreographen (z. B. Jérôme Bel) und Experten (z. B. Rimini Protokoll)« statt Schauspielern und in den Textvorlagen. Diese seien sehr häufig »nicht von Dramatikern verfasste Fiktionen«, in die dokumentarisches Material einbezogen wird, sondern würden »auf tatsächlichen ›wahren‹, manchmal historischen Begebenheiten (z. B. Hans-Werner Kroesinger oder Milo Rau)« beruhen oder (wie bei Jérôme Bel, She She Pop und Rimini Protokoll) »aus den persönlichen Erfahrungen der Darsteller selbst« bestehen (Nikitin 2014, S. 13).

4.4.3 Postdramatisches Theater

Das »postdramatische Theater« fällt aus der Reihe der vorgestellten theoretischen Ansätze heraus, weil es sich nicht um ein von Dramatikern selbst vertretenes Konzept handelt, sondern um einen von Theaterwissenschaftlern ausgehenden Beschreibungsversuch einer veränderten Theaterpraxis. Hinzu kommt, dass es sich um einen **Sammelbegriff** handelt, der über eine Abgrenzung definiert ist. Entsprechend breit ist der Verwendungsbereich des Begriffs, der so unterschiedliche Theaterformen umfasst wie musikalische Collagen ohne Text und Elfriede Jelineks Textflächen ohne Figurenzuordnung. Im kleinsten gemeinsamen Nenner bezeichnet der Begriff ein **Theater jenseits der Vorherrschaft des Dramas**. Dies kann Drama ganz allgemein als Textvorlage meinen oder auch spezifischer das Drama in seiner traditionellen Form (mit Handlungsentwicklung über einen dramatischen Konflikt zwischen psychologisch angelegten Figuren).

Der Begriff wurde im deutschsprachigen Raum von **Hans-Thies Lehmann** (1944–2022) geprägt (wegweisend sein essayistischer Text *Postdramatisches Theater* von 1999), wenngleich nicht erfunden. Die Begriffsgeschichte resümiert Christel Weiler (in: *Metzler Lexikon Theatertheorie* 2014, S. 262–265). Zuerst verwendet wurde der Begriff 1987 von dem Theaterwissenschaftler Andrzej Wirth (Lehmanns Kollege an der Universität Gießen), der damit zeitgenössische Entwicklungen im Theaterbetrieb seit den 1970er Jahren beschreiben wollte: bei ihm explizit als Absage an das Primat des Sprechtheaters zu verstehen »zugunsten der post-dramatischen Formen der Sound-Collage, der Sprechoper und des Tanztheaters« (Wirth 1987, S. 83). Sein Urteil bezog sich auf in seiner Zeit einflussreiche Theaterproduktionen wie die von Robert Wilson, Richard Foreman, George Tabori und Pina Bausch, deren Produktionen weniger auf dramatischen Texten und deren Logik beruhten als vielmehr auf Bildkompositionen, Körperlichkeit und Tanz sowie Grenzüberschreitungen zwischen Theater und Musik (vgl. Christel Weiler, in: *Metzler Lexikon Theatertheorie* 2014, S. 262).[8] Für die Betrachtung von Theatertexten, die im Zentrum des vorliegenden Einführungsbandes stehen, ist dies entsprechend weniger relevant.

Etwa zur gleichen Zeit beschrieb Helga Finter – unter der Bezeichnung »postmodernes Theater« – die neueren Tendenzen im Theater als Verlagerung des Dramas weg von der dialogisch sich entwickelnden Handlung auf der Figurenebene hin zu anderen Zeichensystemen (z. B. Körper, Raum und Zeit). Damit werde es »zum Drama der Dekonstruktion der dramatischen Konstituenten« (Finter 1985, S. 47). Wenn sie damit argumentiert, dass diese neuen Formen des Theaters dem Ausdruck »dezentrierter Subjektivität« geschuldet seien, zeigt sich der Hintergrund der Postmoderne-Debatten der 1980er Jahre. Finter hat damit vergleichbare Phänomene wie später auch Hans-Thies Lehmann im Blick. Christel Weiler fasst den Befund mit Bezug auf Finter zusammen: Durch »Simultanität, Addition und Montage« seien »neue Zeiten, Räume und Personen« entstanden und an die Stelle eines »Text- oder Handlungstheaters« getreten (Weiler, in: *Metzler Lexikon Theatertheorie* 2014, S. 263).

Lehmann wendet sich allerdings gegen die Verwendung des Attributs »postmodern«: Es beziehe sich als Epochenbegriff auf den Abschied von der Moderne, was man nicht mit praktizierten Stilformen verwechseln dürfe. Passender sei dagegen die Charakterisierung als »postdramatisch«.

> »Viele Züge der Theaterpraxis, die man postmodern nennt – von der scheinbaren oder wirklichen Beliebigkeit der Mittel und zitierten Formen über die unbefangene Verwendung und Verkoppelung heterogener Stilzüge, vom ›Theater der Bilder‹ bis zu Mixed Media, Multimedia und Performance –, bekunden keineswegs eine prinzipielle Abwendung von der Moderne, wohl aber von Traditionen der dramatischen Form.« (Lehmann 1999, S. 29)

Von hier aus erklärt sich auf produktiv anwendbare Weise der Terminus »postdramatisches Theater«, wie er mit Lehmann in der Debatte fixiert wird:

> »Das Adjektiv ›postdramatisch‹ benennt ein Theater, das sich veranlaßt sieht, jenseits des Dramas zu operieren, in einer Zeit ›nach‹ der Geltung des Paradig-

8 Ganz jenseits des Textbezugs verwendet der US-Amerikaner Richard Schechner den Begriff »postdramatic« im Bereich der Performancekunst, worauf auch Lehmann selbst verweist (Lehmann 1999, S. 28).

mas Drama im Theater. Nicht gemeint ist: abstrakte Negation, bloßes Wegsehen von der Drama-Tradition.« (Ebd., S. 30)

Postdramatisches Theater schließe »die Gegenwart / die Wiederaufnahme / das Weiterwirken älterer Ästhetiken ein« (und zwar »auch solcher, die schon früher der dramatischen Idee auf der Ebene des Textes oder des Theaters den Abschied gegeben haben«), was im Übrigen eine allgemeine Bedingung für Entwicklung sei (ebd., S. 31). Wichtig für das Postulat einer Stilrichtung sei nun aber, dass es nicht nur bei der »Verneinung klassischer Normen« bleibe, denn »auch die provozierend verneinende Kunst« könne nur daraus, dass sie »aus eigener Kraft Neues setz[t]«, »eigene Identität gewinnen« (ebd., S. 32).

Dies ist der entscheidende Punkt, der für die **Analyse** auch von Texten des postdramatischen Theaters nutzbar gemacht werden kann: Denn die Besonderheit der Formen und ihre Radikalität erklären sich auf der Basis, dass es Texte für das Theater sind – und eben diesen Rahmen herausfordern. Auch bei postdramatischen Theatertexten ist also eine gute Kenntnis der »Drama-Tradition« von Nutzen, da so die Anspielungen und Überschreitungen erkannt und die jeweilige innovative Spezifik des Stücks beschrieben werden können.

Was nun die **Merkmale** eines solchen Theaters angeht, das grenzüberschreitend ›jenseits des Paradigmas Drama‹ operiert, so sind die Möglichkeiten vielfältig. Lehmann nennt als typische Aspekte das Fehlen einer Handlung mit dramatischem Konflikt, das Hervorheben der Gemachtheit (»Komposition nicht mehr als organisierende Qualität, sondern als aufgepfropfte ›Manufaktur‹«; ebd., S. 29) und (oft damit einhergehend) eine Selbstreflexivität auf Kunst und Theater, eine gesteigerte Theatralität, ein Ausstellen von Körpern und Sprache als Material, bei der die Körperlichkeit der Schauspieler und die Sprache auf der Bühne nicht hinter ihrer Bedeutung verschwinden, sondern in ihrer Materialität präsent bleiben, und schließlich die Mischung verschiedener Stile und Medien.

Hat man es mit einem solchen Theatertext zu tun, kann man sich zunächst fragen, wodurch es von der gewohnten Form eines Dramas abweicht. Man kann hier die prinzipiellen Bauelemente eines Dramas durchgehen, wie sie in Kapitel 3 vorgestellt wurden und im kontrastiven Vergleich Besonderheiten sammeln. In der detaillierten Darstellung außergewöhnlicher Gestaltungsweisen kann der ausdifferenzierte Beschreibungskatalog von Manfred Pfister helfen (vgl. Kap. 6.2). Für die Interpretation wird es darum gehen, nach der Funktion dieser Abweichungen im Blick auf die inhaltliche Aussage des zu untersuchenden postdramatischen Theatertexts zu fragen.

Postdramatisches Theater	Merkmale
Ist »postdramatisches« Theater ein Widerspruch in sich? ← Nein, da Unterschied zwischen Drama und Theater! → Andere Vorstellung und Ausprägung von Theater. Entgegensetzung: **dramatisch – post-dramatisch** Was ist »**dramatisches Theater**«? (Begriffsprägung durch Brecht: die Tradition, von der er sich absetzen wollte) Charakterisiert durch: • Nachahmung • Handlung (→ handelnder Mensch in zwischenmenschlichen Beziehungen) Was will »**postdramatisches Theater**«? Operieren »jenseits des Dramas«, »in einer Zeit ›nach‹ der Geltung des Paradigmas Drama im Theater« Aber: nicht nur »abstrakte Negation, bloßes Wegsehen von der Drama-Tradition«, sondern Auseinandersetzung und Überschreitung (Zitate: Lehmann 1999)	Typische Merkmale *(können, müssen aber nicht alle vorkommen)*: • Abkehr von Handlung und dramatischem Konflikt • Ausstellen der Komposition als Konstruktion • Stilmischungen • mediale Effekte • Sprache als Material • Körperlichkeit • Theatralität • Selbstreferentialität und -reflexivität

Abb. 16: Merkmale des postdramatischen Theaters (nach Lehmann 1999)

Als ein Beispiel aus der Vielfalt der unterschiedlichen Ausprägungen, die postdramatisches Theater gefunden hat (und weiterhin findet), seien hier Texte der österreichischen Nobelpreisträgerin **Elfriede Jelinek** herausgegriffen, weil sie als eine besonders frühe und wirkungsmächtige Vertreterin gelten kann.

Lange bevor der Begriff geprägt war, zeigten ihre Theatertexte postdramatische Tendenzen. Bereits ihr erstes Theaterstück *Was geschah, nachdem Nora ihren Mann verlassen hatte oder Stützen der Gesellschaften* (uraufgeführt 1979, entstanden bereits zwei Jahre früher) weist in diese Richtung, obwohl hier noch eine Handlung erkennbar ist und Figurenrede, die bestimmten handelnden Personen zugeordnet ist. Im Vergleich mit den im Titel aufgerufenen Prätexten, *Nora oder Ein Puppenheim* (im Original: *Et dukkehjem*, 1879) sowie *Stützen der Gesellschaft* (im Original: *Samfundets støtter*, 1877) von Henrik Ibsen zeigt sich die tendenziell bereits postdramatische Überschreibung. Die psychologisch motivierte Handlungsentwicklung wird von der sprunghaften Darstellung einzelner Stationen abgelöst (Nora auf Arbeitssuche, Nora als Fabrikarbeiterin, Nora als Mätresse des Fabrikchefs usw.): Stufen des Abstiegs in einer Welt kapitalistischer Warenverwertung.

Dabei dient die Sprache nicht mehr vorrangig der Kommunikation und Figurencharakterisierung, sondern gewinnt als Material in wortspielerischer Wendung ein Eigengewicht, indem Zitate aus miteinander konfligierenden Kontexten collagiert werden (etwa von Sigmund Freud, von Ökonomen wie Joseph Alois Schumpeter, von Hitler und Mussolini sowie aus zeitgenössischen feministischen Artikeln) oder indem idealistische Metaphorik mit profanem Wortsinn konterkariert wird:

> »*Nora:* […] Ich bin Nora aus dem gleichnamigen Stück von Ibsen. […] Ich möchte die Menschenwürde und das Grundrecht auf freie Entfaltung der Persönlichkeit hochhalten.
> *Personalchef:* Sie können überhaupt nichts hochhalten, weil Sie Ihre Hände für etwas Wichtigeres brauchen.« (Jelinek [1979], 1, S. 9 f.)

Wo Ibsens Nora-Stück auf einen emanzipatorischen Aufbruch hinausgelaufen war, indem Nora ihr »Puppenheim«, in dem ihr Gatte sie wie ein unmündiges Kind behandelt hatte, verlässt, lässt Jelinek Nora wieder beim Ehemann enden. Die letzte Station zeigt sich bar jeder Illusion mit Figuren, die keine Personen mit Handlungsoptionen sind, sondern Objekte in einer Warenwelt.

Seit diesem frühen Text, den man noch als Theaterstück bezeichnen kann, hat sich Jelineks Schreiben für das Theater radikal zu einem postdramatischen weiterentwickelt. So sind gemeinhin gar keine konkreten Figuren mit ihnen zugeordneter Figurenrede mehr auszumachen. Ein Beispiel ist ihr Theatertext *Die Schutzbefohlenen* (uraufgeführt 2013, mehrfach überarbeitet und mit Folgetexten fortgesetzt bis 2016; hier zitiert nach der Buchausgabe 2018), der im Umfeld der Fluchtthematik viel Aufmerksamkeit erhalten hat. Es spricht ein Kollektiv von Geflüchteten als ein »Wir«. Nur gelegentlich fließen Äußerungen eines »Ich« ein, das aber namenlos und unkenntlich bleibt. Zu einem Dialog kommt es an keiner Stelle. Zwar werden immer wieder die Bewohner des Aufnahmelandes angesprochen, sie antworten aber nicht. Einzelne Bemerkungen, die diesen zuzuordnen sind, bleiben selbstbezüglich. Nur wenige Absätze strukturieren den Text, der ansonsten als zusammenhängender Block gedruckt ist.

Dies hat sich insgesamt als charakteristisch für ihr Theaterschaffen herausgebildet und ist unter dem Stichwort der Jelinek'schen *Textflächen* bekannt. Statt einer Handlung gibt es einen Sprachfluss, der vornehmlich durch assoziative Anknüpfungen und Variationen voranschreitet, wobei Aussagen durch wortspielerische Wendungen verfremdet werden und einen abgründigen neuen Sinn erhalten. So lässt bereits der Textanfang die Anlehnung an Aischylos' antikes Flüchtlingsdrama *Die Schutzflehenden* erkennen, das mit der Anrufung Zeus' beginnt (»Zeus, Flüchtlingshort, schau' gnädig herab / Auf unsere Schar«; Ausg. 2016, V. 1 f.). In Jelineks Text heißt es: »Keiner schaut gnädig herab auf unseren Zug, aber auf uns herabschauen tun sie schon« (Jelinek 2018, S. 9).

Ein zentrales Mittel ihres späten wie frühen Theaterschaffens ist die komplexe Verarbeitung vorgefundenen Sprachmaterials, wobei die intertextuelle Vernetzung Zitate aus der Hochkultur ebenso wie aus der Alltagskultur einbezieht, politische Broschüren etwa oder auch Werbeslogans. Das Prinzip dahinter ist die Offenlegung von Abgründen hinter dem scheinbar Harmlosen, das – will man es mit Brecht denken – Aufbrechen von Selbstverständlichkeiten durch Verfremdung, was Jelinek als Arbeit an der Sprache betreibt. Dies hat sie mehrfach in poetologischen Äußerungen erläutert, prägnant gefasst in ihrem polemischen Bekenntnis *Das Parasitärdrama* (2011):

> »Ich habe schon das Sekundärdrama erfunden, und jetzt erfinde ich meinetwegen auch noch das Parasitärdrama (man kann es auch Schmarotzerdrama nennen) [...]. Ich lese in einer Zeitschrift, daß ein Kollege meine Stücke parasitär nennt, weil sie sich so oft an einen Wirt klammern, ohne den das Drama dann nicht verstanden werden kann. [...] Das Parasitärdrama ist tatsächlich nicht ohne seinen Wirt, das Ereignis, den Zustand, die Katastrophe, egal, es ist nicht ohne zu verstehen, es ist nicht ohne, es zu verstehen, aber was soll man da denn verstehen? [...] Ich tackere mich an der Wirklichkeit fest, so wie sie mir dargeboten wird, amalgamiert, gereinigt, durch fremde Meinungen gefiltert (und, im Gegensatz zu einem anständigen Filter, der sie rausholen soll, mit Giftstoffen angereichert, denen ich noch ein paar hinzufüge [...]!)«.

Um Sprache geht es und strukturell kodierte Machtverhältnisse, nicht mehr um handelnde Charaktere, so dass man auch nicht mehr von einem »Drama« im eigentlichen Sinn sprechen kann. Entsprechend pointiert Jelinek: »Den Wunsch, Leben zu erzeugen auf dem Theater, der fast alle Schriftsteller angezogen hat, lehne ich ab. [...] Ich will dem Theater das Leben austreiben. – Ich will kein Theater. Ich will ein anderes Theater« (Jelinek 1989, S. 153). Es ist klar, dass man einem solchen Theater nicht mehr mit einer konventionellen Dramenanalyse beikommt (vgl. für Beispiele des Umgangs mit solchen Texten: Poschmann 1997). Weder ein dramatischer Handlungsverlauf mit entscheidenden Wendepunkten noch Figurencharakterisierungen lassen sich hier verfolgen. Was die Sprengkraft solcher Theatertexte ausmacht, beruht aber zugleich auf eben diesem Kontrast, der sich wiederum produktiv beschreiben lässt.

4.4.4 Interkulturalität und »postmigrantisches« Theater

Als zunehmend gesellschaftsrelevantes Thema angesichts der heutigen Globalisierung, also weltweiter (wirtschaftlicher, institutioneller, politischer, kultureller, lebensgeschichtlicher, migratorischer) Verflechtungen, prägt Interkulturalität auch den Literatur- und Theaterbetrieb. Bei **Interkulturalität** geht es um den Austausch zwischen Menschen mit unterschiedlichen kulturellen Hintergründen. Im Gegensatz zu den Begriffen Multikulturalität, mit der man gemeinhin das Nebeneinander verschiedener Kulturen in einer Gesellschaft bezeichnet, oder Transkulturalität, mit der man die wechselseitige Durchdringung von Kulturen (mit dem Effekt der mehrkulturellen Mischung in jedem Individuum) meint,[9] zielt der Begriff der Interkulturalität auf die Prozesse des ›Dazwischen‹. Für die moderne literaturwissenschaftliche Interkulturalitätsforschung, die sich von den Anfängen in den 1980er Jahren (einer von Alois Wierlacher begründeten interkulturellen Sprachlerndidaktik im Bereich Deutsch als Fremdsprache) weiterentwickelt hat, definiert Ortrud Gutjahr (2010, S. 27):

> »[M]it dem Begriff Interkulturalität [wird] eine Grenzüberschreitung in den Blick genommen, bei der weder ein wie auch immer gefasstes Innerhalb oder Außerhalb der Grenze noch die Grenze zum eigentlichen Untersuchungsgegenstand wird, sondern das *Inter* selbst. Untersucht wird ›Kultur als Text‹ im Sinne einer Vertextung wechselseitiger Bedeutungszuschreibung, als Intertextualität zwischen den Herstellungsmodi situativer kultureller Zugehörigkeit.«

In Bezug auf den Theaterkontext und den dramatischen Text lässt sich eine **interkulturelle Perspektive auf verschiedenen Ebenen** produktiv machen (vgl. für den allgemeinen Überblick Bloch/Heimböckel 2019).

Theater hatte schon in der Vergangenheit eine Tendenz zur kulturüberschreitenden Begegnung, wobei sich dies vorzugsweise auf der **Ebene des Kulturtransfers** vollzog. Man denke nur an die englischen Schauspieltruppen, die gegen Ende des 16. Jahrhunderts auf dem europäischen Festland einen neuen Markt zu gewinnen suchten, so dass sie (zusammen mit anderen Schauspielgruppen aus dem Ausland, etwa den italienischen Commedia-dell'arte-Truppen oder Wandertruppen aus den Niederlanden) einen erheblichen Einfluss auf die Entwicklung auch einer deutschen Wanderbühne im 17. Jahrhundert hatten. Die deutschen Höfe

9 Zur weiterführenden Erläuterung vgl. z. B.: *Multikulturalität in der Diskussion* (2008); Welsch (2010). Zum Nachschlagen kulturtheoretischer Begrifflichkeiten zudem empfehlenswert: *Metzler Lexikon Literatur- und Kulturtheorie* (2001).

wiederum waren französisch orientiert, so dass man beim Sprechtheater französische Schauspieltruppen bevorzugte und ansonsten einer Vorliebe für Opern frönte, wofür man sich italienische Sängerensembles hielt (vgl. Erken 2014, S. 147). Noch die Begründung einer geregelten, literarisierten deutschen Bühnenkunst in der Frühaufklärung, das große Projekt von Johann Christoph Gottsched, erfolgte unter Rückgriff auf Vorbilder aus dem Ausland, vor allem der französischen klassizistischen Dramatik. So lässt sich Interkulturalität in der Theater- und Dramengeschichte sinnvoll als Kulturtransfer durch die Übernahme und Abwandlung von Modellen sowie die Übersetzung und Bearbeitung von Texten verfolgen.

Motivgeschichtlich könnte man zwar auch die **Figur des Fremden** in den Blick nehmen, die seit der Antike immer eine Rolle gespielt hat, aber dies hat in der Regel nicht viel mit echter Interkulturalität zu tun. Das vermehrte Interesse am Fremden, das sich (durch den Kolonialismus befördert) etwa in der Dramatik des 18. Jahrhunderts zeigt, diente als Impuls eher für eine Auseinandersetzung mit den eigenen europäischen Werten. Dies unterscheidet sich kategorial von Praktiken eines dezidiert »postkolonialen Theaters«, das sich kritisch mit Prozessen und Effekten der gewaltsamen globalen Verflechtungsgeschichte auseinandersetzt (vgl. dazu Christopher Balme, in: *Metzler Lexikon Theatertheorie* 2014, S. 265–267, sowie Balme 2022).

Seit der Jahrtausendwende wird Interkulturalität auf dem Theater in zunehmendem Maße noch in anderer Weise diskutiert: als Forderung innerhalb der eigenen Gesellschaft. Dabei geht es weniger um Fragen des Transfers fremdkultureller Texte und Theatermodelle als vielmehr darum, sich den **Herausforderungen einer pluralistischen Gesellschaft** zu stellen, die von Migration geprägt ist. Noch 2011 konstatierte Wolfgang Schneider ein eklatantes Missverhältnis: Obwohl »[j]edes dritte Kind in Deutschland […] derzeit aus einer migrantischen Familie« komme, würden sich »gerade mal ein Prozent aller Kultureinrichtungen […] an migrantische Zielgruppen [richten]« (Schneider 2011, S. 10).

Die Frage nach einer stärkeren Rückbindung des Theaters an die Bevölkerung schließt die nach mehr Teilhabe von multiethnischen Künstlern bzw. »*artists of color*« (Sharifi 2016, S. 342 f.) an der Kunstproduktion mit ein. Im deutschen Raum ist dies mit dem Begriff des »postmigrantischen Theaters« verbunden, für das das 2008 mit neuer Ausrichtung eröffnete Ballhaus Naunynstraße in Berlin-Kreuzberg zum Vorreiter wurde. Der Begriff, den die damalige Leiterin **Shermin Langhoff** in Entlehnung aus dem angloamerikanischen Diskurs prägte, adressiert das künstlerische Schaffen von Nachfolgegenerationen früherer Zuwanderer: in Deutschland geborenen und aufgewachsenen Menschen, die zugleich durch die Familie einen mehrkulturellen Hintergrund haben.

Die Attribuierung als »postmigrantisch« ist durchaus fragwürdig, wenn dadurch eine Gruppe von Mitbürgern weiterhin auf einen Migrationskontext festgelegt wird, mit dem sie sich selbst gar nicht mehr identifizierten. Im engeren Bezug auf künstlerische Praxis aber macht die Bezeichnung durchaus Sinn. Denn mit der personellen Dimension geht eine **inhaltlich-ästhetische Perspektive** einher, so dass »postmigrantisches Theater« nicht nur sozialpolitisch definiert wird. Am Beispiel von Theaterschaffenden des Ballhaus Naunynstraße spezifiziert Sharifi, dass diese »in ihrer künstlerischen Arbeit einen anderen Blickwinkel auf Themen und Geschichten« einbringen (Sharifi 2011, S. 39).

> »Postmigrantisches Theater könnte im Sinne eines Austarierens von vermeintlichen Identitäten aufgefasst werden, die von der deutschen Gesellschaft oder von Eltern und Familie auferlegt werden, aber von postmigrantischen Künstlern und Kulturschaffenden neu definiert werden müssen. [...] Themen und Traditionen der deutschen Kultur und der Kultur der Familien müssen in einer neuen Art und Weise geschaffen und erzählt werden, weil die bisherigen Instrumente nicht ausreichen.« (Ebd., S. 43)

Es geht um »Geschichten, die sich als neue deutsche Geschichten verstehen« (ebd., S. 39), um Suchbewegungen und Sondierungen hinsichtlich Identität in einem Raum nicht klar bestimmbarer oder auch sich überlagernder Zugehörigkeiten.

Als typische Merkmale nennt Sharifi Elemente des Dokumentartheaters und den Einbezug von »Protagonisten aus den realen Zusammenhängen« sowie allgemein Verfahrensweisen, bei denen »Realität und Fiktion auf der Bühne« so »[z]usammenstoß[en]«, dass »gewohnte Denk- und Sehstrukturen« gebrochen werden (ebd.). Produktiv wird der Begriff des Postmigrantischen also diskurstheoretisch: im Sinne einer kritisch-reflexiven Auseinandersetzung mit Effekten der Migration. Hierin liegt ein wesentlicher **Unterschied zum migrantischen Theater**, das in der Bundesrepublik Deutschland im Umfeld der ersten Generation von ›Gastarbeitern‹ seit den 1960er Jahren (größtenteils jenseits des professionalisierten Theaterbetriebs) entstanden ist: mit Akteuren, die selbst migriert sind und in deren Produktionen primäre Erfahrungen der Migration und des Lebens im neuen Land verhandelt wurden (vgl. Sappelt 2007).

Ein anschauliches Beispiel für einen Theatertext, der im genannten Sinn postmigrantisch genannt werden kann, ist *Verrücktes Blut* (uraufgeführt 2010) von **Nurkan Erpulat** (dem ersten türkischen Absolventen der renommierten Ernst-Busch-Regieschule) und **Jens Hillje**. Das Stück, 2011 am Ballhaus Naunynstraße inszeniert und im selben Jahr von der Theaterzeitschrift *Theater heute* zum Stück des Jahres gewählt, greift Motive des französisch-belgischen Films *La Journée de la jupe* (2008) von Jean-Paul Lilienfeld auf, der an einer Pariser Vorstadtschule mit hohem Migrationsanteil und sozialen Problemen spielt, und transponiert das Setting in den deutschen Kontext: Der vorwiegend nordafrikanisch-arabische familiäre Hintergrund der Schüler wird zu einem türkischen an einer deutschen Brennpunktschule.

Es geht um eine Unterrichtsstunde über Theater, wobei statt Molière in *Verrücktes Blut* Schiller auf dem Lehrplan steht: Die Lehrerin Sonia Kelich, von der man erst spät im Stück erfährt, dass sie selbst einen Migrationshintergrund hat, versucht, der Klasse Stücke aus Schillers Sturm-und-Drang-Zeit (*Die Räuber*, *Kabale und Liebe*) sowie dessen theoretische Schrift *Über die ästhetische Erziehung des Menschen* (1795) nahezubringen. Zunächst kann sie sich kein Gehör verschaffen, aber als ihr im Gerangel um die Tasche eines Schülers eine Pistole in die Hände fällt, zwingt sie die Schüler mit Waffengewalt dazu, dem Unterricht zu folgen und Szenen aus den Schiller-Dramen zu spielen. Das Aufbegehren der jungen Generation in den *Räubern*, Misstrauen und Leidenschaft im Geschlechterbezug in *Kabale und Liebe* überlagern sich mit den Problemen der Jugendlichen in der Klasse. Die Spiel-im-Spiel-Konstellation wird zu einer Reflexion über Identität und Rollenverhalten in einer postmigrantischen Gesellschaft.

Die Pointe des Stücks ist dabei, dass es die Zuschauer mit ihren eigenen Erwartungen und Zuschreibungen konfrontiert. »In dem Stück geht es nicht um die Schüler. [...] In dem Stück geht es nicht um die Schule. In dem Stück geht es um den Blick darauf, es geht um das Publikum«, wird im einleitenden Nebentext betont (Erpulat/Hillje 2010, S. 49). Bevor die Handlung anfängt, vollzieht sich die Verwandlung der Schauspieler in ihre Figuren (durch Kopftuch, »Kanakengesten« u. Ä.) auf offener Bühne: »Einer nach dem anderen kommt als Privatperson an den vorderen Bühnenrand und wird dort zum Kanaken«, spezifiziert die Regieanweisung (ebd.).

Als postmigrantisch erweist sich dieser Theatertext durch die Figurenkonzeption und die inhaltliche Problematik, was durch die doppelte Brechung der Ebenen (Schauspieler nehmen »Kanaken«-Rollen ein, erst dann beginnt die Spielhandlung, innerhalb derer die handelnden Personen wiederum Figuren aus Schiller-Stücken spielen) produktiv irritiert wird. Das Beispiel verdeutlicht, was mit dem »Austarieren[] von vermeintlichen Identitäten« und einer »neuen Art und Weise«, in der »Themen und Traditionen der deutschen Kultur« (Sharifi 2011, S. 43) bearbeitet werden, gemeint sein kann.

4.5 Checkliste: Fragen zur historischen Kontextualisierung

- Wann ist der Theatertext entstanden? Was sind Grundtendenzen der Theaterästhetik in der Entstehungszeit? Kann man eine Epochentradition ausmachen?
- Passt die Form des Stücks zu einer solchen Epochentradition?
- Gibt es poetologische Äußerungen des Autors, die sich für eine Kontextualisierung nutzen lassen?
- Folgt der Theatertext den Grundbestandteilen eines ›aristotelischen‹ Theaters (Handlung, die sich über die Interaktion von Figuren vollzieht und die einer inneren Dramaturgie folgt)?
- Bricht er im Gegenteil mit Grundkonzepten einer solchen Theatertradition? Worin bestehen die Überschreitungen und wie radikal sind sie? Sind es Formen der Episierung und Illusionsbrechung, wie man sie mit Brecht beschreiben könnte? Kann man überhaupt noch eine dramatische Handlung ausmachen? Dient Sprache noch der Kommunikation? Wie wird mit Körperlichkeit umgegangen?
- Wird im Text der Einsatz anderer Medien erkennbar oder werden dokumentarische Materialien einbezogen?
- Wie ist das Verhältnis von Kunst und Wirklichkeit?
- Falls es sich um innovative Theaterformen handelt: Wie stehen diese zum Inhalt des Stücks?

5 Gattungen: Theorie und Praxis

Bestrebungen, literarische Formen zu klassifizieren und Gruppen zu bilden, haben eine lange Tradition. Eine solche Klassifizierung zielt nicht auf das Individuelle an einem Text, sondern auf gemeinsame Merkmale mit anderen Texten. Während der Begriff *Textsorte* ein übergeordneter Begriff ist, den man auf alle Texte, seien sie fiktional oder faktual (also auch auf Tagebuch, Zeitungsbericht, Rezension u. a.), anwenden kann, bezieht sich der Begriff *Gattung* ausschließlich auf literarische Texte (Roman, Novelle, Sonett usw.). Als literarisch gilt ein Text, wenn er die Kriterien der Fiktionalität und Poetizität erfüllt (vgl. Rühling 1996). Mit Gattungen bezeichnet man dabei größere Ordnungseinheiten wie die übergeordnete Gattungstrias Lyrik, Epik, Dramatik, aber auch Untergruppen: innerhalb der Dramatik die beiden zentralen Gattungen Komödie und Tragödie sowie weitere Unterteilungen, etwa das bürgerliche Trauerspiel. Bei den kleineren Untergruppen bietet sich an, von *Untergattung* oder *Genre* zu sprechen.[10]

Grundsätzlich unterscheidet man zwischen Gattungstheorie und Gattungsgeschichte. Die **Gattungstheorie** beschäftigt sich mit theoretisch-systematischen Fragen (vgl. Dieter Lamping, in: *Handbuch der literarischen Gattungen* 2009, S. XXII–XXIII). Dies kann sich einerseits im Feld der Poetiker abspielen, die flankierend zur literarischen Produktion ihrer Zeit versuchen, für bestimmte Gattungen Regeln aufzustellen (*normative Gattungspoetik*, wenn Vorschriften für ›richtige‹ Dichtung formuliert werden) oder abzuleiten (*deskriptive Gattungspoetik*, wenn die Dichtungspraxis beschrieben wird). Daneben gibt es auch die *spekulative Gattungspoetik*, die das ›Wesen‹ oder den ›Urtyp‹ einer Gattung zu bestimmen sucht (ein berühmtes Beispiel ist Goethes Schrift »Naturformen der Dichtung« von 1819).

Andererseits findet Gattungstheorie in unserem genuinen Tätigkeitsbereich, der Literaturwissenschaft, statt, die versucht, Ordnungsschemata im Blick auf Literatur zu entwickeln. Gegenstände literaturwissenschaftlicher Gattungstheorie sind grundsätzliche terminologische Fragen, allgemeine Kriterien zur Bestimmung von Gattungen sowie die Einteilung der Literatur in Gattungen. Eine literaturwissenschaftliche Aufgabe ist sodann, diese Gattungstheorie mit der Gattungsgeschichte zu vermitteln.

Die **Gattungsgeschichte** befasst sich mit der Sondierung eines historisch gewachsenen Feldes (vgl. Dieter Lamping, in: *Handbuch der literarischen Gattungen* 2009, S. XVI–XIX). Dabei lassen sich zwei Ansätze unterscheiden – je nachdem,

10 Im Englischen ist allerdings *genre* einfach die Übersetzung von »Gattung«.

ob die Vorstellung einer linear beschreibbaren Entwicklung leitend war (bei der man von einem Idealtypus der Gattung ausgeht, deren Anfang, Höhepunkt und Verfall man nachzeichnet) oder die Vorstellung eines dynamischen Wandels (bei dem Übergänge zu, Anleihen von und Verflechtungen mit anderen dramatischen Mustern wichtig genommen werden). Grundsätzlich kann Gattungsgeschichte nach den Formen und Verfahren fragen und auch nach den Zielsetzungen und Wirkungen im jeweiligen literar- und sozialhistorischen Kontext.

Was einfach klingt, kann in der Praxis schwieriger sein. Bereits bei der Zuordnung als literarische Gattung (nicht immer ist eindeutig zu entscheiden, ob ein Text als literarisch einzuordnen ist, z. B. bei autobiographischen Texten) oder auch bei der Differenzierung zwischen Gattung und Untergattung deutet sich an, dass es vielfach um Ermessensfragen geht. Ab wann ist eine Gruppe von Texten mit ähnlichen Merkmalen zu klein, um noch als (Unter-)Gattung ausgemacht werden zu können? Und welche Merkmale werden in Betracht gezogen? Grundsätzlich können **Gattungskriterien auf sehr verschiedenen Ebenen** liegen, was augenfällig wird, wenn man einige Beispiele gängiger Gattungssortierungen nebeneinanderstellt: Märtyrerdrama, heroische Tragödie, bürgerliches Trauerspiel, Rührstück, Volksstück, Posse, sächsische Typenkomödie, Stationendrama, Geschichtsdrama, Charakterdrama, Einakter usw. Denn hier stellt man fest, dass es ganz unterschiedliche – formale, thematische, personenbezogene oder wirkungsästhetische – Kriterien sind, die den jeweiligen Gruppenbildungen zugrunde liegen. Entsprechend kann ein Stück oft auch mehreren Gattungen zugeordnet werden. Ein Theaterstück zum Beispiel für das breite Volk, in dem es um kleinbürgerliche Alltagsgeschichten geht und das nur einen einzigen Akt hat, kann als Einakter und als Volksstück charakterisiert werden – je nachdem, ob man die Form oder den Inhalt bzw. Adressatenkreis im Blick hat.

Im Folgenden geht es zunächst um die beiden dramatischen Hauptgattungen Tragödie und Komödie. Nicht nur handelt es sich um ein literarhistorisch im Bereich des Dramas strukturgebendes Oppositionspaar, es liefert auch ein erstes Beispiel für die Verwobenheit von Gattungstheorie und Gattungsgeschichte. Im Anschluss werden allgemeine Überlegungen zur wissenschaftlichen Beschäftigung mit Gattungen und ein Modell für den praktischen Umgang mit Gattungsfragen bei der konkreten Dramenanalyse vorgestellt.

5.1 Die Gattungsdichotomie Tragödie/Komödie – und die ›Tragikomödie‹

Seit den Anfängen unserer Theatertraditionen in der griechischen Antike wird die Dramengeschichte gattungsbezogen von einer zentralen Dichotomie strukturiert, nämlich der von Tragödie (oder Trauerspiel) und Komödie (oder Lustspiel).[11] Jeder wird sofort eine Vorstellung mit dem Gegensatz verbinden. »The popular definition of tragedy is heavy drama in which everyone is killed in the last act, comedy being light drama in which everyone is married in the last act« – George Bernard Shaws Kurzfassung (in seinem Essay *Tolstoy: Tragedian Or Comedian?* von 1921) hat einiges für sich, bringt sie doch eine konventionelle Vorstellung auf den Punkt. Das scheinbar einfache Oppositionspaar erweist sich allerdings bei genauerem Hinsehen als umkämpftes Feld mit wechselnden Positionen und Verschiebungen im Laufe der Literaturgeschichte. Tragödie und Komödie sind »seit der Antike als gegensätzlich begriffen, aber im Einzelnen zu verschiedenen Zeiten unterschiedlich verstanden« worden (Asmuth 2016, S. 24).

Dennoch lassen sich gattungstheoretische Kriterien formulieren, wobei wir im Wesentlichen der instruktiven Übersicht von Asmuth folgen (ebd., S. 24–36). In den Abgrenzungen zwischen Tragödie und Komödie sind im Kern vier **Unterscheidungskriterien** auszumachen, die sich aus der Antike herleiten (mit zusätzlichen Prägungen durch »das System des feudalen Ständesystems«; ebd., S. 24). Sie betreffen das Personal, den Sprachstil, die Gegenstände der Handlung und den Ausgang. Asmuth nennt zudem noch – von Aristoteles hergeleitet – das Moralitätskriterium und das Historizitätskriterium. In der weiteren Entwicklung nach Aristoteles haben sie allerdings keinen vergleichbar hohen Stellenwert mehr. Sie lassen sich in der Zusammenschau (Ausführung folgt weiter unten) anderen Kriterien unterordnen.

Einer gattungstheoretisch klaren Systematik sind gattungsgeschichtlich variierende Bezugnahmen entgegenzuhalten – wie auch eine sich verändernde Praxis. Mit dem Übergang in die (frühe) Moderne in der Aufklärungszeit wurde das Feld deutlich flexibler, die **Gattungsdichotomie löste sich zunehmend auf**. Günter Saße konstatiert (2003, S. 338):

> »Gegen Mitte des 18. Jhs. verstärkt sich generell die Tendenz zum Gattungs-Synkretismus. Vor dem Hintergrund der Empfindsamkeit mit ihrer Positivie-

11 Asmuth erwähnt mit Verweis auf Hans Joachim Schrimpfs Untersuchungen zum Lustspiel, dass mitunter auch die Verwendung von fremdsprachlicher versus deutscher Bezeichnung zur Binnendifferenzierung eingesetzt wurde (vgl. Asmuth 2016, S. 31 f.), worauf wir als Spezialfall nicht näher eingehen. Wir verwenden hier die Begriffe Komödie und Lustspiel (bzw. Tragödie und Trauerspiel) dem allgemeinen Verständnis gemäß synonym.

rung des Gefühls als Quelle der Sittlichkeit nähern sich die von den klassizistischen Poetiken in Figurenbestand, Sprachgestaltung und Handlungsverlauf strikt getrennten Gattungen Komödie und Tragödie an.«

Neben dem bürgerlichen Trauerspiel ist dabei vor allem auf das (etwas früher entstandene) rührende Lustspiel zu verweisen (mit der englischen *sentimental comedy* als Vorbild und, mit noch größerem Einfluss, der französischen *comédie larmoyante*): »eine ›Komödie ohne Komik‹« (Saße 2003, S. 337), die mitleiderregende Handlungen im privaten Raum präsentiert, in der Regel versöhnlich endet und das Publikum im Rahmen einer bürgerlichen Tugendmoral rühren soll. Im deutschen Raum ist der erste wirkungsmächtige Vertreter des rührenden Lustspiels Christian Fürchtegott Gellert (1715–1769), seine Komödie *Die zärtlichen Schwestern* (1747) gilt als Paradebeispiel. Hinzuweisen ist auch auf eine mit dem 18. Jahrhundert beginnende Praxis, Stücke neutral als »Schauspiel« auszuweisen und damit ganz auf eine Zuordnung zum tragischen oder komischen Fach zu verzichten.

Wenn in der folgenden Übersichtstabelle für die traditionelle Gattungsdichotomie zwischen Tragödie und Komödie die vier wesentlichen Unterscheidungskriterien erläutert werden, so ist dabei einschränkend zu beachten, dass in den poetologischen Schriften nicht immer auf alle gleichermaßen Bezug genommen wurde. Es handelt sich um ein prinzipielles Repertoire, das im einzelnen historischen Fall relativierend und differenzierend zu erörtern ist (vgl. dazu die exemplarischen Beispiele in Kap. 4).

	Tragödie	**Komödie**
Standeskriterium (vgl. *Ständeklausel*)	Die Hauptfiguren sind von hohem Rang (Könige, Heerführer, Würdenträger, Heroen u. Ä.).	Alle Figuren sind von mittlerem oder niederem Rang.

Unter den Differenzierungskriterien nmmt die Ständeklausel die zentrale Position ein. Die Forderung, als tragische Hauptfiguren Heroen, Könige oder andere in der gesellschaftlichen Rangordnung hochstehende Persönlichkeiten vorzusehen, wurde wirkungsästhetisch mit der Interessantheit (Person von öffentlichem Interesse) und der Fallhöhe begründet: Der Sturz von einer anfänglich hohen Position (gemessen an der gesellschaftlichen Wertschätzung) ins Unglück steigere den Grad der Tragik. Vor dem Hintergrund des feudalistischen Ständesystems verbot sich andererseits, hohe Standespersonen als Gegenstand des (Ver-)Lachens in der Komödie darzustellen.

In der Antike wird bei Aristoteles mit den Personen explizit ein Moralitätskriterium verbunden (bei Asmuth als separates Kriterium aufgeführt; vgl. Asmuth 2016, S. 24, 26 f.): In der Tragödie seien (moralisch zu verstehen) bessere, in der Komödie schlechtere Menschen zu präsentieren, als sie im alltäglichen Leben vorkämen.

	Tragödie	Komödie
Stilkriterium	Der Stil (als konsequent einzuhaltende Sprachebene) ist erhaben, gemäß der antiken Rhetorik das *genus grande* (hoher Ton).	Der Sprachstil ist der des alltäglichen Umgangs (dem Personal entsprechend).

Die Verbindung des hohen Personals mit dem hohen Sprachstil und des Komödienpersonals mit der Sprache des Alltäglichen folgt letztlich bereits aus der antiken Rhetorik und deren Gebot der Angemessenheit: Die jeweiligen Redestile (*genera dicendi*) haben dem Gegenstand zu entsprechen.

	Tragödie	Komödie
Stoffkriterium	Die Gegenstände der Handlung sollen bedeutend und schwerwiegend sein (Staatsgeschäfte, kriegerische Auseinandersetzungen, Verrat, große Mordanschläge u. Ä.).	Behandelt werden Gegenstände von begrenzter Reichweite im privaten Raum und kleinen Beziehungsgefügen (Familienkonflikte und Heiratsangelegenheiten, Schalkheiten, Betrügereien u. Ä.).

In der Antike wird bei Aristoteles noch ein *Historizitätskriterium* genannt (auch dieses führt Asmuth als separates Kriterium auf; vgl. Asmuth 2016, S. 24, 26 f.): Im Gegensatz zur Komödie, die frei erfundene Handlungen und Personennamen präsentieren könne, solle die Tragödie auf einem verbürgten Stoff beruhen. Argumentiert wird mit der Glaubwürdigkeit, auf die es in der Tragödie ankomme. Als historisch belegt gilt in der Antike auch der Mythos.

	Tragödie	Komödie
Ausgangskriterium	Das Stück schließt tragisch.	Am Schluss steht ein Happy End.

Die Unterscheidung bezüglich des Endes ist die heutzutage wohl populärste, wiewohl sie in der Dramengeschichte nicht durchgehend diesen Rang hatte. Idealtypisch erhält die Verwicklung mit dramatischem Konflikt in der Tragödie den entscheidenden Glückswechsel vom noch möglichen positiven zum unausweichlich negativen Ausgang; das tragische Ende bildet die *Katastrophe*. In der Komödie verhält sich dies entsprechend umgekehrt (mit der positiven *Katastrophe*).

Mit allen Kriterien (Standes-, Stil-, Stoff- und bedingt auch Ausgangskriterium) ist der unterschiedliche Anspruch verknüpft, den man beiden Gattungen zugewiesen hat: Der moralisch-sittlich hohe Anspruch der Tragödie steht dabei der ›leichten‹ Komödie gegenüber, die zwar nicht ohne didaktischen Nutzen sein muss, dabei aber stärker auf Unterhaltung und Belustigung ausgerichtet ist.

Man sieht, dass der Kriterienkatalog weiter ausbaufähig ist. Die vier aufgeführten Kriterien sind von der Produktionsseite her gedacht. Man kann aus wirkungsästhetischer Perspektive zudem die beim Publikum erregten Gefühle (Jammer/Mitleid und Schrecken/Furcht in der Tragödie, Lachen in der Komödie) in den Kriterienkatalog aufnehmen (Wirkungskriterium).

	Tragödie	Komödie
Wirkungskriterium	Die Handlung soll beim Publikum Rührung (Mitleid mit unglücklichen Personen), Schrecken (Abschreckung vor Laster) oder Bewunderung (Vorbildfunktion edler Charaktere) bewirken.	Die Handlung regt vornehmlich zum Lachen an, wobei alle Grade von subtilem Vergnügen, kritischer Satire bis zum Verlachen einer offensichtlich unzulänglichen Figur denkbar sind.

Auch das Wirkungskriterium findet sich in den poetologischen Quellen, beginnend bei Aristoteles' Betrachtungen zur Katharsis und deren wechselhafter Aufnahme im Verlauf der Dramengeschichte (man denke etwa an Lessings Mitleidsdramaturgie).

Nicht immer aber erfolgen diese Betrachtungen zwecks Abgrenzung im Rahmen der Gattungsdichotomie. Ein eindrückliches Beispiel der expliziten Differenzbildung findet sich bei Johann Elias Schlegel. Zur Einteilung der verschiedenen »Arten von Schauspielen« betrachtet er in einer 1747 entstandenen (aber erst postum erschienenen) Schrift, ob sie »entweder das Lachen, oder ernsthafte Leidenschaften erregen« und ob »die Personen, ihrem Stande nach«, hohe oder niedrige sind. Er hält dabei nur für die Tragödie am Standeskriterium fest, indem er dazu die »Handlungen hoher Personen, welche die Leidenschaften erregen«, zählt, während er alle anderen Kombinationsmöglichkeiten (»Handlungen hoher Personen, welche das Lachen erregen«, »Handlungen niedriger Personen, welche die Leidenschaften erwecken«, »Handlungen niedriger Personen, welche das Lachen erwecken«, sowie »Handlungen hoher oder niedriger, oder vermischter Personen, welche theils die Leidenschaften, theils das Lachen erregen«) der Komödie zuschlägt (Schlegel [1747], S. 108).

In der Gewichtung und auch in der Auslegung der Kriterien gibt es in den historischen Debatten eine große Bandbreite, mitunter auch **Unschärfen und Widersprüche**. Exemplarisch für die »mancherlei Reibungen«, die Asmuth (2016, S. 28–36) ausführt, sei hier auf die besonders nachhaltige Spannung zwischen dem Standes- und dem Ausgangskriterium hingewiesen. Nicht nur führte das Bedürfnis des Adels, hohe Standespersonen nicht immer nur tragisch endend auf der Bühne zu sehen, zu diversen Mischformen an den Hoftheatern; auch die Aufwertung bürgerlich-familiärer Situationen als tragödienfähig und der hohen Gattung würdig (vgl. speziell das bürgerliche Trauerspiel) ist in diesem Kontext zu nennen.

Dies deutet erneut an, dass die Dramenproduktion nicht unbeeinflusst von gesellschaftlichen Prozessen zu denken ist. In der Dramenpoetik seit dem 18. Jahrhundert ist dies immer wieder auch explizit zum Argument gemacht worden. Man mag hier an die Plädoyers von Aufklärern und besonders auch Stürmern und Drängern denken, die für Dramenformen eintraten, die dem eigenen Publikum (standesbezogen, gelegentlich auch mit Blick auf den nationalen Volkscharakter) gemäß wären. Vermehrt argumentierte man zudem mit einem Wandel der Lebenswirklichkeiten, so dass man sich vom traditionellen Vorbild des antiken griechischen Theaters lösen müsse.

Vor diesem Hintergrund muss für die Gattungsdichotomie von Tragödie und Komödie noch ein wichtiger Aspekt angesprochen werden. Es geht um die Frage des inhaltlichen Kerns der beiden Gattungen: Dominiert der **Charakter** die Handlung oder ist es die **Situation**?

Seit Mitte des 18. Jahrhunderts wird dies als Unterscheidungsmerkmal zwischen den Gattungen in die Debatte einbezogen. Jakob Michael Reinhold Lenz markiert dabei eine Neubestimmung, indem er den Charakter als Zentrum der Tragödie ausruft und die Begebenheit der Komödie zuweist. Bei Lenz steht dies im Zusammenhang mit einer Emanzipation des Individuums: Habe der antike Mensch noch an die Übermacht des von Göttern verhängten Schicksals geglaubt, weswegen auch die Tragödienhelden nicht den Handlungsgang hätten bestimmen können, habe sich der moderne Mensch davon befreit. Entsprechend habe sich auch der Kern der Tragödie gewandelt: »Denn der Held allein ist der Schlüssel zu seinen Schicksalen« (Lenz [1774], S. 45). Als Voraussetzung einer solchen Haltung erkennt man die vorangegangene Aufklärung und in der Emphase des tätigen Subjekts den Hintergrund des Sturm und Drang.

Die Komödie erhält dagegen bei Lenz potentiell sozialkritische Züge, indem nicht das Individuum einem Verlachen preisgegeben wird, sondern Verhältnisse ins Zentrum rücken. Er akzentuiert dabei eine Gegenüberstellung der Gattungen: »Ganz anders ists mit der Komödie. Meiner Meynung nach wäre immer der

Hauptgedanke einer Komödie eine Sache, einer Tragödie eine Person« (Lenz [1774], S. 45). Zu beachten ist dabei allerdings Lenz' spezielle Auffassung von Komödie, die gängige Grenzziehungen überschreitet. Die Komödie hatte er als »Gemählde der menschlichen Gesellschaft« bezeichnet, das »nicht lachend werden« könne, wenn das Sozialgefüge ein ernstes sei (Lenz [1775], S. 191; vgl. Kap. 4.3.3).

Die Debatte um die Rangordnung zwischen den Charakteren und ihren Handlungen (selbstbestimmt oder nicht) bleibt in der Folge virulent und wird nicht immer für eine Oppositionsbildung zwischen Tragödie und Komödie ausgetragen, sondern beispielsweise auch für eine Differenzierung von Komödienarten wie bei Schiller und Goethe, die »Charakterstücke« und »Intrigenstücke« unterscheiden (vgl. für Hinweise auf weitere Positionen: Peter Langemeyer, in: *Dramentheorie* 2011, S. 28).

Interessant sind solche historischen Debatten mit ihren unterschiedlich gesetzten Akzenten nicht nur im engeren Sinne einer Kunsttheorie: Die Zuweisungen und Verschiebungen offenbaren, dass Gattungsfragen nicht nur ästhetische, sondern **weltanschauliche Dimensionen** beinhalten. Bei der Analyse eines Theatertexts lohnt es sich zu fragen, welches Menschenbild bzw. welche Sicht auf die gesellschaftlichen Verhältnisse sich aus der Art und Weise ableiten lässt, wie die Handlung voranschreitet und wie die Personen agieren oder ›agiert werden‹.

Und die Tragikomödie?

Von den Puristen unter den Poetikern verpönt, hat sich gerade der Zwischenbereich zwischen den beiden ›reinen‹, auf die Antike zurückgehenden Gattungen Tragödie und Komödie als produktives Experimentierfeld vielfältiger Art erwiesen. Entsprechend schwer ist dieses Feld gattungstheoretisch zu fassen – zumal auch Neuerungen im Bereich von Tragödie und Komödie, die deren engeren Gattungsrahmen aufweichen, als Mischformen diskutiert wurden. Lenz' anderes Verständnis von »Komödie«, die »nicht lachend« werden könne, wenn die gesellschaftlichen Verhältnisse ernst seien, ist dafür ein Beispiel (vgl. Kap. 4.3.3) oder auch das mit Gellert populär werdende rührende Lustspiel sowie das bürgerliche Trauerspiel. In seiner Polemik gegen die beiden Letzteren hatte Gottsched die Bezeichnung der »Tragikomödie« als Abwertung verwendet:

> »Noch andere wollen aus der beweglichen und traurigen Komödie, die von den Franzosen *Comedie larmoyante* genennet wird, eine eigene neue Art machen. Allein wenn es ja eine solche Art von Schauspielen geben kann und soll: so muß man sie nur nicht Komödien nennen. Sie könnten viel eher bürgerliche,

oder adeliche Trauerspiele heißen; oder gar Tragikomödien, als ein Mittelding zwischen beyden, genennet werden.« (Gottsched [1751], S. 643 f.)

Damit diskreditiert er unter einem Begriff verschiedene Formen der Abweichung, nämlich rührende (»bewegliche«) Komödien als Bruch mit dem Wirkungskriterium und »bürgerliche, oder adeliche Trauerspiele« (gemeint sind Stücke mit privat-familiärer Handlung) als Bruch mit dem Stoffkriterium und dem Standeskriterium (auch im Fall adliger Personen gegeben, wenn sie nicht als Standes- und hohe Amtspersonen auftreten). Bei Lessing liegt dagegen eine ganz andere Auffassung zugrunde, Stoff- und Standeskriterium verlieren bei ihm ihre Relevanz für die Trennung der Gattungen: auch der bürgerlich-private Raum gilt ihm als tragödienfähig.

Die historischen Debatten sind als Kampfplätze mit wechselnden Bezugsgrößen zu relativieren (einen kurzen allgemeinen Überblick gibt Landwehr 2003). Abhängig von der Strenge der jeweils zugrunde gelegten Gattungsnorm konnte schon die Prosaform (als Bruch mit dem Stilkriterium) ausreichen, um eine Tragödie nicht mehr als solche anzuerkennen.

Zum einen haben wir es also mit einem **Sammelbecken von Regelverstößen** zu tun. So stellt schon Guthke (1961, S. 12) fest, »daß seit der Antike allzuviel Verschiedenes als Tragikomödie etikettiert worden« sei (»etwa ernstes Drama mit glücklichem Ausgang, Stück mit sozial gemischtem Personenkreis, Nebeneinander von tragischen und komischen Figuren, Szenen usw.«). Jürgen Landwehr verweist in seinem Überblick zudem auf ältere Traditionen, Tragikomödie als Überbegriff für beliebte Dramenformen zu verwenden, für die es keine antiken Gattungsvorbilder gab (etwa das Geistliche Spiel in der Renaissance).

Zum anderen aber ist durchaus ein positives Bekenntnis zu einer dezidiert sich als Tragikomödie verstehenden Gattung auszumachen, eine »Propagierung des ›Gemischten‹ als Annäherung an die ›äußere‹, vor allem an die ›gemischte innere Natur‹ des Menschen« (Landwehr 2003, S. 664). Eine solche **bewusste Konzeption des Tragikomischen** entsteht erst im 18. Jahrhundert. Entsprechend konstatiert Guthke in seiner frühen Studie, die Tragikomödie im eigentlichen Sinne, nämlich ein »zugleich komisches und tragisches Drama« (und zwar »idealerweise von Anfang bis Ende«), sei »ein eindeutig ›modernes‹ Phänomen«, zu dem man »[v]or dem Ende der Aufklärung […] im allgemeinen nicht bereit« war (Guthke 1968, S. 7). Auch hier aber bleibe eine gattungstheoretisch klare Definition schwierig, schließlich werde die bereits jeweils für das Komische und für das Tragische »uferlose Diskussion« durch die Kombination noch potenziert (Guthke 1961, S. 12).

Gleichwohl lassen sich **verschiedene Formen der Kombination** beschreiben. Dazu ist danach zu fragen wo das Komische im Verhältnis zum Tragischen situiert ist, und ob es sich um ein wechselndes Nebeneinander handelt oder um eine integrale Verzahnung von Komischem im Tragischen und Tragischem im Komischen, bei der beides nicht mehr voneinander zu trennen ist.

Zentrales Moment ist in der Regel eine **Inkongruenz**:

- von Figur und Umfeld (eine an sich tragische Figur agiert im komischen Umfeld oder umgekehrt),
- von Figur und Folgen ihres Handelns (wenn z. B. eine komische Figur den tragischen Ausgang einer anderen verursacht oder umgekehrt),
- von Aspekten einer Figur (z. B. zwischen ihrer Intention und ihren Fähigkeiten) oder
- von konkurrierenden Welten (z. B. indem eine Figur sich in einem anderen Rahmen wähnt, als er tatsächlich vorliegt).

Guthke (1968, S. 88–90) erwähnt zudem den Fall eines grundlegend ironisch gefärbten Handlungsablaufs, der die Gesamtwirkung prägt, auch wenn es Charaktere von tragischer Größe sind, die in ihm agieren. Als deutschsprachige Beispiele dafür nennt er Arthur Schnitzlers *Die Mörderin* (postum 1932 erschienen), Karl Schönherrs *Narrenspiel des Lebens* (1918 erschienen) oder Ernst Tollers *Masse Mensch* (entstanden 1919).

Für die Analyse eines Dramas, das sich noch tendenziell klar einer der beiden Hauptgattungen zuordnen lässt, dabei aber Aspekte der Gegengattung aufweist, muss dagegen nicht gleich die Kategorie des Tragikomischen aufgemacht werden. Hier bietet sich an, sich an den oben aufgeführten Unterscheidungskriterien zwischen Tragödie und Komödie zu orientieren und darüber die Grenzüberschreitungen zu beschreiben und danach zu fragen, welche Wirkung und Funktion damit im Stückkontext verbunden sind. Relativierend ist dabei immer die Entstehungszeit mit ihren jeweils gängigen Konventionen zu berücksichtigen.

5.2 Gattungstheorie und Gattungsgeschichte: Probleme und Chancen

Was sind nun die Schwierigkeiten beim Umgang mit Gattungsfragen? Zunächst ist eine gewisse Willkürlichkeit zu konstatieren. Gattungsbezeichnungen sind letztlich **Vereinbarungen** im literarischen Feld (von Produzenten- und/oder Rezipientenseite) und im wissenschaftlichen Feld, die immer auch sozialen Dynamiken unterworfen sind. Generell ist dabei zu beachten, ob Gattungsbezeichnungen bzw. -zuordnungen in der Entstehungszeit der jeweiligen Werke **von den Autoren selbst** verwendet wurden oder erst **im Nachhinein** entstanden sind. Ein Fall wie das epische Theater ist einfach, weil es von Bertolt Brecht begründet und recht genau bestimmt wurde.

Das schon mehrfach angeklungene **Beispiel des bürgerlichen Trauerspiels** ist dagegen ein komplexerer Fall. In der Mitte des 18. Jahrhunderts, als die Gattung aufkam, war sie umkämpft, und die Bezeichnungen waren bei weitem nicht eindeutig. So konkurrieren Bezugnahmen auf Formales (die Überschreitung klassizistischer Regeln, speziell: Prosa statt Versform), auf Inhaltliches (Akzent auf dem Privaten, bei dem der Mensch im Mittelpunkt steht statt einer Standesperson oder eines Amtsträgers) oder auf das Wirkziel (Rührung statt Bewunderung). Wenn Johann Christoph Gottsched in der vierten Auflage seiner Poetik *Versuch einer Critischen Dichtkunst* (1751) von »bürgerlichen, oder adelichen Trauerspielen« spricht, meint er schlicht eine abzulehnende Mischgattung zwischen Trauer- und Lustspiel, während Gotthold Ephraim Lessing mit dem Untertitel »bürgerliches Trauerspiel« unter dem eigenen Stück (*Miß Sara Sampson*, 1755) den Menschen im privaten Bezug seiner Familie als tragödienfähigen Gegenstand behaupten will. Und während er damit eine Mitleidsdramaturgie verbindet, um sein Publikum zu bessern, setzt Lessings Zeitgenosse Johann Gottlob Benjamin Pfeil in seinem Stück *Lucie Woodvil. Ein bürgerliches Trauerspiel* (1756) gerade auf Abschreckung.

Angesichts der Bedeutungsbandbreite kann man zwar durchaus eine Tendenz ausmachen (nämlich eine Orientierung am Privatraum der Familie als Schauplatz des Tragischen und an einer natürlicheren Ausdrucksform), aber kaum eine darüber hinausgehende allgemein verbindliche Definition. Die homogene Gattungsvorstellung, die lange in der Literaturwissenschaft dominiert hat, beruht auf einer vereindeutigenden Zuschreibung im Nachhinein: mit Orientierung an Lessings Modell des empfindsamen bürgerlichen Trauerspiels. Erst seit den 1990er Jahren hat man die Verengung durch breite Quellenstudien wieder zu relativieren versucht (grundlegend wirkte Mönch 1993).

Gattungsbegriffe sind in ihren Definitionen also in der Entstehungszeit auch **wandelbar** und in der späteren wissenschaftlichen Auseinandersetzung durch neue Forschungsergebnisse mitunter zu korrigieren.

Insgesamt konstatiert Klaus Müller-Dyes, dass das »Gattungsproblem […] eines der ältesten und bis heute am heftigsten umstrittenen Probleme der Literaturwissenschaft [ist], mit dem nicht zuletzt auch die Frage nach ihrer Wissenschaftlichkeit berührt wird« (Müller-Dyes 1996, S. 323). Von Kritikern ist – durchaus mit einiger Berechtigung – darauf hingewiesen worden, dass man mit Gattungseinteilungen der Formenvielfalt der einzelnen Kunstwerke nicht gerecht würde. Der Vorwurf ist der einer artifiziellen nachträglichen ›Schubladisierung‹ (vgl. Zymner 2003, S. 37). Dennoch sind Gattungen ein unabdingbares Bedürfnis des Literaturbetriebs: Sie dienen der **Systematisierung** (etwa aus wissenschaftlicher Perspektive) und der **Kommunikation**, indem sie den Autoren eigene Bezugnahmen und Verortungen ermöglichen und dem Publikum durch eingeübte Muster die Rezeption erleichtern. Entsprechend betont Rüdiger Zymner, es könne nicht darum gehen, solche Klassifikationen *per se* abzulehnen, sondern es gelte, »die kulturell eingeübten und tradierten Regeln der Sprachspiele« zu untersuchen, »in denen man über Gattungen spricht« (ebd., S. 59):

> »Gattungen sind ohne Frage Konstrukte oder Konventionen, darin aber zugleich auch historisch-soziale Institutionen. [...] Als historisch-soziale Institutionen sind literarische Gattungen eine Form von Sinngebungsmuster, die eine ordnende, stabilisierende und auch entlastende Funktion haben. Sie ordnen und stabilisieren die ›Welt der Literatur‹ und sie entlasten (Autoren wie Leser) dadurch, daß sie bestimmte Erwartungen und Ansprüche erfüllen.« (Ebd., S. 149)

Ein solches historisch sensibles Verständnis von Gattungen kann auch Wandlungsprozesse berücksichtigen sowie affirmative Bezugnahmen und subversive Überschreitungen, die Texte mit den ihnen beigegebenen Gattungsbezeichnungen enthalten können. Neben einer *Gattungsgeschichte als Strukturgeschichte* (welche Formen und Verfahren können beschrieben werden?) ist auch eine *Gattungsgeschichte als Funktionsgeschichte* (welche Wirkungen und ggf. Absichten sind mit Gattungsbezügen verbunden?) relevant. Hier sind die jeweiligen kulturellen und sozialen Kontexte einzubeziehen, in denen ein Stück entstanden und erschienen ist, um zu ergründen, welche gesellschaftlichen Signale von bestimmten Gattungskonventionen ausgegangen sind. Bei der Funktionsgeschichte, so hat es Hans-Robert Jauß formuliert, geht es um die »Frage nach der Realität der literarischen Gattungen im geschichtlichen Alltag oder nach ihrer gesellschaftlichen Funktion« (Jauß 1972, S. 129).

5.3 Gattungsanalyse in der Praxis

Bevor an einem konkreten Fallbeispiel vorgeführt wird, wie produktiv solche Gattungsbezüge für die Analyse eines Dramas sein können, soll zunächst ein theoretisches Beschreibungsmodell referiert werden, um die verschiedenen Aspekte, die gattungstheoretisch und gattungsgeschichtlich untersucht werden können, zu systematisieren.

In ihrem **Kompaktmodell** schlagen Marion Gymnich und Birgit Neumann (2007) vor, für das Potential, das der Gattungsbezug eines Texts entfalten kann, drei Ebenen zu untersuchen, eine des Textes, eine des kulturell-historischen Kontexts und eine der Rezeption, und nach Wechselwirkungen zwischen diesen Ebenen zu fragen.

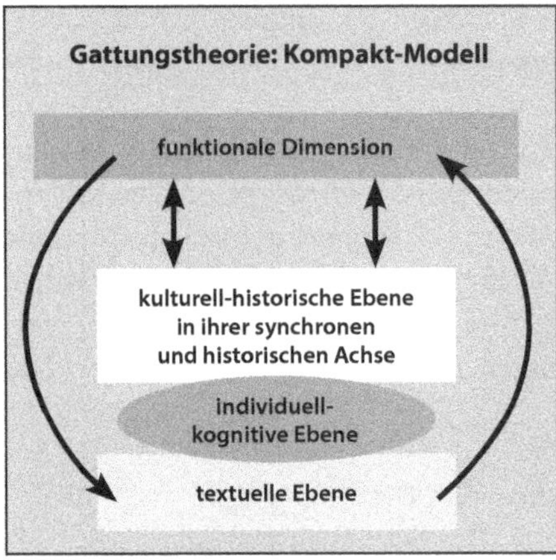

- *funktionale Dimension:* Funktionspotenzial einer Gattung im Wechselspiel der drei Ebenen
- *kulturell-historische Ebene:* Anknüpfung an zeitgenössische Diskurse und ein in der Zeit präsentes kulturelles Archiv
- *individuell-kognitive Ebene:* Aktualisierung von Gattungserwartungen in der Rezeption
- *textuelle Ebene:* gattungsbezogene Merkmale in den Texten

Abb. 17: Kompaktmodell (nach Gymnich/Neumann 2007, S. 31–52)

Die erste Ebene ist konkret textbezogen: die **textuelle Ebene**. Hier geht es um Merkmale, die sich in den Texten ausmachen und miteinander vergleichen lassen. Aufgrund von signifikanten Ähnlichkeiten inhaltlicher und formal-struktureller Art können Gruppenzugehörigkeiten bestimmt werden. Der sich dabei herauskristallisierende Satz von Merkmalen sollte eine gewisse Flexibilität aufweisen und nicht zu starr fixiert werden, um dem dynamischen Wandel von Gattungen Rechnung tragen zu können. Gymnich und Neumann (2007, S. 37) schlagen mit Rekurs auf Ray Jackendoff vor, bei den Merkmalen zwischen *konstitutiven Merkmalen*, die den Kern der Gattung bedingen und notwendigerweise gegeben sein müssen, und *typischen Merkmalen*, die zwar häufig vorkommen, aber nicht zwingend sind, zu unterscheiden. Im diachronen Blick kann sich ein Wandel der Merkmalsmatrix abzeichnen, wobei, wie Gymnich und Neumann (2007, S. 38) hervorheben, »Veränderungen im Prinzip nur im Hinblick auf die typischen Merkmale möglich sind, denn andernfalls entsteht eine neue (Sub-)Gattung«.

Die zweite Ebene ist die **kulturell-historische Ebene**, die man *synchron* und auch *diachron* betrachten kann. Dabei wird tragend, dass Gattungen im Umfeld von gesellschaftlichen Prozessen entstehen und dabei kommunikative Aufgaben erfüllen. »Als historische ›Antworten‹ reagieren Gattungen mit literarischen Mitteln auf spezifische Herausforderungslagen und kulturell prävalente [vorherrschende] Sinnbedürfnisse«, wobei sie »nicht nur kulturell geprägt, sondern auch kulturell prägend« sind (ebd., S. 39). Denn Gattungen liefern sinnstiftende Deutungsmuster, die wiederum bezugsfähig werden. Hier geht es darum, das »dialogische Verhältnis zwischen Literatur und Kultur« auszuloten und Verbindungen zu inner- und auch außerliterarischen Diskursen der Zeit mit ihren Normen und Werten herauszuarbeiten. Dabei kommt auch das Wechselspiel zwischen Gattungen zum Tragen. »Gattungen definieren sich wesentlich in ihrem Zusammenspiel – durch die Abgrenzung, Überbietung, Aneignung von und Konkurrenz mit koexistierenden Gattungen und deren konstitutiven und typischen Merkmalen« (ebd., S. 42).

In der *diachronen Perspektive* ermöglicht dies zugleich einen Einblick in gesellschaftshistorischen Wandel. Gattungen können auch ihre Bedeutung verlieren und andere an ihre Stelle treten. Mit Wilhelm Voßkamp betonen Gymnich und Neumann (ebd., S. 43), dass sich »die Herausbildung literarischer Gattungen als Prozess der Auskristallisierung, Institutionalisierung und Entinstitutionalisierung dominanter Strukturen« beschreiben lässt. Dabei kann es zu (affirmativ erneuernden oder kritischen gegen den Strich lesenden) Re-Aktualisierungen älterer Gattungen kommen.

Dazwischen liegt eine dritte Ebene, die die *zeitgenössischen Rezipienten* einbezieht: die **individuell-kognitive Ebene**. Hierunter verstehen Gymnich und Neumann die Aktivierung der gattungsbezogenen Wirkungspotenziale durch ein reales Publikum. Dieses Publikum steht in einem konkreten kulturellen, sozialen und historischen Kontext, aus dem heraus es den konkreten Text (ggf. auch aufgeführt auf einer regional lokalisierten Bühne) rezipiert. Gattungsmuster »konstituieren sich erst im Dialog mit ihren Rezipienten«, in Abhängigkeit von dem »jeweils kulturell prävalenten Wissen, von den Kenntnissen, Erwartungshaltungen und Dispositionen« (ebd., S. 45). Dabei ist von einer Wechselwirkung auszugehen: Über die eigene Erwartung und das Vorwissen wird die Lektüre des Textes gelenkt, und gleichzeitig beeinflussen die literarischen Muster, wie sie der Text vermittelt, das Weltverständnis des Rezipienten.

Mit der Bezeichnung als individuell-kognitive Ebene spielen Gymnich und Neumann darauf an, dass von der kognitiven und narrativen Psychologie (gestützt auf empirische Untersuchungen) literarische Gattungsmuster in ihrem Einfluss auf Denk- und Wahrnehmungsweisen ernst genommen werden: »als (ideale) Schemata, die über unser Wissen von literarischen Welten hinaus auch die Interpretation und Aneignung ›realer‹, d. h. außerliterarischer Erfahrungen prägen können« (ebd., S. 46).

Bei der Analyse eines älteren Dramas ist wichtig, von einer heutigen Lektüre zu abstrahieren und die Rezeption zu historisieren. Ein Glücksfall sind überlieferte Rezeptionszeugnisse, aber auch wenn die Quellenlage das nicht hergibt, sind Rückschlüsse auf ein anzunehmendes Publikum möglich (z. B. über den Publikationsort und die Verbreitung: Druckauflagen, Theateraufführungen). Dies schließt auch die Produktionsseite mit ein: Bei der Analyse kann man sich fragen, welches Publikum mit dem Text und seinem Gattungsbezug adressiert werden sollte.

In einem vierten Schritt enthält das vorgeschlagene Kompaktmodell noch die Betrachtung einer **funktionalen Dimension**, die alle drei Ebenen miteinander verbindet. Gefragt wird dabei nach den Funktionen, die die Gattungszuordnung bei einem Text erfüllt. Mit Harald Fricke unterscheiden Gymnich und Neumann (ebd., S. 47) zwischen *internen Funktionen* – »d. h. der Relation textueller Elemente zueinander« – und *externen Funktionen* – »d. h. der Relation eines literarischen Textes oder seiner Elemente zum außerliterarischen Kontext«. Wie werden die Gattungsmerkmale im Text selbst mit Bedeutung aufgeladen und wie bettet sich das in sozialgeschichtliche Zusammenhänge der Entstehungszeit ein? Der Zielpunkt richtet sich auf das Funktionspotential einer Gattung; im Fall des bürgerlichen Trauerspiels zum Beispiel geraten so die Emanzipationsbestrebungen einer sozialen Klasse in den Blick. Ein solches Funktionspotential lässt sich aber auch im Einzelfall für einen konkreten Text ausdifferenzieren.

Ein Untersuchungsbeispiel

Zur Veranschaulichung kommen wir noch einmal auf das bürgerliche Trauerspiel zurück. 1793, in der Hochphase der Französischen Revolution, erschien das Theaterstück *Ludwig Capet, oder Der Königsmord* des hessischen Autors und Offiziers Ernst Karl Ludwig Ysenburg von Buri (1747–1806) über die Hinrichtung des abgesetzten französischen Königs Ludwig XVI. Dargestellt werden die letzten Tage Ludwigs im Arrest, gerahmt von den vergeblichen Bemühungen des redlichen Grafen de la Tour, das Todesurteil abzuwenden. Die fiktive Figur des Grafen wird dabei zur Identifikationsfigur für das Publikum, die Textintention entspricht seiner Perspektive. Die Tötung Ludwigs erscheint als Unrecht, worauf schon der zweite Teil des Doppeltitels (*Der Königsmord*) hindeutet.

Als Gattungsmodell für einen solchen Stoff hätte sich das Herrscherdrama als heroische Tragödie angeboten (Fürstensturz als tragische Handlung, hohes Personal und hoher Ton, Konflikt mit politischer Dimension); angesichts der Gestaltung Ludwigs in christlich-religiöser Opferhaltung aber auch als deren Variante, der Märtyrertragödie (etwa im Sinne von Gryphius' *Ermordete Majestät Oder Carolus Stuardus König von Groß Britanien*). Stattdessen schreibt der Autor sein Stück explizit in einen anderen Gattungskontext ein: Im Untertitel weist er es als »bürgerliches Trauerspiel« aus.

Das ist ein irritierender Bruch mit den Konventionen, denn sowohl das Personal als auch der genuin politische Stoff des zeithistorischen Falls (Umsturz der politischen Ordnung) passen nicht zum bürgerlichen Trauerspiel. Damit wird der König aus dem politischen in einen privaten Kontext gerückt (zur kontroversen Ausdeutung des Gattungsbezugs in der Forschung vgl. Weiershausen 2018, S. 395–397). Tatsächlich zeigt Buri ihn als liebenden Familienvater, und auch der Stil entspricht dem empfindsamen, nicht dem heroischen Modus. Besonders deutlich wird die Umkodierung in einer Rührszene, als Ludwig sich von seiner Familie verabschiedet: Eingebracht werden Originalzitate aus dem historischen Testament (der Autor betont in der Vorrede die Verwendung echter Quellen – sozusagen Aspekte eines ›dokumentarischen‹ Dramas *avant la lettre*), die im empfindsamen Ton abgewandelt werden.

Mit dem Kontextwechsel ändert sich aber auch die Grundaussage der Parteinahme: Nicht für Ludwig als König wird Partei ergriffen – seine (fehlerhafte) Regentschaft, so wird auch vom Grafen de la Tour konstatiert, ist beendet –, sondern für den Menschen, der reuig und guten Herzens ist und seiner Familie nicht so grausam entrissen werden sollte. Der Graf dagegen, der auf dem Boden einer bürgerlichen Wertemoral steht, wird als verantwortungsbewusst Handelnder präsentiert, der verschiedentlich Ratschläge zu einer besseren Regierungsweise gegeben hatte.

Der moralischen Grundierung ist eine nationalchauvinistische Wertung unterlegt: Das revolutionäre Frankreich erweist sich als Hort politischer Intrigen und menschlicher Barbarei. Nach der Hinrichtung von Ludwig (geschildert als Botenbericht), verkauft der Graf seinen Besitz, um mit der Familie zu den biederen Deutschen zu ziehen, die keine höfisch verfeinerten Sitten haben, aber mitmenschlich fühlend und verlässlich sind.

Der Gattungsrahmen des bürgerlichen Trauerspiels hat hier eine sozialpolitische und nationale Dimension, indem es als Medium einer bürgerlich-empfindsamen Wertemoral gegen ein politisch in Unruhe geratenes Frankreich ins Feld geführt wird. Während in einem Stück wie Lessings *Miß Sara Sampson* die – zu dem Zeitpunkt überhaupt erst zu konsolidierende – Gattung aus dem Sujet erwuchs (Tugendproblematik im familiären Rahmen), kann Buri mit dem Untertitel »bürgerliches Trauerspiel« eine Ende des 18. Jahrhunderts bereits eingeübte Erwartung beim Publikum aktivieren und zum Thema des Stücks einen inhaltlich-moralischen Kontrapunkt setzen, der im kontrastiv angelegten Spiel mit den bekannten Gattungsmustern markant inszeniert wird.

Im Sinne des Kompaktmodells wäre dies folgendermaßen zu systematisieren: Auf der **textuellen Ebene** sind die im Text vorhandenen Gattungsmerkmale des bürgerlichen Trauerspiels herauszuarbeiten. Der private Raum der Handlung kann hier als konstitutives Merkmal genannt werden sowie als typische Merkmale der empfindsame Stil und die Mitleidsdramaturgie als Wirkungsstrategie des Texts. Auf dieser Ebene sind bereits Brüche festzustellen, die im öffentlich-politischen Kontext der äußeren Handlung begründet sind und sich auch im Wechsel der Schauplätze niederschlagen: Neben abgeschlossenen Räumen des Privaten (Haus des Grafen, Kerkerraum im Temple [bei Buri »Tempel«]) spielt die Handlung auch in Räumen der politischen und öffentlichen Sphäre (so im Nationalkonvent und auf dem Caroussel-Platz, der für die Hinrichtung vorbereitet wird).

Auf der **kulturell-historischen Ebene** ist die Verbindung zum Empfindsamkeitsdiskurs und zur historischen Semantik der Familie zu ziehen wie auch zur Debatte über die Französische Revolution, die im deutschen, feudalistisch regierten Herrschaftsraum virulent geführt wurde.

Auf der **individuell-kognitiven Ebene** kann zunächst einmal aufgrund der schlechten Quellenlage keine Aussage darüber getroffen werden, ob das Stück tatsächlich aufgeführt wurde. Immerhin berichtet der Autor in der Vorrede von der beim Publikum erfolgreichen Aufführung seines vorangegangenen Stücks über die Erstürmung der Bastille, das aber sogleich von der Zensur verboten worden sei. Man kann für sein zweites Revolutionsdrama also auch von einem gesteigerten Interesse der Öffentlichkeit und zu erwartenden (wenngleich vom Stück her nicht gerechtfertigten) Vorbehalten der Obrigkeit ausgehen und jedenfalls davon, dass es eine politisch aufgeheizte Stimmung traf. Aufgrund der Anlage des Stücks und des Hintergrunds seines Verfassers (Buri stammte aus einer ursprünglich bürgerlichen, 1753 geadelten Familie) lässt sich bezüglich des Adressatenkreises ein deutsches Publikum der gehobenen Mittelschicht, auch in Nähe zur Obrigkeit vermuten, das mit der Gattungsfolie des bürgerlichen Trauerspiels besonders angesprochen werden konnte. Das **Funktionspotential** ist sodann, wie oben skizziert, im Spannungsfeld einer Gattungsfolie auszuloten, die in neuer und herausfordernder Weise national und politisch aufgeladen wird.

Das Beispiel zeigt, dass man Gattungskonventionen als Kommunikationsmittel im literarhistorischen System betrachten kann und nicht als starr definierte Schablonen. Eine Festlegung der Gattung auf thematisch »durchgängig […] familiäre

Konflikte« und »Auseinandersetzungen innerhalb einer mittleren, sozial kaum je näher gekennzeichneten Gesellschaftsschicht« (Rochow 1999, S. 10) vermag zwar einen Kern der Gattung, nicht aber die Dynamik der Bezüge, wie sie im Beispiel vorliegen, zu erfassen. Eine rein systematische Gattungstheorie kommt hier an ihre Grenzen, während eine flexiblere historische Gattungstheorie, die Gattungen als Bezugsgrößen mit Regeln, aber damit zugleich Variationsspielräumen in einem lebendigen Literaturbetrieb begreift, das Potential heben kann.

Es lässt sich festhalten:

- Gattungen wirken stabilisierend, sind aber auch veränderlich.
- Sie können programmatisch in ihrer Entstehungszeit proklamiert oder im Nachhinein rekonstruiert werden.
- Sie funktionieren in einem kulturell-historischen Kommunikationszusammenhang (was für die Entstehungszeit ebenso wie eine spätere Rezeption gilt).
- Zu ihrer Analyse ist ein gemischter Ansatz nötig: systematisch und historisch.

5.4 Checkliste: Fragen zum Gattungsbezug bei der Dramenanalyse

- Wurde dem Theatertext eine Gattungsbezeichnung mitgegeben (im Untertitel, in einem Vorwort oder in anderer Weise)?
- Wenn ja: Welche Erwartungen weckt sie? Steht sie im Einklang mit zeitgenössischen Dramenkonventionen oder geht mit ihr eine Neuerung, eine Irritation, womöglich sogar Provokation einher?
  Passt sie zur Handlung des Stücks bzw. zu seinem Darstellungsstil oder wird eine Diskrepanz und damit ein Spannungsverhältnis erzeugt (z. B. wenn eine Komödie angekündigt, in der Handlung aber das tragische Scheitern der Figuren vorgeführt wird)?
- Wenn nicht: Lässt sich eine klare Gattungsverortung vornehmen?
  Hat sich die Gattungszuordnung im Verlauf der Rezeptionsgeschichte des Stücks verändert (falls ja, warum)?
- Gibt es theoretische Äußerungen des Autors, die zur Gattungsfrage des Stücks beitragen?
- Was gewinnt man aus Überlegungen zur Gattung für die Interpretation des Stücks?

6 Dramenanalyse in der Literaturwissenschaft

6.1 Ein Blick zurück: Drei Analyse-Ansätze aus dem 19. und 20. Jahrhundert

Bevor eine Übersicht über aktuelle Grundlagenwerke zur Dramenanalyse gegeben wird, soll noch ein Blick auf die ältere Literaturwissenschaft geworfen werden: auf drei bis heute rezipierte Ansätze aus dem 19. und 20. Jahrhundert. Die Schlaglichter zeigen, wie unterschiedlich dabei vorgegangen werden kann – und dass auch die Wissenschaft nicht zeitunabhängig ist und ein kritisches Hinterfragen der jeweiligen Kontexte angebracht ist.

Obwohl Gustav Freytags Spannungsdreieck (»pyramidaler Bau«) bis heute im Schulunterricht zitiert wird, ist es eigentlich nicht als neutrales Analysewerkzeug geeignet, weil es eine eigene (vor dem Hintergrund einer idealistischen Philologie im 19. Jahrhundert entwickelte) Modellvorstellung absolut setzt. Demgegenüber liefert Volker Klotz' Gegenüberstellung zweier dramatischer Idealtypen von »geschlossener« versus »offener Form« (erschienen 1960) durchaus eine hilfreiche Orientierung für Beschreibungszwecke, muss aber als möglicher Kriterienkatalog verstanden und bei der Analyse eines realen Dramas relativierend verwendet werden. Peter Szondi argumentiert von einem dialektischen Ansatz her und erklärt Änderungen in den Formen modernen Theaters (das er aufgrund der Entstehungszeit seiner Studie nur bis 1950 betrachtet) aus sich verändernden Inhalten heraus.

Alle drei Autoren nehmen bei einer klassizistischen Regeldramatik ihren Startpunkt, dies aber in sehr unterschiedlicher Ausprägung. Während diese bei Freytag die Grundlage seines Idealmodells bildet, über das er nicht hinausgeht, ist sie bei Klotz eine Seite seines klassifikatorischen Systems zweier entgegengesetzter Stiltypen, und Szondi beschreibt in ihr eine geschichtliche Stufe des Einklangs von Form und Inhalt des Dramas, was sich wandelt. Ein normativer Ansatz steht einem idealtypisch-analytischen und einem historischen gegenüber.

6.1.1 Gustav Freytag: *Die Technik des Dramas* (1863)

Gustav Freytag (1816–1895) war ein Schriftsteller, Journalist und Kulturhistoriker, der sich auch politisch engagierte. Sein literarisches Schaffen (im Umfeld von Vormärz und Biedermeier) umfasst Gedichte, Dramen und Romane, wobei sein wohl bekanntestes Werk der mehrbändige Roman *Soll und Haben* (1854) ist.

Die Aufnahme seiner dramentheoretischen Schrift *Die Technik des Dramas* als

Standardwerk der Dramenanalyse beruht eigentlich auf einem Missverständnis, denn es handelte sich um den **Entwurf eines idealtypischen Modells** als Vorbild für Dramatiker. Genaugenommen müsste der folgende Abschnitt also passender im Bereich der Dramenpoetik eingeordnet werden. Wenn wir ihn hier im Bereich der wissenschaftlichen Analyseansätze aufführen, so hat dies seinen Grund allein in der Rezeption des Werks. Entsprechend stellt Peter Langemeyer (in: *Dramentheorie* 2011, S. 342) klar: »Wie es der Titel des Werkes bereits andeutet, soll *Die Technik des Dramas* kein ›ästhetisches Handbuch‹ sein, sondern eine handwerkliche Anleitung zum Schreiben von Bühnenstücken«. Freytags Modell orientierte sich dabei keineswegs an der Breite vorhandener Dramatik, sondern an einem speziellen Ausschnitt: dem »Konfliktdrama der ›Klassiker‹« (ebd., S. 343). Es sei, so Fritz Martinis recht harsches Urteil, ein »gescheiterte[r], epigonale[r] Versuch, eine handwerkliche Theorie der Kunstform regelhaft festzulegen« (Martini 1961).

Den bemerkenswerten Erfolg, der dem Buch »durch Jahrzehnte ein pädagogisch geradezu kanonisches Ansehen« bescherte, führt Martini darauf zurück, dass »seine systematisierende Nüchternheit dem Bedürfnis nach einer Schematisierung der Kunstform entgegenkam« (ebd.). Auch der **Darstellungsstil** Freytags mag dazu beigetragen haben, denn er suggeriert eine Allgemeingültigkeit, wobei unstrittige Eigenschaften der Gattung mit eigenwilligen Setzungen verzahnt werden. Dass das Drama »in einer Handlung durch Charaktere, vermittelst Wort, Stimme, Geberde« »Seelenprozesse« darbringt (Freytag 1863, S. 91), ist ein solcher unstrittiger Befund. Wenn es dabei aber ausschließlich um den Menschen der Tat geht, offenbart sich, dass nicht die Allgemeinheit aller Dramen zur Debatte steht, sondern der spezifische **Typus eines Charakterdramas hohen Stils**. Zeitgenössische Neuerungen in Form oder Inhalt (wie etwa das zeitkritische Sozialdrama) werden nicht avisiert. Das Drama solle dem Publikum »die stolze Freude« einer Welt bereiten, die »den idealen Forderungen entspricht, welche Gemüth und Urtheil der Hörer gegenüber den Ereignissen der Wirklichkeit erheben« (ebd., S. 79), und es mit einem »freie[n] Wohlgefühl nach großen Aufregungen« (ebd., S. 78) entlassen.

Für ein solches idealistisch geprägtes Drama legt er einen **symmetrischen und geschlossenen Bauplan** vor, wobei er vom Gegensatz als leitendem Prinzip ausgeht (»Ausströmen und Einströmen der Willenskraft, [...] Kampf und Gegenkampf«, ebd., S. 91), der zu einer Einheit gefasst werden müsse. Er übersetzt dies in einen »**pyramidalen Bau**« (ebd., S. 100) in spiegelbildlicher Anordnung mit mittig gesetztem Kipppunkt: »Diese Mitte, der Höhepunkt des Dramas ist die wichtigste Stelle der Construktion, bis zu ihm steigt, von ihm ab fällt die Handlung« (ebd., S. 92). Die Handlung enthalte fünf Teile (Einleitung, Steigerung, Höhepunkt, Fall oder Umkehr, Katastrophe), denen im besten Fall auch die Akte entsprächen: »[K]ein Zufall« sei die »Fünfzahl der Akte«, auf die »[s]chon die römische Bühne« gehalten habe, die aber erst mit der Herausbildung der »modernen Bühne bei Franzosen und Deutschen« (gemeint ist der französische Klassizismus und die Regulierung des deutschen Theaters in der Aufklärung) fixiert worden sei (ebd., S. 169).

Dabei räumt er eine Konzession ein: Bei »kleineren Stoffen und kurzer Behandlung« könne dies auch in weniger Akte zusammengezogen werden, müsse dabei aber die Handlungspyramide abbilden: »Immer müssen die drei Momente: Beginn des Kampfes, Höhepunkt und Katastrophe, sich stark voneinander abheben, die Handlung läßt sich dann in drei Akten zusammenfassen. Auch bei der kleinsten Handlung, welche in einem Akte verlaufen kann, sind innerhalb desselben die fünf oder drei Teile erkennbar« (ebd.).

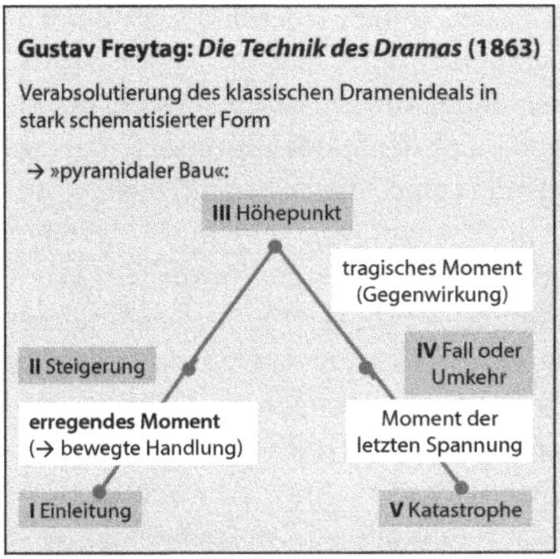

»Diese Theile des Dramas a) Einleitung, b) Steigerung, c) Höhepunkt, d) Fall oder Umkehr, e) Katastrophe, haben jeder Besonderes in Zweck und Struktur. Zwischen ihnen stehen einige wichtige scenische Wirkungen, durch welche die Theile sowohl geschieden als auch verbunden werden. Von diesen dramatischen Momenten steht eines, welches den Beginn der bewegten Handlung bezeichnet, zwischen Einleitung und Steigerung, das zweite, der Beginn der Reaction, zwischen Höhepunkt und Umkehr, das dritte, welches vor Eintritt der Katastrophe noch einmal zu steigern hat, zwischen Umkehr und Katastrophe. Sie heißen das erregende Moment, das tragische Moment, das Moment der letzten Spannung. Das erste ist […] nöthig, das zweite ist eine große Wirkung, […] aber nicht unentbehrlich […], das dritte ist ein kurzes Hülfsmittel.«

(Freytag 1863, S. 100 f.)

Abb. 18: Gustav Freytags Handlungspyramide

Es bleibt zu betonen, dass es nicht Freytags Anliegen war, ein Passpartout für die Analyse jedes Dramas bereitzustellen, sondern ein (aus seiner Sicht perfektes) Modell für die Produktion. Es kann also nicht darum gehen, ein beliebiges vorliegendes Stück nach diesem Muster zu analysieren. Mit aller Vorsicht kann man immerhin eine Sensibilität für mögliche Wirkungsmomente in einem traditionellen Charakterdrama daraus ableiten.

6.1.2 Volker Klotz: *Geschlossene und offene Form im Drama* (1960)

Das von Volker Klotz (1930–2023) ein Jahrhundert später entwickelte Schema von geschlossenem versus offenem Drama ist grundsätzlich anders angelegt, insofern es nicht als Vorbild für die Produktion, sondern als **Beschreibungsfolie für die Analyse** gedacht ist. Klotz war Literaturwissenschaftler mit Professur in Stuttgart, sein zum Standardwerk avanciertes Werk zur Dramenform ging aus seiner Doktorarbeit hervor und erreichte zwischen 1960 und 1999 vierzehn Auflagen (wobei der Inhalt im Wesentlichen unverändert geblieben ist; zitiert wird hier nach der 14. Auflage). Es soll ein Inventar zur Beschreibung und Einordnung von Dramen liefern, wenngleich die von ihm dargestellten Pole als **Idealtypen** gemeint sind, die in der realen Dramenproduktion in dieser Reinform nicht vorkommen müssen.

Die Leitbegriffe des Geschlossenen und des Offenen entlehnt er der seinerzeit einflussreichen **Stilkunde von Heinrich Wölfflin** (1864–1945), *Kunstgeschichtliche Grundbegriffe* (1915), in der dieser eine »klassische« und eine »barocke« Stilistik entwirft. Wölfflins Gegenstand war die Malerei, als Inbegriff des geschlossenen Stilideals dienen ihm Beispiele der italienischen Kunst des 16. Jahrhunderts (*Cinquecento*), der er das Öffnende der barocken Malerei im 17. Jahrhundert gegenüberstellt:

> »Gemeint ist eine Darstellung, die mit mehr oder weniger tektonischen Mitteln das Bild zu einer in sich selbst begrenzten Erscheinung macht, die überall auf sich selbst zurückdeutet, wie umgekehrt der Stil der offenen Form überall über sich selbst hinausweist, unbegrenzt erscheinen will, obwohl eine heimliche Begrenzung immerfort da ist und eben den Charakter der Geschlossenheit im ästhetischen Sinne möglich macht.« (Wölfflin 1915, S. 130)

Anschaulich wird dies nicht zuletzt am Verhältnis des Gemalten zum Bilderrahmen. Während im 16. Jahrhundert »Randlinien und Eckwinkel [...] als verbindlich empfunden« worden seien und »in der Komposition [nachklingen]«, habe sich im 17. Jahrhundert »die Füllung dem Rahmen entfremdet. Man tut alles, um den Eindruck zu vermeiden, daß diese Komposition gerade für diese Fläche erfunden worden sei« (ebd., S. 132).

Klotz überträgt dies auf das Drama, indem er in der geschlossenen und der offenen Form »die beiden gegensätzlichen stilistischen Grundtendenzen des neueren deutschen Dramas« (Bezug: 18., 19. und 20. Jahrhundert) ausmacht (Klotz 1999, S. 215) und deren Charakteristiken für **sechs Aspekte** ausdifferenziert: Handlung, Zeit, Raum, Personen, Komposition und Sprache. Dabei gehe mit dem

Formalen auch eine jeweils andere »Weltsicht« und »Weise der Wirklichkeitsrezeption« einher (ebd., S. 15).

Das **geschlossene Drama** strebe danach, »eine geistige Totalität zu vermitteln« (ebd., S. 216). Als Idealtypus beschreibt Klotz es mit den folgenden Merkmalen. Die Handlung bezieht sich auf einen Ausschnitt, in dem sich das größere Ganze verdichtet und sich als Einheit darstellen lässt: »[ge]rundet und begrenzt«, in »enge[r] Verfugung des Vorgangs vom Anfang bis Ende« (ebd., S. 217). Dabei geht es darum, das ›Eigentliche‹ herauszustellen, während das Empirisch-Faktische ausgeblendet oder eingefriedet und dem Ideellen untergeordnet wird. Der Ausschnitt erfordert dramatische Kniffe, insbesondere wird das »Außenliegende [...] durch Exposition und Botenbericht integriert« (ebd., S. 216).

Der Bau ist tektonisch, er folgt einer symmetrischen Komposition und ist klar strukturiert mit Anfang, Höhepunkt und Ende. Inhaltlich korrespondiert das mit einer »ausbalancierte[n] Zweipoligkeit von Spiel und Gegenspiel, von Protagonist und Antagonist« (ebd.). Die dramatische Zeit verläuft kontinuierlich und ohne Sprünge, »einheitlich, einlinig« – was aus diesem »Zeitgleis« herausfällt, muss ebenfalls durch dramatische Hilfsmittel wie den Botenbericht eingeholt werden (ebd., S. 217). Die Einheitlichkeit betrifft ebenso den Raum, der sich während des Dramas nicht wesentlich ändert.

Die Entfernung von der empirischen Wirklichkeit zugunsten des zu vermittelnden Ideellen zeigt sich am deutlichsten bei den Personen, die einem Stand angehören (Klotz bezieht sich hier nur auf das hohe Personal der Tragödie), und ihrer Sprache: »Sie sprechen in Versen die Sprache des hohen Stils« (ebd., S. 218). Bis in die Rhetorik hinein gilt das Primat des Allgemeingültigen vor dem Speziellen und Individuellen. Die zusammenführende Formel, auf die Klotz dies bringt, lautet: der *Ausschnitt als Ganzes.*

Dem setzt er auf der anderen Seite als Formel entgegen: das *Ganze in Ausschnitten.* Den Idealtypus des **offenen Dramas** sieht Klotz von »Vielheit« und »Dispersion« geprägt (ebd.). Seine Merkmale charakterisiert er in Opposition zum geschlossenen Drama. Gegenüber dem In-sich-Gerundeten liegt »ein Fragmentarisches« vor, das aus dem »unerfüllbare[n] Anspruch auf allseitige empirische Totalität« resultiert (ebd., S. 219).

Die Einheiten werden aufgebrochen, so dass die »Vielfalt von Handlung, Raum und Zeit« vielerlei Mittel nötig macht, um »die auseinanderstrebenden Geschehnispartikel zu steuern«: »bald die Person (zentrales Ich), bald die Bildersprache (metaphorische Verklammerung), bald das Thema (komplementäre Stränge)« (ebd.). Das Geschehen, unvermittelt einsetzend und abbrechend, weist über die Textgrenzen hinaus; es verläuft »punktuell interruptiv, nicht einer Entwicklung folgend, sondern Gleichwertiges reihend« (ebd.). Der Protagonist sieht sich nicht im ausgewogenen Maß einem Gegenspieler gegenüber, sondern Effekten einer Welt, die er nicht mehr überblickt.

Die Komposition ist häufig von einer »kreisenden Variation von Weltaspekten« bestimmt (ebd.), jedenfalls ist der Bau atektonisch, ohne die Symmetrie in seinen Teilen, die das geschlossene Drama prägt. Zeit und Raum gewinnen eine »aktiv[e]« Dimension: Die dramatische Zeit ist »entfesselt[]« und »wird als Eigenmacht entbunden«, die Schauplätze wechseln häufig und statten die Situationen mit Einmaligkeit aus (ebd., S. 220).

Wie beim geschlossenen Drama, nur mit umgekehrtem Vorzeichen, spiegelt sich auch beim offenen Drama das Konzept deutlich im Personal und der Sprache. Der Orientierung an einer empirischen Wirklichkeit entsprechend ist das Personal gemischt. Die Personen sind dabei an ihre jeweiligen Lebensbezüge gebunden (»milieuverhaftet«, »sensationsbefangen«), wobei sie an Selbstkontrolle und Mündigkeit verlieren (ebd., S. 221). Zugleich verliert sich auch das Ordnungsgefüge in der wirklichkeitsnah gestalteten Sprache, bis in eine gebrochene Syntax hinein.

Mag das geschlossene Drama noch weitestgehend der klassizistisch geprägten Regeldramatik (der auch Gottsched folgte, vgl. Kap. 4.3.1) entsprechen (man erkennt auch die konzeptionelle Ähnlichkeit zu Freytags Idealmodell), wird man das offene Drama schon bei Shakespeare als Leitbild, das Klotz angibt, nicht vollständig repräsentiert finden.

Geschlossene / offene Form

Drama der geschlossenen Form (Beispiel klassizistisches Regeldrama) »Der Ausschnitt als Ganzes«	**Drama der offenen Form** (Beispiel Shakespeare) »Das Ganze in Ausschnitten«
In sich gerundet und abgeschlossen; alle Teile verweisen auf das Ganze:	Verweist über sich hinaus; orientiert an Unbegrenztheit:
• zusammenhängender Ausschnitt • zielführend und dramaturgisch symmetrisch gebaute Handlung • Raum und Zeit als enger Rahmen • engverschränkte Personen • leitend für Figurenrede: das Allgemeine	• atektonisch, disparat, offen, unabgerundet • in Steuerung der »auseinanderstrebenden Geschehnispartikel«: Einsatz vielfältiger Mittel
→ Vermittlung einer geistigen Totalität, dafür das Empirisch-Faktische eindämmen	→ Ganzheit in ihrer empirischen Vielfältigkeit darstellen

Abb. 19: Drama der geschlossenen und offenen Form nach Volker Klotz

In seinem Vorwort zur siebten Auflage 1975 relativiert der Verfasser den Nutzen seines frühen Werks und gibt ihm eine **Warnung** und »Gebrauchsanweisung« (ebd., S. 11) mit: Als »wichtigste Fragwürdigkeit und Mißbrauchsverführung« nennt er »die Suggestion einer typologischen Formpolarität« (ebd., S. 12). Man solle die skizzierten Idealtypen nicht als Schubladen missverstehen, in die ein Drama einzuordnen sei, sondern »als Eckwerte«, die »den Spielraum dramatischer Gestaltungsmöglichkeiten und Wirklichkeitseinschätzungen abstecken« (ebd., S. 13). Und statt sich mit der Klassifizierung am Ziel der Analyse zu wähnen, müsse es darum gehen, nach den Hintergründen und Wirkungen von Formentscheidungen bei einem konkreten Stück in seiner Zeit zu fragen: »Sinnvoll gehandhabt«, könne der »Kriterienkanon« des Buchs »nur Werkzeug, nicht aber Ergebnis von literaturwissenschaftlichen Untersuchungen sein« (ebd., S. 12).

6.1.3 Peter Szondi: *Theorie des modernen Dramas* (1956/1963)

Peter Szondi (1929–1971), in einer assimilierten jüdischen Familie des Budapester Bildungsbürgertums geboren, der lebensbedrohlichen Verfolgung im Dritten Reich (1944 mit seiner Familie im Konzentrationslager Bergen-Belsen interniert) durch Freikauf knapp entkommen, war Literaturwissenschaftler und Direktor des ersten komparatistischen Instituts in der Bundesrepublik Deutschland (gegründet 1965 als transnational angelegte Vergleichende Literaturwissenschaft an der FU Berlin). Sein als Doktorarbeit entstandenes Werk *Theorie des modernen Dramas* (zuerst 1956 erschienen, später mit dem Titel-Zusatz »*1880–1950*« versehen) stellt den Versuch einer **historischen Formsemantik** dar. Referiert wird hier der Text, wie er für die Ausgabe 1963 noch einmal revidiert wurde.

Sein grundlegender Ansatz ist der einer **Form-Inhalt-Dialektik**, aus der heraus er eine »Historisierung der Gattungspoetik selbst« ableitet (Szondi 1963, S. 10). Was die neuzeitliche dramatische Form motiviert, sieht er im Inhalt der zwischenmenschlichen Beziehung: Das Drama der Neuzeit sei in der Renaissance entstanden, als »geistige[s] Wagnis des nach dem Zerfall des mittelalterlichen Weltbilds zu sich gekommenen Menschen« (ebd., S. 14). Dieses Dasein entfaltet sich in der Interaktion mit anderen Menschen, wozu die Ausdrucksform des direkten Dialogs gehört, der von episch-kommentierenden Elementen wie Chor/Reyen sowie Prolog und Epilog, die eine die handelnden Personen transzendierende Ebene bilden, befreit ist. Die »Alleinherrschaft des Dialog[s]« (worin sich der »episodisch« bleibende Monolog einfügt und nicht formkonstituierend wird) unterscheide »das klassische Drama sowohl von der antiken Tragödie wie vom mittelalterlichen geistlichen Spiel, vom barocken Welttheater wie vom Historienstück Shakespeares« (ebd., S. 15). In ihm gehe es ausschließlich um die »Wiedergabe des zwischenmenschlichen Bezuges«, der eine »in sich geschlossene« »Sphäre« bilde (ebd.).

Dieses Drama kenne »nichts außer sich«, es ist »absolut« und »primär«, woraus auch die strikte Trennung der Ebenen des Spiels und der außerfiktionalen Wirklichkeit folgt: Weder wird die Stimme des Autors erkennbar (»[e]r spricht nicht, er hat Aussprache gestiftet«), noch wird das Publikum angesprochen, noch werden hinter den Rollen die Schauspieler sichtbar (ebd., S. 15 f.). Dazu passt die Bühnenform der Guckkastenbühne.

Aus dem in dieser Weise absolut gesetzten Drama erschließen sich logisch die drei Einheiten: Die Einheit der Zeit gewährleistet, dass keine Brüche oder Sprünge erklärt werden müssen, sondern sich die Szenen auseinander in zeitlicher Gegenwärtigkeit entwickeln, die Einheit des Ortes unterstützt die geschlossene Sphäre, während durch größere Raumwechsel das Publikum immer wieder auf die Theatersituation hingewiesen und zu einem erneuten Sich-Einfinden genötigt würde. Als selbsterklärlich geht Szondi nicht weiter auf die Einheit der Handlung ein, wohl aber auf die mit dem klassizistischen Regeldrama gleichermaßen verbundene Forderung der Wahrscheinlichkeit: Der Handlungsverlauf muss motiviert sein und darf nicht vom Zufall bestimmt werden, denn das »Zufällige fällt dem Drama von außen zu«, würde also seiner »Ganzheit« widersprechen (ebd., S. 18).

Szondi verweist selbst darauf, dass sich seine Beschreibung eines Kerns des neuzeitlichen Dramas seit der Renaissance mit dem deckt, was Freytag als ideales Drama präsentiert hat (zu Szondis Zeit noch als Standardwerk der Dramentechnik wahrgenommen) und was Klotz mit der geschlossenen Form des Dramas beschrieben hat. Im Gegensatz zu Freytag verfolgt er aber »die historische Methode, die dieses zur Norm Gewordene seiner Geschichtlichkeit zurückzugeben trachtet« (ebd., S. 20). Wie Klotz bezieht er sich auf eine historisch entstandene Dramenform, die insofern auch als Folie für geschichtlich bedingten Formwandel taugt. Im Gegensatz zu Klotz begnügt er sich dabei aber nicht mit einem stiltypischen Oppositionspaar, sondern er entfaltet ein **Spektrum von symptomatischen Fallbeispielen**.

Der strukturierende Schlüssel seines Ansatzes ist dabei (mit Bezug auf Hegel) die Dialektik zwischen Form und Inhalt. Er zeichnet für das moderne Drama seit dem 19. Jahrhundert eine »Krise des Dramas« nach (ebd., Kap. II) und Versuche, die die Krise entweder negieren oder sie durch Forminnovation überwinden (dialektisch argumentiert: vom Widerspruch in eine neue Synthese führen).

Ausgangspunkt ist die festgestellte Absolutheit des Dramatischen, die auf dem Dialog als Ausdrucksform des handlungsmächtig gewordenen Subjekts im zwischenmenschlichen Bezug beruht. Inhalt und Form entsprechen sich und sind miteinander verzahnt, wobei sich zeigt, dass die Form selbst bedeutungstragend ist (Formsemantik).

In dem Moment, in dem diese Vorstellung vom Drama traditionsmächtig und damit als selbstverständliche Form vorausgesetzt wird, könne ein Wandel im inhaltlich Darzustellenden einen inneren Widerspruch erzeugen: »indem die fraglos-feststehende Aussage der Form vom Inhalt her in Frage gestellt wird« (ebd., S. 11). Mit Ende des 19. Jahrhunderts gerate das moderne Drama durch solche thematischen Wandlungen in eine **Krise**. An den Beispielen von Ibsen, Tschechow, Strindberg, Maeterlinck und Hauptmann beschreibt er, wie das Verinnerlichte und das Vergangene sowie die ökonomischen und sozialen Bedingtheiten an die Stelle des handelnden Subjekts treten. So werde vom Inhaltlichen her »verneint«, was das Drama in dieser Zeit, »aus Treue zum Überlieferten, formal aussagen will: die zwischenmenschliche Aktualität« (ebd., S. 75). Die Folge seien »epische[] Grundsituationen«, »die thematisch verbrämt als dramatische Szenen erscheinen« (ebd., S. 77): Personen, die reden, ohne aufeinander einzugehen, ein Fremder, der in eine festgefahrene Konstellation einbricht, Traumszenen, eine allwissende Figur o. Ä.

Was hier als neue Formen auftritt, ohne mit der alten Form komplett zu brechen, und damit einen inneren Widerspruch sichtbar werden lässt, betrachtet Szondi als **Übergangsphänomene**. In der Entwicklung des modernen Dramas macht er zum einen »Rettungsversuche« aus (ebd., Kap. III), die auf der alten Form beharren. Ein Beispiel ist das seit der Mitte des 19. Jahrhunderts beliebte Konversationsstück, in dem die Rede mit alltäglichen Themen angefüllt wird und sich dem subjektiven Ausdruck entfremdet: »Der Dialog wird zur Konversation« (ebd., S. 87). Formal funktioniert das Drama weiterhin dialogisch, es ist ein *well-made-play* (*pièce bien faite*), aber der Dialog erscheint gleichsam entleert und nicht mehr als Handlungsraum eines Subjekts.

Zum anderen (und wesentlich ausführlicher) beschreibt er »Lösungsversuche« (ebd., Kap. IV), bei denen sich das inhaltlich Neue »zur Form niederschlägt und die alte Form sprengt« (ebd., S. 80) – womit Inhalt und Form wieder in einen (neuen) Einklang gebracht werden. Dies gelinge, indem »der Widerspruch zwischen epischer Thematik und dramatischer Form durch die Formwerdung der inneren Epik aufgelöst wird« (ebd.) – etwa durch Mittel wie Stationenreihung statt Handlung, Montage, ausgestellte Selbstreflexivität, Spielleiterrollen, inneren Monolog oder andere Formen der Episierung. Zu Szondis Beispielen größerer Theaterkonzepte in neuem Formstil zählen die politische Revue Piscators und das epische Theater Brechts (vgl. Kap. 4.4.1).

Dass die Entwicklungsmöglichkeiten der modernen Dramatik damit keineswegs abschließend beschrieben ist, betont der Verfasser in seinen Nachworten: So wenig wie um normative Vorgaben gehe es um eine vollständige Geschichte des modernen Dramas, sondern darum, »an Beispielen die Bedingungen seiner Entwicklungen abzulesen« (ebd., S. 163). Eine Befragung vom heutigen Forschungsstand her und Fortsetzung der Studie für das Drama seit 1956 leistet Kai Bremers *Postskriptum Peter Szondi* (Bremer 2017).

6.2 Aktuelle Einführungsbände zur Dramenanalyse – im kommentierten Überblick (zusammengestellt von Christiane Dietrich)

Im Folgenden wird eine Auswahl der vielen auf dem Markt verfügbaren Einführungswerke mit ihren jeweiligen Schwerpunkten vorgestellt. Je nach individuellen Bedürfnissen bietet sich an, den einen oder anderen Band ergänzend heranzuziehen.

Der Überblick beginnt mit den Einführungen von Pfister und Asmuth, weil sie – in ihrer jeweils unterschiedlichen Herangehensweise (strukturalistisch versus historisch) – das Feld besonders geprägt haben. Sodann wird chronologisch gereiht: gemäß Erscheinungsjahr der jeweils letzten aktualisierten Ausgabe. Nach den Einführungswerken wird zum Schluss noch ein Handbuch vorgestellt, das sich als nützliches Nachschlagewerk empfiehlt.

Manfred Pfister: *Das Drama. Theorie und Analyse.* 11., erw. und aktual. Aufl. München: Fink, 2001. [^{1}1977.]

→ äußerst komplex differenzierter Kategorienkatalog, nützlich aber insbesondere für die Beschreibung außergewöhnlich gestalteter Theatertexte (z. B. auch des experimentellen und postdramatischen Theaters)

Das Buch bietet im literaturwissenschaftlichen Studium einen umfassenden Katalog an Analysekategorien, die der Autor in strukturalistischer und kommunikationstheoretischer Perspektive erläutert und systematisiert. Die Einführung gibt eine ausführliche und schematisierende Übersicht an Beschreibungsmerkmalen an die Hand und ist ein wichtiges Standardwerk im Studium und darüber hinaus. Exemplarische Verweise auf eine international und historisch begründete Auswahl an Primärtexten haben eher illustrierenden Charakter. Auf die Ersterscheinung 1977 folgte 1996 die letzte grundlegende Überarbeitung. Insofern reichen insbesondere die Dramenverweise nicht über die 1990er Jahre hinaus. Als Einführung, insbesondere für den Einstieg in die Dramenanalyse zu Beginn des Studiums, bietet sich Pfisters Buch weniger an. Zugänglich und erkenntnisbringend ist es vor allem im fortgeschrittenen Studium.

Bernhard Asmuth: *Einführung in die Dramenanalyse*. 8., aktual. und erw. Aufl. Stuttgart: Metzler, 2016. [[1]1980.]

→ orientiert an der Vermittlung historischen Wissens, Anwendung der Kategorien an einem gleichbleibenden Beispiel

Asmuths Einführungsband ist ein weiteres Standardwerk, auf das auch in jüngeren Einführungen immer wieder verwiesen wird. Ausgehend von den Grundelementen der aristotelischen Dramenpoetik entwickelt der Autor aus den jeweiligen historischen Zusammenhängen heraus die Merkmale des Dramas und seiner begrifflichen Analysewerkzeuge (hier besonders: Gattungsdichotomie von Tragödie und Komödie, Gliederungsweisen des Dramas, epische Formen, Figur, Wissensunterschiede sowie Handlungs- und Sinnzusammenhänge). Lessings *Emilia Galotti* durchzieht als Analysebeispiel das gesamte Buch. Ein eigenes Kapitel zum Umgang mit Textausgaben und Sekundärliteratur stellt eine Besonderheit gegenüber anderen Einführungsbänden dar und ist für den Studienanfang von großem Nutzen. Die Stärke des Bands ist die eingehende Darstellung der historischen Entwicklung der Dramenpoetiken und ihres Begriffsinventars, deren es bedarf, um einzelne Dramen in ihrem bestimmten historischen Kontext zu situieren.

Heinz Geiger / Hermann Haarmann: *Aspekte des Dramas. Eine Einführung in die Theatergeschichte und Dramenanalyse*. 4., neubearb. und erw. Aufl. Opladen: Westdeutscher Verlag, 1996. [[1]1978.]

→ als Ergänzung im fortgeschrittenen Studium für eine kritische Reflexion von Entstehung und Funktion der jeweiligen Dramatik in der Gesellschaft, insbesondere zum epischen Theater

Heinz Geiger und Hermann Haarmanns Einführung beginnt mit einem historischen Abriss über die gegenseitige Bedingtheit von Drama und Theater in dialektischer Denktradition. Ausgehend vom Drama als Gattungsbegriff charakterisieren die Autoren zum einen die Merkmale des Dramatischen und kontextualisieren zum anderen die jeweiligen historischen Entstehungsbedingungen. Die Entstehung einer bestimmten Theaterkunst einer Epoche führen die Autoren auf konkrete sozial-ökonomische Widersprüche in der jeweils bestehenden Gesellschaftsform zurück; vor diesem jeweils spezifischen theatergeschichtlichen Hintergrund werden die Grundbegriffe zum Drama eingeführt. Auf den historischen Abriss folgt die systematische Erläuterung von »Bauelemente[n] des Dramas« (behandelt werden grundlegend das Drama als szenisch-theatralischer Text, Handlungstypen und -gliederung, Bühnenform, Prinzip der aristotelischen Einheit,

Formtypen und Formen der Episierung). Da der historische Abriss mit dem epischen Theater endet, verbleibt die Einführung auf dem Stand des 20. Jahrhunderts.

Elke Platz-Waury: *Drama und Theater. Eine Einführung.* 5., vollst. überarb. und erw. Aufl. Tübingen: Narr, 1999. [[1]1978.]

→ Blickerweiterung um den Kontext englischsprachiger Dramatik und des absurden Theaters

Elke Platz-Waurys Einführungsband liegt mit dem Ersterscheinungsjahr 1978 ebenfalls (wie Geiger/Haarmann) weit hinter der neueren Einführungsliteratur zurück, wurde aber gründlich überarbeitet, interdisziplinär um Erkenntnisse aus der Theaterwissenschaft erweitert und in den einschlägigen Literaturverweisen auf den Stand der letzten Auflage (1999) gebracht. Die Autorin situiert zunächst das Drama im Verhältnis zu Literatur- und Theaterwissenschaft und macht allein das für die Aufführung vorgesehene Drama (nicht das »Lesedrama«) zum Gegenstand. In einem ersten Teil erläutert sie einzelne Bauelemente des Dramas: Neben dem Verhältnis von Text und Bühne werden als »Problemfelder« in der Analyse die Kommunikationssituation, die Figur, die Handlung und die sprachliche Gestaltung vorgestellt. Der zweite Teil dient einer fokussierten Einführung in vier Gattungen und ist vordergründig systematisch mit historischen Verweisen angelegt. Neben der Tragödie, der Komödie und dem epischen Theater bekommt auch das absurde Theater Raum, was in anderen Einführungen nur unwesentlich berücksichtigt wird. Beispiele aus der dramatischen Literatur haben grundsätzlich illustrierenden Charakter. Der Band mag auch für Studierende interessant sein, die Anglistik, Komparatistik oder Literaturwissenschaften im europäischen Raum gewählt haben, weil wiederholt auf englischsprachige Dramen- und Forschungsliteratur verwiesen wird. Beispielanalysen zur Übung der Dramenanalyse finden sich im Band aber nicht.

Bernhard Jahn: *Grundkurs Drama.* Stuttgart: Klett Lerntraining, 2009.

→ anwendungsorientiert, didaktisch aufbereitet für die Erstbeschäftigung mit literaturwissenschaftlicher Analyse von Theatertexten

Bernhard Jahns Einführung zielt auf die Vermittlung von Grundkenntnissen der Dramenanalyse zum Gebrauch insbesondere beim Studienbeginn. Das Drama als Theatertext wird in Beziehung zu Inszenierung und Aufführung, Performanz und Performativität gesetzt, was bei Abgrenzung von Literatur- und Theaterwissenschaft Orientierung gibt. Außerdem macht der Autor Theatergeschichte, Gattungen und Wirkungsabsichten von Dramen vor dem Hintergrund ihrer Entstehungsbedingungen in aller Kürze nachvollziehbar. Der Hauptteil gilt der Einführung in die wichtigsten Analysekategorien, die zur besseren Verständlichkeit anhand einer Beispielanalyse von Heinrich von Kleists *Der zerbrochne Krug* vertieft werden. Auch gestalterisch ist der Band durch die Schlüsselbegriffe am Seitenrand, Definitionskästen und zahlreiche Überblickstabellen didaktisch aufbereitet und auf das Bachelorstudium ausgerichtet. Im Fließtext wird weitgehend auf wissenschaftliche Verweise verzichtet und dafür am Ende neben einer Liste von Dramen (bis 1999) eine kommentierte Bibliographie zur Verfügung gestellt.

Stefan Scherer: *Einführung in die Dramen-Analyse.* 2., erw. Aufl. Darmstadt: WBG, 2013. [[1]2010.]
→ ausführliche Begriffsdefinitionen, großer Anteil an Beispielanalysen

Der Einführungsband von Stefan Scherer stellt das Drama ausgehend von der Gattungslehre vor und setzt einen Schwerpunkt auf die aristotelische Dramentheorie. Er widmet sich zunächst eingehend dem Begriff des Dramas in Abgrenzung von Dramentheorie und Dramaturgie, bevor er die Besonderheiten als Gattung und Kommunikationssystem vorstellt. Betrachtet wird das Drama aufgrund des Zusammenspiels von Text und Inszenierung als »plurimedial«. Im Folgenden stehen Bauelemente der dramatischen Rede und Formen des Dramas im Vordergrund, die im Folgekapitel theatergeschichtlich aufbereitet werden, von der Antike bis zum postdramatischen Theater. Den umfangreichsten Teil (ein Drittel des Buches) bilden Einzelanalysen deutschsprachiger Klassiker von Lessing, Schiller, Büchner, Hauptmann, Brecht/Weill und Bernhard.

Michael Hofmann: *Drama. Grundlagen, Gattungsgeschichte, Perspektiven.* Paderborn: Fink, 2013. (UTB.)
→ gesonderte Darstellung von Dramentheorien und Dramengeschichte mit exemplarischen Einzelanalysen, unter Berücksichtigung einer postkolonialen Perspektive

Das Einführungswerk von Michael Hofmann aus dem Jahr 2013 geht nach einer systematischen Unterscheidung von Gattung, Dramenanalyse und Dramentheorie vor und sortiert didaktisch in Grundwissen, Fallanalysen und Zusatzwissen durch die Einteilung in Module. Dabei sind die Grundlagen zu Gattungs- und Theoriegeschichte sowie analytischen Werkzeugen kompakt in drei Basismodulen untergebracht. Anwendungsorientiert sind dann sechs Aufbaumodule, die Fallbeispiele durchgehen. Die Auswahl der behandelten Dramen hat Hofmann nach einschlägigen, in der »deutschen und europäischen Dramengeschichte« besondere Relevanz entfaltenden Themenschwerpunkten getroffen. Quer zu diesen historisch perspektivierten Beispielanalysen stehen zwei Erweiterungsmodule, die einen kritischen Beitrag zur Einordnung der literaturwissenschaftlichen Analysepraxis leisten: zum einen in Bezug auf die Theaterwissenschaften; zum anderen in Bezug auf eine nationaldeutsche Prägung durch eine postkoloniale Perspektivierung des Dramas. Hofmanns Einführungsband bietet neben den zahlreichen Fallanalysen eine hilfreiche Einordnung deutschsprachiger Dramen in einen breiteren, europäischen Kontext.

Wolfang Pasche: *Dramen analysieren und interpretieren.* Hallbergmoos: Stark, 2017. [[1]2006. Veränd. Nachdr. 2015.] (Reihe Abitur-Training Deutsch.)

→ pragmatisch ausgerichtet, leichter und anwendungsorientierter Zugang auf Schulniveau

Einen rein auf praktischen Nutzen zielenden und voraussetzungslosen Zugang zur Dramenanalyse bietet Wolfgang Pasches Abitur-Trainings-Band. Er stellt für jede Stilepoche je einen Dramenauszug vor und behandelt dabei anhand von Leitfragen einzelne Schritte der Analyse: Szeneninhalt und -aufbau, Argumentation, Sprache, Personengestaltung, dramatische Gattung, literarische Epoche und teilweise die Rezeption. Mittels dieses Musters bearbeitet er acht kanonische Dramen von der Aufklärung bis ins 20. Jahrhundert und gibt Tipps für Formulierungen der Analyseergebnisse. Auch eine Auswahl an rhetorischen Stilmitteln ist am Ende beigefügt. Das Übungsbuch ist für die Schule gedacht und könnte Studierenden zu Beginn ihres Studiums ohne jegliche Vorkenntnisse einen Übergang in die literaturwissenschaftliche Dramenanalyse erleichtern. Für weiterführende Studienzwecke ist es nicht geeignet. Angehenden Deutschlehrkräften kann es bei der Didaktisierung dienlich sein.

Franziska Schößler: *Einführung in die Dramenanalyse.* 2., aktual. und überarb. Aufl. Stuttgart: Metzler, 2017. [[1]2012.]

→ knappe Begriffsdefinitionen, exemplarische Interpretationsansätze, neben theaterwissenschaftlichen auch kulturwissenschaftliche Aspekte sowie Kapitel zu Theater und Schule

Franziska Schößlers Einführung vermittelt zwischen theoretischen dramenanalytischen und theaterwissenschaftlichen Grundkenntnissen, historischen Entwicklungslinien und Analysepraxis. Die ersten Kapitel wenden sich den für die Analyse grundlegenden Kategorien (Gattung und Genre, Handlung, Figur, Sprache, Raum und Zeit) zu. Anschließend werden diese Kenntnisse durch theaterwissenschaftliche Theorien und eine kulturwissenschaftliche Perspektive auf institutionelle Rahmenbedingungen der Theaterarbeit ergänzt. Das Buch ist auch in formaler Hinsicht didaktisch angelegt: Eine collagenhafte Zusammenstellung von Basiswissen und vertiefenden Informationen in entsprechendem Layout – durch die Hervorhebung von Begriffsdefinitionen, Schlüsselbegriffe am Seitenrand und farbig unterlegte Einschübe von Beispielen oder Interpretationsansätzen zum jeweiligen Themenschwerpunkt – zielt auf exemplarische Anschaulichkeit. Eine übersichtliche Auswahl an weiterführender Literatur zu jedem Kapitel hilft, Themenschwerpunkte gezielt zu vertiefen. Im Unterschied zu anderen Einführungswerken widmet Schößler dem Themenkomplex Theater und Schule zuletzt ein Kapitel, in dem sie sowohl didaktische Ansätze beleuchtet als auch das Kinder- und Jugendtheater kontextualisiert, Beispiele nennt und Besonderheiten dieser Dramatik skizziert.

Benedikt Jeßing: *Dramenanalyse. Eine Einführung.* 2., neu bearb. Aufl. Berlin: ESV, 2023. [¹2015.]

→ komplexere Zugänge zur Dramenanalyse (subtile Unterscheidung von Begriffen, Analyseebenen, qualitativen und quantitativen Analyseverfahren), sehr umfangreicher geschichtlicher Überblick zur Dramenpoetik

Bei Jeßings Band handelt es sich um eine Einführung mit dem Ziel, sowohl die einzelnen Beschreibungsebenen des Dramas, Analyseverfahren und das dafür notwendige begriffliche Werkzeug (Teil 1) als auch die historische Entstehung der jeweiligen dramatischen Formen (Teil 2) aufzuzeigen und als Handwerkszeug für die historisch informierte Dramenanalyse und -interpretation zu vermitteln. Das Drama wird auch hier ausgehend vom Gattungsbegriff definiert, daraufhin werden analytische Grundbegriffe erläutert: Bühnenformen und Formen des Dramas (Gattungen, Genres bis zu einer Aufschlüsselung von dramentypologischen Unterschieden), Handlung, Figur, Kommunikationsweisen, Raum und Zeit (im Aufbau vergleichbar mit Schößlers Einführungsband). Zusätzlich stellt Jeßing gängige Analyseverfahren vor und unterscheidet Figurenanalyse, exzerpierende, quantitative und qualitative Verfahren, jeweils mit Modellanalysen. Der umfangreiche zweite Teil widmet sich der Geschichte der Dramenpoetik von der Antike (Dionysos-Kult, Aristoteles und Horaz) bis zum 20. Jahrhundert mit einem kleinen Ausblick ins 21. Jahrhundert. Die einzelnen historischen Abschnitte sind mit Modellanalysen, einer Zusammenfassung und weiterführender Literatur versehen.

Peter W. Marx (Hrsg.): *Handbuch Drama. Theorie, Analyse, Geschichte.* Stuttgart/Weimar: Metzler, 2012.
→ Handbuch, das sich zum Nachschlagen und Vertiefen einzelner Bereiche empfiehlt – in der Verfügbarkeit einem Lexikon nahekommend und aufgrund der Anlage im systematischen Zusammenhang Einführungsbüchern an die Seite zu stellen

Peter Marx' Handbuch bringt Beiträge sowohl zu Grundbegriffen und analytischen Zugängen zum Drama in einer systematischen Perspektive als auch Gattungen des Dramas in historischer Perspektive in einem Sammelband zusammen. Der Vorteil des Bandes im Rahmen einer Dramenanalyse ist, dass man zu einem Thema gezielt Informationen in kondensierter Form suchen kann und über ein ›Schneeballprinzip‹ durch die bibliographischen Angaben zu weiterführender Literatur gelangt. Als Einführung in die Praxis der Analyse eignet es sich wenig. Stattdessen hat das Handbuch einen enzyklopädischen Charakter und ist sehr hilfreich, wenn es zum Beispiel um formale und inhaltliche Merkmale einer bestimmten Dramengattung geht oder andere punktuell benötigte inhaltliche Vertiefungen und Begriffshintergründe.

6.3 Nützliche Nachschlagewerke

Allgemein

Für alle Belange der Literaturwissenschaft, mehrbändiges Fachlexikon zu literarischen Epochen, Gattungen und Begriffen:

Reallexikon der deutschen Literaturwissenschaft. Hrsg. von Klaus Weimar, Georg Baumgart, Harald Fricke, Klaus Grubmüller, Friedrich Vollhardt und Jan-Dirk Müller. 3 Bde. 3., neubearb. Aufl. Berlin [u. a.]: de Gruyter, 1997–2003.

Alternativen, die auch für das eigene Bücherregal geeignet sind (jeweils kompakt in einem Band):

Metzler Lexikon Literatur. Begriffe und Definitionen. Hrsg. von Dieter Burdorf, Christoph Fasbender und Burkhard Moennighoff. 3., völlig neu bearb. Aufl. Stuttgart/Weimar: Metzler, 2007.

Wilpert, Gero von: Sachwörterbuch der Literatur. 8., verb. und erw. Aufl. Stuttgart: Kröner, 2001.

Für die Untersuchung der sprachlichen Gestaltung, Expertenwissen zu rhetorischen Stilmitteln:

Plett, Heinrich F.: Einführung in die rhetorische Textanalyse. 9., aktual. und erw. Aufl. Hamburg: Buske, 2001.

Für stoff- und motivgeschichtliche Vergleiche:

Frenzel, Elisabeth: Stoffe der Weltliteratur. Ein Lexikon dichtungsgeschichtlicher Längsschnitte. 10., überarb. und erw. Aufl. Stuttgart: Kröner, 2005.
– Motive der Weltliteratur. Ein Lexikon dichtungsgeschichtlicher Längsschnitte. 6., überarb. und erg. Aufl. Stuttgart: Kröner, 2008.

Und noch ein allgemeiner Tipp:

https://woerterbuchnetz.de

→ Hier sind zahlreiche Wörterbücher und auch historische Lexika (Datenbankformat) verlinkt. Für historische Wortbedeutungen besonders nützlich: *Deutsches Wörterbuch von Jacob Grimm und Wilhelm Grimm*, fortgeführt von der Berlin-Brandenburgischen Akademie der Wissenschaften, der Niedersächsischen Akademie der Wissenschaften zu Göttingen und dem Trier Center for Digital Humanities (zentrales Nachschlagewerk für früheste Verwendungsweisen von Wörtern und deren Entwicklung)

Dramen- und Theatergeschichte

Überblickswerke und Lexika zum Bereich Drama und Theater:

Beck, Wolfgang: Chronik des europäischen Theaters. Von der Antike bis zur Gegenwart. Stuttgart/Weimar: Metzler, 2008.
[Hilfreich ist vor allem die umfangreiche und in einzelne Themen untergliederte Bibliographie.]
Brauneck, Manfred: Theater im 20. Jahrhundert. Programmschriften, Stilperioden, Reformmodelle. Aktual. Neuausg. Reinbek b. Hamburg: Rowohlt, 1986.
– Die Welt als Bühne. Geschichte des europäischen Theaters. 6 Bde. Stuttgart [u. a.]: Metzler, 1993–2007.
– Europas Theater. 2500 Jahre Geschichte – eine Einführung. Reinbek b. Hamburg: Rowohlt, 2012.
– Kleine Weltgeschichte des Theaters. München: Beck, 2014.
Deutsches Theater-Lexikon. Biographisches und bibliographisches Handbuch. Begr. von Wilhelm Kosch, fortgef. von Ingrid Bigler-Marschall. 7 Bde., 8 Nachtragsbde., 2 Register. Berlin: de Gruyter, 1953–2021.

[Bio-bibliographisches Lexikon zum Theater in deutschsprachigen Ländern: Schauspieler, Sänger, Regisseure, Theaterleiter, Dramatiker usw., die wichtigsten Theater und Spielstätten, Uraufführungen von Sprechstücken, Opern und Operetten, Sachbegriffe, jeweils mit Bibliographie der Sekundärliteratur. Das Werk ist inzwischen auch als Datenbank nutzbar.]

Dramenlexikon. Hrsg. vom Deutschen Theatermuseum. München: edition text + kritik, 1941–2000. [Jährlich erscheinend, kurze Artikel zu den im Jahr uraufgeführten Theaterstücken.]

Eke, Norbert Otto: Das deutsche Drama im Überblick. Darmstadt: WBG, 2015.

Erken, Günther: Theatergeschichte. Ditzingen: Reclam, 2014.

Fischer-Lichte, Erika: Geschichte des Dramas. Epochen der Identität auf dem Theater von der Antike bis zur Gegenwart. Bd. 1: Von der Antike bis zur deutschen Klassik. Tübingen: Francke, 1990. – Bd. 2: Von der Romantik bis zur Gegenwart. Ebd.

– Kurze Geschichte des deutschen Theaters. Tübingen/Basel: Francke, 1993.

Grundthemen der Literaturwissenschaft: Drama. Hrsg. von Andreas Englhart und Franziska Schößler. Berlin/Boston: de Gruyter, 2019.

Handbuch Drama. Theorie, Analyse, Geschichte. Hrsg. von Peter W. Marx. Stuttgart/Weimar: Metzler, 2012.

[Siehe dazu auch den Eintrag im Kap. 6.2.]

Heimböckel, Dieter: Kein neues Theater mit alter Theorie. Stationen der Dramentheorie von Aristoteles bis Heiner Müller. 2., verb. Aufl. Bielefeld: Aisthesis, 2011.

Henschel Theaterlexikon. Mit Stückeregister. Hrsg. von C. Bernd Sucher. Leipzig: Henschel, 2010.

Hinck, Walter: Handbuch des deutschen Dramas. Düsseldorf: Bagel, 1980.

Illustrated Encyclopaedia of World Theatre. Hrsg. von Martin Esslin. London: Thames and Hudson, 1977.

Kindermann, Heinz: Theatergeschichte Europas. 10 Bde. Salzburg: Müller, 1957–74.

Kindler Kompakt. Drama des 20. Jahrhunderts. Hrsg. von Manfred Brauneck. Stuttgart: Metzler, 2017.

Kotte, Andreas: Theatergeschichte. Eine Einführung. Köln/Weimar/Wien: Böhlau, 2013.

Lexikon deutschsprachiger Epik und Dramatik von Autorinnen. 1730–1900. Hrsg. von Gudrun Loster-Schneider und Gaby Pailer. Tübingen: Francke, 2006.

Lexikon Theater international. Hrsg. von Jochanan Trilse-Finkelstein. Berlin: Henschel, 1995.

Metzler Lexikon Theatertheorie. Hrsg. von Erika Fischer-Lichte, Doris Kolesch und Matthias Warstat. 2., aktual. und erw. Aufl. Stuttgart/Weimar: Metzler, 2014.

Simhandl, Peter: Theatergeschichte in einem Band. 3., überarb. Aufl. Leipzig: Henschel, 2007.

Theaterlexikon. Hrsg. von C. Bernd Sucher. Bd. 1: Autoren, Regisseure, Schauspieler, Dramaturgen, Bühnenbildner, Kritiker. 2., völlig neubearb. und erw. Aufl. München: dtv, ^{2}1999. – Bd. 2: Epochen, Ensembles, Figuren, Spielformen, Begriffe, Theorien. Ebd. 1996.

Theaterlexikon. 2500 Jahre Theatergeschichte. Autoren, Sachbegriffe, Stücke, Bühnen, Ensembles, Theater, Organisationen, Bibliographie, Slideshow. Hrsg. von Manfred Brauneck. München: Systhema, 1999.

Theaterlexikon. Bd. 1: Begriffe und Epochen, Bühnen und Ensembles. Hrsg. von Manfred Brauneck und Gérard Schneilin. 5., vollst. überarb. Neuausg. Reinbek b. Hamburg: Rowohlt, 2007. – Bd. 2: Schauspieler und Regisseure, Bühnenleiter, Dramaturgen und Bühnenbildner. Hrsg. von Manfred Brauneck und Wolfgang Beck. Ebd.

Weniger, Kay: Zwischen Bühne und Baracke. Lexikon der verfolgten Theater-, Film- und Musikkünstler 1933 bis 1945. Berlin: Metropol, 2008.

Für Studien speziell zum 18. Jahrhundert:

Bender, Wolfgang F. / Bushuven, Siegfried / Huesmann, Michael: Theaterperiodika des 18. Jahrhunderts. Bibliographie und inhaltliche Erschließung deutschsprachiger Theaterzeitschriften, Theaterkalender und Theatertaschenbücher. 8 Bde. München [u. a.]: Saur, 1994–2005.

Bibliographia Dramatica et Dramaticorum. Kommentierte Bibliographie der im ehemaligen deutschen Reichsgebiet gedruckten und gespielten Dramen des 18. Jahrhunderts nebst deren Bearbeitungen und Übersetzungen und ihrer Rezeption bis in die Gegenwart. Hrsg. von Reinhart Meyer. 34 Bde. Tübingen: Niemeyer, 1986–2011.

[Nachschlagewerk zur Theaterproduktion des 18. Jahrhunderts im deutschsprachigen Raum (1700–1797); Ergebnis einer umfassenden, auf möglichst vollständige Erfassung ausgerichteten Quellenforschung, die vorher unbekannte Texte zu Tage gefördert hat.]

Für Einblicke in die Schauspielgeschichte, historische Lexika und Werke:

Allgemeines Theater-Lexikon oder Encyclopädie alles Wissenwerthen für Bühnenkünstler, Dilettanten und Theaterfreunde. 7 Bde. Hrsg. von Robert Blum, Karl Herloßsohn und Hermann Marggraff. Altenburg, Leipzig: Expedition des Theaterlexikons, 1839–42. (Neue Ausgabe 1846.)

Devrient, Eduard: Geschichte der deutschen Schauspielkunst. 2 Bde. Berlin: Elsner, 1905.

Müllner, Adolph: Theater-Lexikon. In: A. M.: Vermischte Schriften. Bd. 1. Stuttgart/Tübingen: Cotta, 1824. S. 77–254.

Theater-Lexikon. Theoretisch-practisches Handbuch für Vorstände, Mitglieder und Freunde des deutschen Theaters. Hrsg. von Philipp Jakob Düringer und Heinrich Ludwig Barthels. Leipzig: Wigand, 1841.

Für Studien im Bereich des ganz aktuellen Theaterbetriebs:

www.buehnenverein.de/de/theater-und-orchester/adressen.html

[Deutscher Bühnenverein. Bundesverband der Theater und Orchester: Auf der Homepage findet man neben einer Beschreibung der deutschen Theaterlandschaft auch die Adressen der (institutionalisierten) Theaterhäuser in Deutschland.]

https://nachtkritik.de

[Rezensionen zu Theateraufführungen, Meldungen rund um den aktuellen Theaterbetrieb.]

www.theatertexte.de

[Sammlung neuerer Theatertexte, die oft nicht im Buchhandel verfügbar sind: Inhaltsangaben sowie Hinweis auf Rechteinhaber; zu wissenschaftlichen Zwecken ist es relativ häufig möglich, den Text zu erhalten.]

Des Weiteren kann man sich auch über die beiden in Deutschland führenden Theaterzeitschriften über aktuelle Ereignisse und Debatten im Theaterbetrieb auf dem Laufenden halten:

- *Theater der Zeit*, https://tdz.de
- *Theater heute*, www.der-theaterverlag.de/theater-heute/

7 Digitale Methoden der Dramenanalyse

Von Benjamin Krautter

Die digitale Dramenanalyse versammelt computergestützte Ansätze und Verfahren, die eine zumeist quantitative Untersuchung der Texte von Bühnenstücken verfolgen. **Gegenstandsbereich** der digitalen Dramenanalyse sind also vor allem die zählbaren bzw. messbaren Elemente und Eigenschaften dramatischer Texte. Das Interesse der Forschung fokussiert die Dramenstruktur, die Dramenfiguren und deren sprachliche Gestaltung, zielt aber auch auf abstrahierende Fragen nach der Gattungszugehörigkeit eines Dramas oder der Periodisierung der Dramengeschichte ab. Als Untersuchungsgegenstand kommen demnach sowohl einzelne Dramen als auch ganze Dramenkorpora in Frage. Eine solche Sammlung von Dramentexten lässt sich nach unterschiedlichen Kriterien zusammenstellen, kann etwa auf einzelne Gattungen beschränkt oder auf eine Gruppe von Autoren und Autorinnen ausgerichtet werden. Innerhalb der *Digital Humanities* (digitalen Geisteswissenschaften) lässt sich die digitale Dramenanalyse dem Bereich der *Computational Literary Studies* zurechnen, der – unter verschiedenen Namen wie Computerphilologie oder digitale Literaturwissenschaft – bereits auf eine jahrzehntelange Forschungspraxis zurückblicken kann.

Dieses Kapitel versteht sich als Einführung in die Möglichkeiten digitaler Methoden der Dramenanalyse. Dabei stehen diejenigen Verfahren und Methoden im Mittelpunkt der Ausführungen, die die textsortenspezifischen Eigenschaften von Dramen berücksichtigen, die also nicht nur allgemein textanalytisch, sondern spezifisch dramenanalytisch angelegt sind. Eine historisch motivierte Annäherung an die computergestützte Analysepraxis soll zu Beginn veranschaulichen, dass es quantitative Methoden der Dramenanalyse nicht erst seit dem Zeitalter des Computers gibt (Kap. 7.1). Zugleich wird hierbei der Blick für die unterschiedlichen Erkenntnisinteressen quantitativer Analysen geöffnet: Stehen die Methodenentwicklung und deren Exploration im Vordergrund? Oder gründet die Wahl der Methode auf einer literaturwissenschaftlich motivierten Fragestellung? Anschließend werden die zentralen Bausteine der digitalen Dramenanalyse vorgestellt und anhand von Johann Elias Schlegels Trauerspiel *Canut* (1746) erläutert. Grundlage der computergestützten Untersuchungen sind digitale Textsammlungen, in denen maschinenlesbare Dramentexte zur Verfügung gestellt werden (Kap. 7.2). Auf diese digitalisierten Texte lassen sich zum einen basale statistische Verfahren aufsetzen, die als Hilfsmittel das etablierte dramenanalytische Spektrum ergänzen können (Kap. 7.3). Dazu zählen Auswertungen, die die Zahl der gesprochenen Wörter einer Figur oder die Zahl ihrer Auftritte im Verlauf eines

Dramas zum Gegenstand haben. Zum anderen sind Analysen mit sowohl mathematisch als auch technisch komplexeren Methoden, die etwa ›thematische‹, ›stilistische‹ oder ›strukturelle‹ Muster automatisiert zu identifizieren versuchen, möglich (Kap. 7.4). Von solchen Mustern wird angenommen, dass sie durch das Lesen immer größerer Textmengen nur schwer zu erschließen sind. Die Resultate dieser Analysen, die hier exemplarisch anhand dramatischer Netzwerkanalysen diskutiert werden, sind nicht nur selbst interpretationsbedürftig; es ist zugleich hilfreich, wenn sie anschlussfähig an etablierte Begriffe und Konzepte der Literaturwissenschaft sind, um für das Fach relevante literarhistorische oder theoretische Fragestellungen zu erörtern.[12]

7.1 Historische Motivierung

Auch wenn der Computer als »*number cruncher* [...] geradezu prädestiniert für quantitative Verfahren der Textuntersuchung« (Jannidis 2013, S. 34) ist, handelt es sich bei der quantitativen Analyse literarischer Texte keinesfalls um eine Innovation des 21. Jahrhunderts, die allein den jüngst unter dem Sammelbegriff *Digital Humanities* popularisierten digitalen Methoden der Textanalyse zuzuschreiben wäre. Pionierarbeiten für die »Verwendung quantitativer Ansätze im Umgang mit Sprache und Literatur« lassen sich stattdessen »bis ins frühe 19. Jahrhundert« nachvollziehen (Bernhart 2018, S. 207).

Die Forschung des US-amerikanischen Physikers Thomas Corwin Mendenhall darf dafür als einschlägiges Beispiel gelten. Anfang der 1880er Jahre stellte er erste Überlegungen zur Bestimmung der Autorschaft von literarischen Texten mittels quantitativer Methoden an. Seine 1901 dann als »peculiarities of style in composition« (Mendenhall 1901, S. 97) pointierte Idee, Texte oder Textgruppen über das mechanische Auszählen von Wortlängen graphisch zu repräsentieren, scheint in Anbetracht aktueller Publikationen im Feld der *Digital Humanities* kaum gealtert zu sein. Mendenhall gilt als wichtiger Vordenker der sogenannten **Stilometrie**, die sich als »computergestütztes Verfahren der Erhebung stilistischer (oder allgemeiner: sprachlicher) Merkmale und ihrer Häufigkeiten in Texten« auffassen lässt (Schöch 2017b, S. 292). Ausgangspunkt seiner methodischen Überlegungen ist letztlich eine konkrete literaturwissenschaftliche Problemstellung, nämlich die

12 Diese Anschlussfähigkeit wird in den *Digital Humanities* zumeist unter dem Begriff der Operationalisierung diskutiert. Gemeint ist damit die ›Messbarmachung‹ theoretischer Konzepte und Begriffe. Die Idee operationaler Begriffsbestimmungen stammt ursprünglich aus der Physik und geht auf Percy W. Bridgman (1927, S. 1–32) zurück.

um 1900 prominent und kontrovers diskutierte Frage, welche Dramen tatsächlich von William Shakespeare geschrieben wurden.

Seine Analysen stützt Mendenhall auf einfache statistische Auswertungen. Die Verteilungen der Wortlängen – wie viele Wörter eines Textes setzen sich aus einem, zwei, drei, vier usw. Buchstaben zusammen? – überführt er einerseits in Diagramme, die einen Vergleich verschiedener Texte oder Textgruppen erlauben. Andererseits berechnet er die durchschnittliche Wortlänge innerhalb einzelner Texte und dann ganzer Korpora. Davon erhofft er sich, distinktive stilistische Profile einzelner Autoren und Autorinnen ausfindig zu machen. Zwar nutzt Mendenhall die Texte von Bühnenstücken als Gegenstand seiner Untersuchungen, seine Methode ist aber nicht auf die Analyse einer bestimmten Textsorte hin ausgerichtet. Sie ist auf Dramen ebenso anwendbar wie auf Erzähltexte, Lyrik und Essayistik. Wenn er also William Shakespeares Bühnenstücke mit Francis Bacons Prosa vergleicht, scheint es fast so, als wären die Ergebnisse eher sensitiv für textsortenspezifische denn für autorspezifische Merkmale, die die beiden Textgruppen quantitativ unterscheidbar machen. Mendenhall, so lässt sich folgern, untersucht Teilaspekte von Dramen quantitativ, nämlich deren auf Wortlängen abstrahiertes Wortmaterial. Er greift allerdings auf eine Methode zurück, die er ebenso für die Analyse anderer Textsorten einsetzt.

Einen auf die Textsorte Drama zugeschnittenen Ansatz findet man dagegen bei den von Boris I. Yarkho in den 1920er und 1930er Jahren durchgeführten Arbeiten zur *Speech Distribution in Five-Act Tragedies* und den von Solomon Marcus Anfang der 1970er Jahre veröffentlichten »[m]athematische[n] Methoden im Theaterstudium« (Marcus 1973, S. 287). In seiner lange Zeit unbeachtet gebliebenen, 1997 postum erstmals publizierten und 2019 ins Englische übersetzten Studie erörtert der russische Formalist Bjoris I. Yarkho ([1935–38], S. 13) anhand einer – wie er selbst urteilt – »scientific basis« eine umfassende dramenhistorische Fragestellung: Er untersucht die Entwicklung vom klassizistischen Drama in Frankreich zum romantischen Drama in Deutschland. Seine Studie ist als eine Art Musterbeispiel angelegt, um das Potenzial der von ihm beworbenen »exact methods of research« (zit. nach: Gasparov [1969], S. 140) für die Literaturwissenschaft aufzuzeigen. Zentrales Kriterium, das er für seine Untersuchung von rund 200 Dramen veranschlagt, ist die **Verteilung der sprechenden Figuren** auf die verschiedenen Szenen im Drama. Yarkho betrachtet also, wie viele Figuren innerhalb einer Szene sprechen, und erhofft sich, daraus spezifische Muster ableiten zu können, die als Differenzkriterien von klassizistischen und romantischen Dramen fungieren.[13] Weder der Redeumfang

13 Was Yarkho als ›Szene‹ bezeichnet, nennen Solomon Marcus und Manfred Pfister ›Konfiguration‹ (vgl. Pfister 2001, S. 235).

einer Figur noch die Anzahl der Äußerungen, ihr Stil oder ihr Inhalt sind dabei für Yarkho von Interesse. Aus seinen Untersuchungen folgert er unter anderem, dass die Dramen der Romantik weniger stark auf Dialoge genau zweier Figuren konzentriert seien als die des Klassizismus, und sowohl die Zahl der Auf- und Abtritte als auch die der Bühnenfiguren erheblich ansteige (vgl. Yarkho [1935–38], S. 73).

Solomon Marcus' Monographie *Mathematische Poetik*, die 1970 zuerst auf Rumänisch, 1973 dann in deutscher Übersetzung veröffentlicht wurde, folgt einem vergleichbaren Ansatz: Der letzte Teil der Arbeit setzt sich explizit mit mathematischen Methoden für die Untersuchung von Theaterstücken auseinander (vgl. Marcus 1973, S. 287–380). Die Studie gilt heute als wichtige Vorläuferin für netzwerkanalytische Untersuchungen von Figurenbeziehungen im Drama (vgl. Trilcke 2013, S. 221). Schnell fanden die von Marcus geprägten **Konfigurationsmatrizen** Eingang in dramenanalytisches Handbuchwissen und sind dort bis heute zu finden (vgl. etwa Asmuth 2016, S. 44–47). In Rekurs auf Marcus bestimmt Manfred Pfister (2001, S. 235) die Figurenkonfiguration als »die Teilmenge des Personals, die jeweils an einem bestimmten Punkt des Textverlaufs auf der Bühne präsent ist; durch den Wechsel der Konfiguration wird ein neuer Auftritt, eine neue *scène*, konstituiert.« Die Quantifizierung der Auftrittsstruktur im Drama darf somit nicht nur als etabliert gelten, sie hat zudem wichtige dramentheoretische Begriffe geprägt. Auch für die digitale Dramenanalyse des 21. Jahrhunderts stellt sie einen der zentralen Gegenstandsbereiche dar. Indem Pfister (ebd.) »die aufwendige mathematische Formalisierung« aufgrund der »häufig trivialen Ergebnisse« aber weitestgehend ausklammert, wird gleichwohl deutlich, dass Marcus' Forschungsinteresse als vornehmlich methodisch und nicht literarhistorisch einzuordnen ist.

7.2 Digitale Textkorpora als Analysegrundlage

Voraussetzung für die computergestützte Analyse von Dramentexten sind **maschinenlesbare Digitalisate** (dazu umfassender Stäcker 2020, § 9), die in der Regel in umfangreichen Korpora gesammelt, organisiert und online veröffentlicht werden. Ein solches auf die maschinelle Analyse hin ausgerichtetes Korpus stellt eine spezifische Form digitaler Editionen dar. Denn in diesen Korpora liegt der Fokus weder auf der philologischen Rekonstruktion der Textgenese und ihrer kritischen Kommentierung noch auf der optischen Präsentation der Primärtexte. Im Vordergrund steht vielmehr der Zugang zu möglichst repräsentativen und großen Sammlungen von referenzierbaren Texten, in denen auch Strukturinformationen – im Drama also etwa die Unterscheidung von Haupt- und Nebentext – einheitlich kodiert und somit für die digitale Analyse vorbereitet sind.

Eine der wichtigsten Ressourcen für digitale Dramentexte stellt das *Drama Corpora Project* (DraCor) dar (siehe Fischer u. a. 2019). Momentan (Stand Juli 2024) bündelt es 19 individuelle Dramenkorpora verschiedener Sprachen und Verfasserschaft, wobei das Hauptaugenmerk auf den zwei eigens kuratierten Textsammlungen des Projekts liegt: dem *German* und dem *Russian Drama Corpus*. Das *German Drama Corpus* umfasst aktuell 703 deutschsprachige Dramen, die sich auf den Zeitraum von etwa 1650 bis 1930 konzentrieren und sich aus mehr als elf Millionen Wörtern zusammensetzen. Das Korpus basiert zu einem erheblichen Teil auf dem *TextGrid Repository*, das als digitales Langzeitarchiv für geisteswissenschaftliche Forschungsdaten eine Sammlung von 680 größtenteils kanonisch gewordenen oder zeitgenössisch äußerst populären Dramen enthält. Für das *German Drama Corpus* wurde die Sammlung ausgedünnt – nicht aufgenommen wurden etwa deutsche Übersetzungen der Dramen von William Shakespeare oder Henrik Ibsen, einige Stücke aus den Jahren vor 1730 und fragmentarisch gebliebene Dramen. Zudem wurde die Sammlung um Fehler bereinigt und systematisch aufbereitet. Auch neue Stücke aus anderen Ressourcen wie *Wikisource* oder dem *Deutschen Textarchiv* wurden zwischenzeitlich hinzugefügt.

Digitale Editionen und Korpora wie das für die maschinelle Analyse vorgesehene *German Drama Corpus* strukturieren ihre Primärtexte durch **Markups bzw. Annotationen** (vgl. Stäcker 2020, § 5 und § 42). Die Primärtexte sind also mit maschinenlesbaren Informationen kodiert, die über die reine Zeichenfolge des Textes hinausreichen. Dafür werden sogenannte Auszeichnungssprachen wie die Extensible Markup Language (XML) genutzt. Die Dramen des *German Drama Corpus* sind im Dokumentformat der Text Encoding Initiative (TEI), einer standardisierten XML-Formatfamilie, ausgezeichnet. Damit kann systematisch zwischen Haupt- und Nebentext unterschieden werden, Akt- und Szenengrenzen lassen sich markieren, und die Figurenrede jeder Dramenfigur kann man einer fixen ID, also einer eindeutigen Referenznummer, zuordnen.

Der in Abbildung 20 dargelegte Auszug der ersten Szene von Johann Elias Schlegels Trauerspiel *Canut* (1746) gibt einen Einblick in den Aufbau der TEI-Dokumente des *German Drama Corpus*. Das Drama ist durch verschiedene *tags* strukturiert: <sp who="#[...]"> weist die nachfolgende Figurenrede einer ID zu; durch <p></p> gerahmter Text ist als Prosa markiert, während <l></l> anzeigt, dass es sich bei dem entsprechend ausgezeichneten Abschnitt um einen Vers handelt; und <div type="scene"> signalisiert, dass eine neue Szene folgt.

Diese Strukturinformationen sind bei der späteren Analyse hilfreich, da sie deterministisch und regelbasiert aus dem kodierten Korpus extrahiert werden können. So lassen sich die Redeanteile einzelner Figuren isoliert betrachten und zusätzlich anhand der Akt- und Szenengrenzen in kleinere Analysesegmente unter-

```
    <set>
      <p>Der Schauplatz stellet ein Gemach des Königl. Schlosses vor.</p>
    </set>
  </front>
  <body>
    <div type="act">
      <head>Erster Aufzug.</head>
      <div type="scene">
        <head>Erster Auftritt.</head>
        <stage>Ulfo, Estrithe.</stage>
        <sp who="#ulfo">
          <speaker>ULFO.</speaker>
          <lg>
            <l>Erwarte weiter nichts. Dein Wunsch ist dir gewährt.</l>
            <l>Ich habe dich geführt, wohin du es begehrt.</l>
            <l>Du siehst nun Dännemarks berühmte Hauptstadt wieder.</l>
            <l>Geh, wirf dich, wenn du willst, vor deinem Bruder nieder;</l>
            <l>Ersuche den Canut um gnädiges Verzeihn;</l>
            <l>Bereu, entschuldige, ja, mische Thränen ein;</l>
            <l>Heiß meine That vor ihm ein übereilt Verbrechen,</l>
            <l>Erniedrige dich nur: Ich will als Sieger sprechen.</l>
          </lg>
        </sp>
        <sp who="#estrithe">
          <speaker>ESTRITHE.</speaker>
          <lg>
          <l>Ach! Ulfo! kannst du mich so grausam hintergehn?</l>
          <l>Hast du mich hergeführt, hier deinen Tod zu sehn?</l>
          <l>Bedenke, was du schon für deinen Trutz gelitten.</l>
          <l>Mein Bruder ist erzürnt, und du willst ihn nicht bitten?</l>
          </lg>
        </sp>
```

Abb. 20: In TEI kodierter Textauszug aus dem *German Drama Corpus*: Beginn des ersten Auftritts von Johann Elias Schlegels *Canut*

teilen. Die einzelnen Dokumente enthalten zudem einige Metadaten der Bühnenstücke, wie die Daten ihrer Erstpublikation und Uraufführung. Auch die der digitalen Textversion zugrundeliegende (Werk-)Ausgabe ist hinterlegt.

7.3 Digitale Methoden als Hilfsmittel

Auf Basis der maschinenlesbaren Kodierung lassen sich niedrigschwellige Analysen der Dramen durchführen, die vor allem auf die **Quantifizierung der Figurenrede** abzielen. Wie viel spricht eine Figur, wie häufig und wann? Diese Eigenschaften werden beim Lesen häufig implizit genutzt, etwa um die Hauptfiguren eines Dramas zu bestimmen, aber nur selten exakt ausgezählt. Die folgenden Beispiele sollen das Potential quantitativer Methoden als Hilfsmittel für die Dramenanalyse ausloten.[14] Erkenntnisse über einzelne Texte oder Korpora ergeben sich über den *modus operandi* des Vergleichs. Dass etwa der dänische König Canut in Schlegels gleichnamigem Drama 2800 Tokens äußert – **Tokens** zählen hier jedes Vorkommen einer Wortform und die Interpunktion –, besitzt als Zahl selbst keine große Aussagekraft. Erst durch den Vergleich mit anderen Figuren desselben Stücks oder dem begründeten Vergleich mit (titelgebenden) Figuren anderer Stücke wird eine Einordnung möglich.

Abbildung 21 listet die Zahl der gesprochenen Tokens für alle sieben in *Canut* auftretenden Figuren. Die Abbildung verdeutlicht, dass sowohl Estrithe als auch Ulfo einen erheblich größeren Redeumfang besitzen als Canut. Dessen 2800 Tokens entsprechen nicht einmal der Hälfte der 6027 von Estrithe gesprochenen Tokens. Die Abbildung veranschaulicht zudem eine beträchtliche Diskrepanz zwischen den vier meistsprechenden Figuren, nämlich Estrithe (6027), Ulfo (4235), Canut (2800) sowie Godewin (2343), und den drei übrigen Figuren, also Godschalk (562), Gunilde (304) und Haqvin (297).

Im Rückgriff auf Manfred Pfisters Vorstellung von »quantitativ erfaßbar[en] […] Dominanzrelationen« ließe sich diese Verteilung der Werte als erstes Kriterium für die Unterscheidung von Haupt- und Nebenfiguren im Bühnenpersonal auffassen. Pfister spricht hier vom »Anteil[] am Haupttext«. Als zweites Kriterium führt er die »Dauer der Bühnenpräsenz einer Figur« an, die sich näherungsweise über die Szenengrenzen ermitteln lässt (Pfister 2001, S. 226). Die in Tabelle 1 (S. 162) angeführten **Präsenzwerte** (Spalte ›Szenen‹) geben an, in wie vielen Sze-

14 Die Berechnungen und Visualisierungen wurden mithilfe der Pakete *DramaAnalysis* (Reiter/Strohmayer/Pagel 2019) und igraph (Csárdi u. a. 2024) für die Programmiersprache R angefertigt. Dafür wurde das *German Drama Corpus* mit dem Software-Paket *DramaNLP* computerlinguistisch vorverarbeitet. Für die hier durchgeführten Analysen ist die Identifizierung der Sprecher einer Äußerung und die Tokenisierung, d. h. die Segmentierung der Wörter und Satzzeichen, entscheidend (vgl. Reiter/Willand 2018, S. 52–54). Für *DramaAnalysis* steht ein umfassendes Tutorial zur Verfügung, das die Installation, die Datenbeschaffung und verschiedene Formen der Analyse erläutert: https://quadrama.github.io/DramaAnalysis/tutorial/3/ (Stand: 03. 05. 2024).

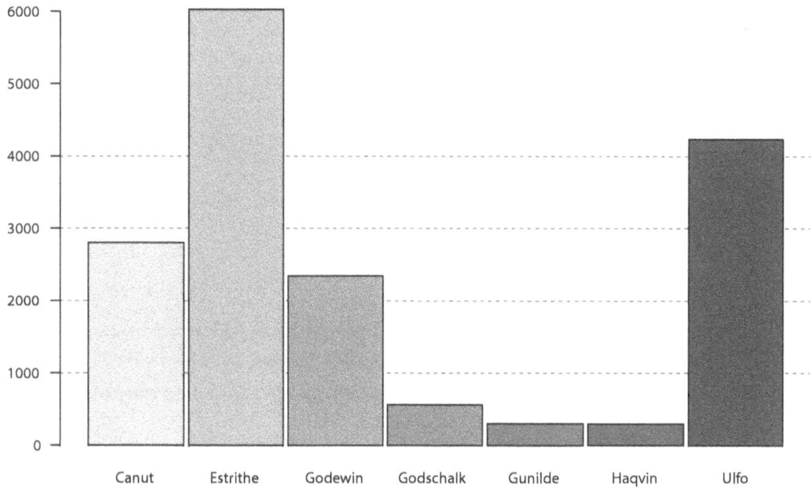

Abb. 21: Zahl der jeweils geäußerten Tokens in Johann Elias Schlegels *Canut*

nen eine Figur zumindest einmal spricht. Die Diskrepanz der beiden Figurengruppen wird hierbei erneut ersichtlich. Die beiden genannten Kriterien stellen jedoch weder eine echte Garantie für die Identifizierung von Hauptfiguren dar – eine Figur, die häufig auf der Bühne steht, muss nicht zwingend handlungsrelevant sein –, noch lassen sich allein dadurch weiterführende Charakterisierungen der Figuren vornehmen.

Da aber jede Äußerung separat kodiert und eindeutig einer Bühnenfigur zugeschrieben ist, lässt sich das Repertoire solcher **Textoberflächenvermessungen** erheblich erweitern. So können die einzelnen Äußerungen einer Figur ins Zentrum einer formalen quantitativen Untersuchung gerückt werden. Tabelle 1 listet neben der Anzahl der Szenen, in denen eine Figur spricht, auch die Zahl der Äußerungen und ihre durchschnittliche Länge. Richtet man den Blick auf Estrithes Vertraute Gunilde, die nur in einer einzigen Szene des 1. Akts auf der Bühne steht, wird ihre niedrige durchschnittliche Äußerungslänge ersichtlich. Mit nur knapp 34 Tokens fallen ihre neun Äußerungen sehr viel kürzer aus als etwa diejenigen von Estrithe. Einer längeren Passage mit 129 Tokens stehen dabei vier sehr kurze gegenüber, die sich jeweils auf nur einen Vers beschränken und zwischen neun und 13 Tokens umfassen.

Die Äußerungen lassen sich zudem im Dramenverlauf lokalisieren und dadurch auch visualisieren. Abbildung 22 (S. 162) zeigt eine solche **Verlaufsgrafik** am Beispiel von Schlegels *Canut*. Die horizontale Achse repräsentiert den linearen

Figur	Tokens	Szenen	Äußerungen	Ø Äußerungsl.	Sd Äußerungsl.
Canut	2800	11	43	65.1	83.1
Estrithe	6027	16	73	82.6	103.8
Godewin	2343	11	40	58.6	82.4
Godschalk	562	4	14	40.1	55.1
Gunilde	304	1	9	33.8	39.2
Haqvin	297	2	3	99.0	24.3
Ulfo	4235	11	77	55.0	77.9

Tab. 1: Quantitative Eigenschaften der Dramenfiguren in Johann Elias Schlegels *Canut*. Gelistet sind die gesprochenen Tokens einer Figur; die Zahl der Szenen, in denen eine Figur spricht; die Zahl der Äußerungen; die durchschnittliche Äußerungslänge – und die Standardabweichung der Äußerungslänge.

Dramenverlauf von Anfang bis Ende, die senkrechten Linien markieren Aktgrenzen (schwarz, durchgezogen) und Szenengrenzen (grau, gepunktet). Jeder Punkt der Darstellung stellt eine Äußerung der auf der vertikalen Achse angeführten Figuren dar. So lässt sich erkennen, wann Figuren sprechen, wer die Gesprächspartner sind und wie das Bühnenpersonal wechselt. Es lassen sich also basale Informationen abrufen, die mit Beobachtungen aus der Primärtextlektüre kombiniert und in die formale Analyse des Dramas zurückgespielt werden können.

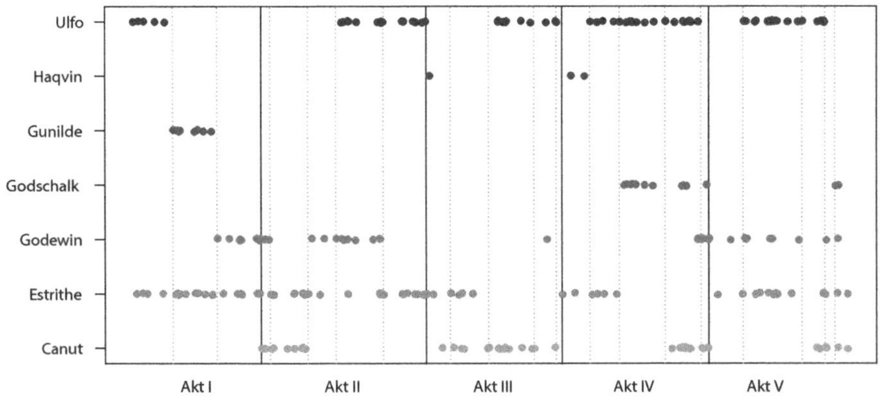

Abb. 22: Kopräsenz im Dramenverlauf von Johann Elias Schlegels *Canut*. Jeder Punkt repräsentiert eine Äußerung.

Der Skalierung, Segmentierung und Gruppenbildung sind dabei technisch fast keine Grenzen gesetzt. Abhängig von der Forschungsfrage sind sowohl eine Makro- als auch eine Mikroperspektive applikabel. So kann die Komplexität eines Dramas auf einen singulären Datenwert reduziert werden, der erst in einem Vergleichskorpus an Aussagekraft gewinnt. Es lassen sich aber auch die einzelnen Äußerungen einer Dramenfigur untersuchen. **Vergleiche** zweier Dramen oder ganzer Korpora (etwa: Welche sind die Dramenfiguren, die im 19. Jahrhundert am meisten sprechen?) sind damit ebenso denkbar wie eine **gezielte Auswahl** von Figurengruppen und/oder Textsegmenten (etwa: Sind die einzelnen Äußerungen weiblicher oder männlicher Figuren im 1. Akt eines gewählten Dramas länger?). Abbildung 23 vergleicht beispielhaft die Länge der Figurenrede im jeweils ersten Akt von Schlegels *Canut* und Schillers *Die Räuber* (1781). Die Balkendiagramme sind hierbei dramenweise gestapelt, was eine einfache Gegenüberstellung ermöglicht. Die Werte veranschaulichen, dass allein die aufsummierten Redeanteile von Franz Moor (4501) erheblich mehr Tokens umfassen als der gesamte 1. Akt von *Canut* (3003).

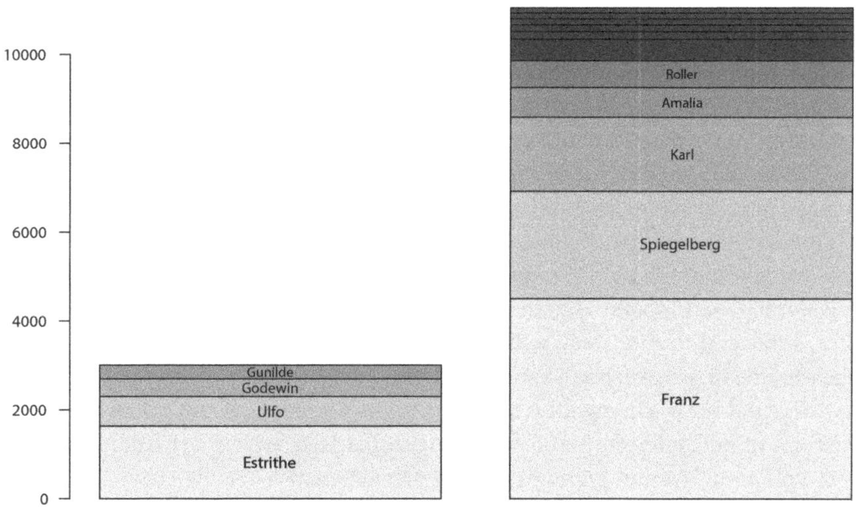

Abb. 23: Länge der Figurenrede im 1. Akt von Johann Elias Schlegels *Canut* und Friedrich Schillers *Die Räuber* in Tokens

Basis der gezeigten Auswertungen ist die maschinenlesbar kodierte Struktur der Dramen. Auch für algorithmisch anspruchsvollere Methoden der *Digital Huma-*

nities ist der mögliche Rückgriff auf die Dramenstruktur hilfreich oder sogar elementar. Dazu zählen beispielsweise das ***Topic Modeling***, das »verborgene, im weitesten Sinne semantische Strukturen in großen Textsammlungen« zu entdecken versucht (Schöch 2017a, S. 42), ***stilometrische*** **Analysen** (etwa Burrows/Craig 2012), die das Wortmaterial anhand von Distinktivitätsmetriken gegenüberstellen, oder literarische ***Netzwerkanalysen*** (etwa Trilcke/Fischer 2018). Die Netzwerkanalyse, die sich ganz grundlegend von der Dramenstruktur ableitet, dient im Folgenden als Beispiel, um die Potentiale und Schwierigkeiten digitaler Methoden auch hinsichtlich ihrer interpretatorischen Aussagekraft zu konturieren.

7.4 Netzwerkanalyse und Interpretation

Netzwerkanalytische Studien literarischer Texte gründen auf einem »Import von Methoden« aus den empirischen Sozialwissenschaften (Trilcke 2013, S. 201). Die Analysen versuchen, einen **quantitativen Zusammenhang zwischen bestimmten Entitäten** eines oder mehrerer Texte herzustellen. Bei den Entitäten handelt es sich dabei zumeist um die Figuren der fiktionalen Welt. Mit ihren zwei wesentlichen Bauteilen, den sogenannten Knoten (*vertices/nodes*) und Kanten (*edges*), bildet die Graphentheorie die mathematische Grundlage der Netzwerkanalyse. In seiner einfachsten grafischen Gestalt ist ein Netzwerk demnach eine Ansammlung von als Punkten visualisierten Knoten, die durch Linien – sie stellen die Kanten dar – zu Paaren verbunden werden (vgl. Newman 2010, S. 109–112). Die Knoten repräsentieren im vorliegenden Fall die Figuren eines Dramas, die sie verbindenden Kanten quantifizieren üblicherweise das gemeinsame Auftreten zweier Figuren innerhalb einer Szene. Da die Auftritte der Figuren (als solche) aber in den derzeit verfügbaren Dramenkorpora nicht maschinenlesbar ausgezeichnet sind, sondern nur ihre Redebeiträge, werden hierbei nur diejenigen Figuren betrachtet, die in der gleichen Szene sprechen.

Aufgrund ihrer gängigen Strukturierung in Szenen bzw. Auftritte bieten sich Dramen in besonderem Maße für eine automatisierte Netzwerkanalyse an. Die von Solomon Marcus geprägte Konfigurationsmatrix ist gleichermaßen Ausgangspunkt für die Visualisierung wie auch für weitergehende Berechnungen. Ein auf diese Weise modelliertes und abstrahiertes Drama, in dem Figuren und ihre gemeinsame Präsenz auf der Bühne durch Knoten und Kanten repräsentiert sind, lässt sich anhand von Datenwerten in einen Vergleichszusammenhang mit anderen Dramen oder ganzen Dramenkorpora stellen. Dadurch – so die Hoffnung – müssten sich Muster aufspüren lassen, die neue literaturgeschichtliche Einblicke offenbaren und bestehende Hypothesen quantitativ testen könnten.

	Canut	Estrithe	Godewin	Godschalk	Gunilde	Haqvin	Ulfo
Szene 1		1					1
Szene 2		1			1		
Szene 3		1	1				
Szene 4	1		1				
Szene 5	1	1					
Szene 6		1	1				
Szene 7		1	1				1
Szene 8		1					1
Szene 9	1	1				1	
Szene 10	1	1					
…	…	…	…	…	…	…	…
Szene 23	1	1	1	1			

Tab. 2: Konfigurationsmatrix von Johann Elias Schlegels *Canut*. Der Wert ›1‹ zeigt an, dass eine Figur in der entsprechenden Szene mindestens einmal spricht; ein leeres Feld markiert, dass sie in dieser Szene nicht spricht.

Abbildung 24 (S. 166) zeigt die Netzwerkvisualisierung von Schlegels *Canut*, die als optische Repräsentation auf der Konfigurationsmatrix in Tabelle 2 gründet. Alle im Netzwerk visualisierten Datenwerte sind in der Konfigurationsmatrix kodiert oder lassen sich aus dieser berechnen. Bei der abgebildeten Darstellung handelt es sich um ein einfaches, ungerichtetes Netzwerk: Das heißt, die Konfigurationsmatrix führt keine Informationen über die Interaktionsrichtung der Figuren, lediglich ihre Kopräsenz lässt sich aus ihr folgern. Knoten und Kanten sind jeweils mit zusätzlichen Informationen belegt. Die Kanten sind gewichtet, sie geben also nicht nur wieder, dass zwei Figuren im Verlauf einer Szene bzw. eines Auftritts gemeinsam auf der Bühne stehen; ihre Dicke veranschaulicht zudem, in wie vielen Szenen die beiden Figuren zusammen auf der Bühne sind. Je dicker eine Kante abgebildet ist, umso häufiger sind die verbundenen Figuren kopräsent. Bei insgesamt 23 *scènes*, die sich in *Canut* auf fünf Akte verteilen, liegt das hypothetisch maximale Gewicht einer Kante bei 23. Dazu müssten mindestens zwei Figuren in jeder der 23 *scènes* auf der Bühne stehen und sprechen. Tatsächlich liegt das maximal erreichte Kantengewicht bei 7: Estrithe und Godewin sind in sieben der 23 Szenen kopräsent.[15] Auch die Größe der Knoten ist hier mit einer Zusatzinforma-

15 Die optische Entfernung zwischen zwei verbundenen Knoten ist nicht bedeutungstragend.

tion belegt. Sie entspricht dem sogenannten Grad (*degree*), dem wohl simpelsten Zentralitätsmaß im Netzwerk (vgl. Newman 2010, S. 169). Mithilfe von Zentralitätsmaßen wird zu berechnen versucht, wie wichtig ein Knoten für bestimmte Konstellationen innerhalb der Netzwerkstruktur ist. Der Grad gibt an, mit wie vielen anderen Figuren eine Figur im Verlauf des Dramas gemeinsam auf der Bühne steht. Im abgebildeten Netzwerk entspricht der Grad eines Knotens also der Zahl an Kanten, die mit ihm verbunden sind. Den höchsten Grad in Schlegels *Canut* besitzt Estrithe, die als einzige Figur innerhalb der 23 *scènes* mit dem gesamten übrigen Bühnenpersonal zumindest einmal sprechend auf der Bühne präsent ist.

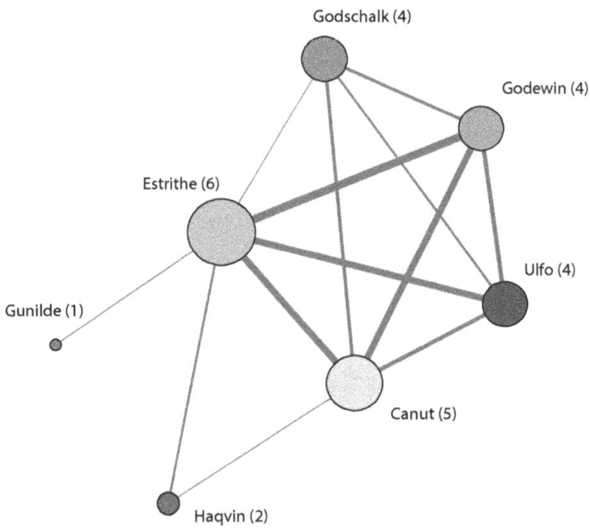

Abb. 24: Netzwerkdarstellung von Johann Elias Schlegels *Canut*

Netzwerkdarstellungen wie Abbildung 24 lassen sich in den hermeneutischen Verstehensprozess integrieren. Franco Moretti, ein prominenter Verfechter von quantitativen Methoden in den Literaturwissenschaften, führt eine solche **Interpretationspraxis** in seinem Aufsatz *Network Theory, Plot Analysis* (2011) anhand von Shakespeares *Hamlet* (1604) vor. Morettis Interpretation macht die Netzwerkdarstellung, also ein abstrahiertes Modell des Dramas, zum zentralen Untersuchungsgegenstand. Anhand des Netzwerks macht er Horatio als Fixpunkt aus, der das Figurengefüge in *Hamlet* zusammenhalte (vgl. Moretti 2011, S. 5–7). Ähnlich wie bei einem *close reading* zerlegt Moretti das Netzwerk in verschiedene Einzelteile und führt die hieraus gewonnenen netzwerkanalytischen Beobachtungen mit textanalytischen Erkenntnissen zusammen: »Horatio has a function in the play, but not a motivation. No aim, no emotions – no *language*, really, worthy of *Hamlet*. I can think of no other character that is so central to a Shakespeare play, and so flat in its style« (Moretti 2011, S. 7).

In diesem Zusammenhang wird Moretti mitunter vorgeworfen, seine eigenen Maximen zu unterlaufen und weiterhin im »›traditionellen‹ Modus der Bedeutungsgenerierung« zu verbleiben (Trilcke/Fischer 2016, S. 12). Sein Programm des *distant reading*, das sich zum »geflügelten Wort für quantitative Analysen« (Weitin/Gilli/Kunkel 2016, S. 104) entwickelt hat, sollte Erklärungsmodelle anhand großer Korpora liefern und somit über das Verstehen und Interpretieren einzelner kanonischer Texte hinausreichen. Doch Morettis Intuition, so der Vorwurf, scheine bei der Interpretation des Netzwerks wichtiger zu sein als quantitative Metriken. Netzwerkmaße wie der Grad einer Figur lassen sich – im Sinne einer Programmatik der *large scale*, also möglichst vieler Untersuchungsgegenstände – natürlich aber auch für große Korpora berechnen und auf Muster hin untersuchen.

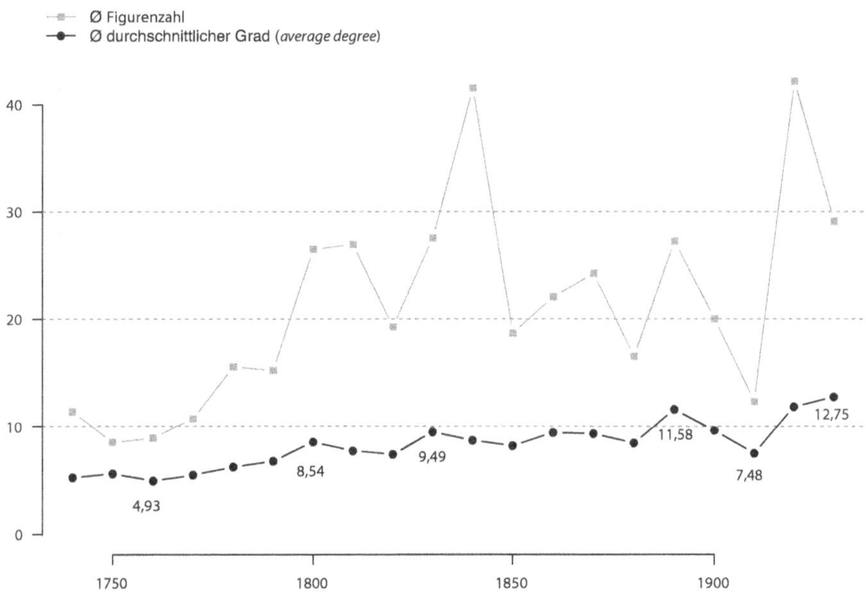

Abb. 25: Durchschnittlicher Grad und Figurenzahl von 630 zwischen ca. 1730 und 1930 entstandenen Dramen; Mittelwerte pro Dekade. Die Abbildung bildet eine Analyse von Trilcke/Fischer (2018) nach.

Abbildung 25 zeigt beispielhaft den diachronen Verlauf des durchschnittlichen Grads (schwarz) anhand von 630 Dramen aus dem *German Drama Corpus*. Verlaufsgrafiken wie diese können aber nicht den Endpunkt einer Korpusanalyse darstellen. Sie sind selbst interpretationsbedürftig. Rein deskriptiv zeigt sich, dass der durchschnittliche Grad beginnend mit dem späteren 18. Jahrhundert langsam ansteigt, ehe er ab 1800 kleineren Schwankungen unterliegt und 1830 einen ersten Höhepunkt erreicht. Einem deutlichen Anstieg des durchschnittlichen Grads zwischen 1880 und 1890 folgen ein recht prägnanter Abfall und der erneut schnelle Anstieg. Wie kommt ein hoher durchschnittlicher Grad nun aber überhaupt zustande und welche Konsequenzen lassen sich daraus für die Dramen ableiten?

Zentralitätsmaße eines Dramennetzwerks korrelieren – mehr oder weniger stark – mit der **Größe des Bühnenpersonals**. Abbildung 25 (S. 167) zeigt deshalb auch, wie viele Figuren die Dramen in den Dekaden von 1730 bis 1930 auf die Bühne führen. Insbesondere der Verlauf ab 1880 verdeutlicht, dass die Figurenzahl mit dem durchschnittlichen Grad zusammenzuhängen scheint. Die Erklärung ist simpel: Umso mehr Figuren ein Drama insgesamt aufweist, umso höher ist der potentielle Grad einer jeden Figur. Gleichzeitig sinkt mit zunehmendem Bühnenpersonal die Wahrscheinlichkeit, dass eine Figur mit allen anderen Figuren spricht. Diese Wechselwirkung führt dazu, dass Dramen mit großen Unterschieden im Personalumfang kaum sinnvoll vergleichbar sind, will man mehr über sie in Erfahrung bringen, als dass sie verschieden viele Figuren auf der Bühne zeigen. Netzwerke mit nur wenigen Figuren zeichnen sich in der Regel durch eine größere Dichte (*density*) aus, da die Figuren untereinander enger vernetzt sind. Die Dichte setzt sich aus dem Verhältnis der tatsächlich realisierten Kanten zu den potentiell möglichen Kanten zusammen (vgl. Newman 2010, S. 134). Dramennetzwerke, die eine hohe Zahl an Bühnenfiguren aufweisen, sind dagegen weniger stark vernetzt: Ihre Dichte ist geringer. Sie realisieren also eine kleinere Zahl der potentiellen Verbindungen.

Der Grund für diese Beobachtungen liegt nicht selten in poetologischen Setzungen, etwa mit Blick auf die Einheit des Orts. So geht die Ausweitung des Bühnenpersonals oftmals mit einer größeren Zahl an dargestellten Schauplätzen einher, an denen dann nur bestimmte Figurengruppen auftreten, die vom übrigen Bühnenpersonal isoliert bleiben. Daraus ergibt sich eine weitere Schwierigkeit der dramatischen Netzwerkanalyse, nämlich die **Unterscheidung zwischen Auftritt und Szene**. Während klassizistische Dramen jeden Auftritt als neue *scène* markieren (*liaison des scènes*), sind die Szenengrenzen bei denjenigen Dramen, die sich an Shakespeare orientieren, meist an Schauplatzwechsel gebunden (vgl.

Ranke 2010, S. 710).[16] Figuren treten innerhalb einer Szene also dynamisch auf und ab, ohne dass diese Auftritte derzeit im *German Drama Corpus* maschinenlesbar kodiert wären;[17] auflösbar ist meist nur, ob eine Figur innerhalb einer Szene spricht oder nicht. Wendet man also Methoden der Netzwerkanalyse auf entsprechende Dramen an, etwa Goethes *Egmont* (1788) oder Schillers *Die Räuber*, muss dieser Umstand zumindest bei der Auswertung der Ergebnisse reflektiert werden. Denn die Zahl der Szenen kann beträchtlich von der Zahl der Konfigurationen, die an Auf- und Abtritte gebunden sind, abweichen. Die 15 Szenen in Schillers *Die Räuber* zählen beispielsweise 77 Konfigurationen (vgl. Marcus 1973, S. 326–333).

Visualisierungen von netzwerkanalytischen Datenpunkten im Drama werden gerne als abstrakte Annäherung an die Dramenhandlung aufgefasst (vgl. Moretti 2011, S. 3 f.). Dabei kommt der **figuralen Kopräsenz** ein starkes Gewicht zu. Denn was als das Sprechen zweier Figuren innerhalb der gleichen Szene operationalisiert ist, wird im Netzwerk als aktive Interaktion der Figuren interpretiert. Anders als die Zeichenfolge im Dramentext steht diese abstrahierte Repräsentation als Netzwerk nur mehr für die Summe der Ereignisse in Form figuraler Kopräsenz. Die Abfolge der Ereignisse – wer spricht wann mit wem? Wer tritt wann an welchen Orten auf? – bleibt dabei meist unklar. Jede Interaktion wird dann, ganz unabhängig von ihrer Art, ihrer Chronologie, ihrer Intensität oder Dauer, mit dem gleichen Wert bemessen. Da die Ergebnisse solch abstrakter Modellierungen schwer zu interpretieren sind und deshalb nach sehr spezifischen Fragestellungen verlangen, wurden in jüngerer Zeit verschiedene Vorschläge unterbreitet, um sowohl den statischen Charakter der Netzwerke aufzubrechen als auch die durch die Kanten repräsentierten Relationen zu konkretisieren. So werden einerseits Teilnetzwerke aus Textsegmenten extrahiert oder die dynamische Veränderung des auf der Bühne stehenden Personals betrachtet (vgl. etwa Trilcke 2022, S. 581–589). Andererseits gibt es Versuche, die szenische Kopräsenz der Dramenfiguren durch andere Formen der Interaktion, beispielsweise anhand narrativer Elemente der Figurenrede (vgl. Vauth 2023) oder der Weitergabe von Wissen (vgl. Andresen u. a. 2022, S. 18–22) zu ergänzen. Das erfordert aber zumeist zusätzliche manuelle Annotationsarbeit.

16 Auf diese Schwierigkeit mit der »Kompositionsstruktur« weist auch Trilcke (2013, S. 223–224) in seiner einschlägigen Studie hin. Bei der Untersuchung einzelner Dramen ist es praktikabel, die »Segmentierungseinheit« manuell anzupassen. Für größere Korpusanalysen würde diese manuelle Anpassungsleistung jedoch einen enormen Mehraufwand bedeuten.

17 Es gibt inzwischen vielversprechende Versuche, die Auf- und Abtritte von Figuren automatisch zu erkennen (vgl. etwa Ehlers/Andresen 2023, S. 395–397).

7.5 Zusammenfassung

Die hier vorgestellten Analysen können nicht mehr als einen schlaglichtartigen Einblick in die grundlegenden Möglichkeiten der digitalen Dramenanalyse geben. Als Hilfsmittel können sie die etablierten qualitativen Verfahren der Dramenanalyse ergänzen, etwa hinsichtlich der Figurencharakterisierung. Auch für größere Korpusanalysen bieten sich Anschlusspunkte: Lassen sich Muster bei den Auf- und Abtritten bestimmter Figurengruppen erkennen? Kann die Funktion von Figuren, denkbar wären Boten- oder Dienerfiguren, durch die quantitativen Eigenschaften ihrer Figurenrede erschlossen werden?

Steht ein entsprechend kodierter Dramentext oder ein ganzes Dramenkorpus zur Verfügung, sind die gezeigten Berechnungen und Visualisierungen bereits mit überschaubarem Aufwand zu bewerkstelligen. Einen noch einfacheren Zugang bieten webbasierte Tools wie *Katharsis* (Schmidt u. a. 2019), das verschiedene statistische Auswertungen zur Struktur und zur Figurenrede von 100 deutschsprachigen Dramen bereitstellt, oder »*To See or Not to See*« (Wilhelm u. a. 2013), das quantitative Eigenschaften der Stücke von William Shakespeare analysiert und visualisiert.

Sollen die Methoden der digitalen Dramenanalyse jedoch mehr sein als ein heuristisches Mittel für die Exploration von Textkorpora, das Suchen unbekannter, von der Norm abweichender Figuren, Figurenkonstellationen oder Dramen, dann ist eine »fachwissenschaftliche Frage, die bearbeitet werden soll und zu deren Beantwortung eine adäquate und funktionale Modellierung gefunden werden muss«, zentral (Jannidis 2017, S. 160). Das gilt insbesondere für algorithmisch komplexere Methoden wie die Netzwerkanalyse, deren Prämissen und Operationalisierungen bei der Auswertung und Interpretation der Resultate stets mitzudenken und transparent zu machen sind. Wie weitreichend digitale Methoden der Dramenanalyse künftig in der Lage sein werden, genuin literaturwissenschaftliche Desiderate zu erschließen – auch im Zusammenspiel mit qualitativen Methoden –, gilt es in den kommenden Jahren zu eruieren. Erste Erfolge, etwa bei Fragen der Autorschaft, konnten aber bereits erzielt werden.

Software und Tools

Csárdi, Gábor [u. a.] (2024): igraph for R: R Interface of the igraph Library for Graph Theory and Network Analysis. DOI: https://doi.org/10.5281/zenodo.7682609 (Stand: 12.04.2024).

Fischer, Frank [u. a.]: Drama Corpora Project. URL: https://dracor.org (Stand: 12.04.2024).

Reiter, Nils / Pagel, Janis (2020): DramaAnalysis Tutorial. URL: https://quadrama.github.io/DramaAnalysis/tutorial/3/index.html (Stand: 12.04.2024)

– / Renkes, Malte (2023): DramaNLP. DOI: https://doi.org/10.5281/zenodo.597866 (Stand: 12.04.2024).

Reiter, Nils / Strohmayer, Tim / Pagel, Janis (2020): DramaAnalysis. DOI: https://doi.org/10.5281/zenodo.597509 (Stand: 12.04.2024).

Schmidt, Thomas [u. a.](2019). Katharsis – A Tool for Computational Drametrics. In: Digital Humanities Conference 2019. Book of Abstracts. Utrecht. DOI: https://doi.org/10.5283/epub.43579 (Stand: 12.04.2024).
Tool abrufbar unter: https://lauchblatt.github.io/Katharsis/index.html (Stand: 12.04.2024).

Wilhelm, Thomas / Burghardt, Manuel / Wolff, Christian (2013): »To See or Not to See« – An Interactive Tool for the Visualization and Analysis of Shakespeare Plays. In: Kultur und Informatik. Visual Worlds & Interactive Spaces. Hrsg. von Regina Franken-Wendelstorf, Elisabeth Lindinger und Jürgen Sieck. Glückstadt: Hülsbusch, S. 175–185.

Literaturverzeichnis

Zitierte Theatertexte

Aischylos: *Die Schutzflehenden* [um 463 v. Chr.]. In: A.: Die Tragödien. Übertr. von Johann Gustav Droysen, durchges. von Walter Nestle, neu hrsg. und eingel. von Bernhard Zimmermann. 7., überarb. Aufl. Stuttgart: Kröner, 2016. S. 93–137.

Bidermann, Jakob [1635]: *Cenodoxus*. Deutsche Übersetzung von Joachim Meichel (1635). Hrsg. von Rolf Tarot. Bibliogr. erg. Ausg. Ditzingen: Reclam, 2020. (Universal-Bibliothek. 14011.)

Brecht, Bertolt (1951): *Der Hofmeister, von Jacob Michael Reinhold Lenz (Bearbeitung)*. In: B. B.: Versuche. H. 11. Berlin: Suhrkamp. S. 5–78. [Inklusive Brechts Kommentar: Über das Poetische und Artistische.]

Buri, Ernst Karl Ludwig Ysenburg von (1793): *Ludwig Capet, oder Der Königsmord. Ein bürgerliches Trauerspiel in vier Aufzügen*. Neuwied: I. L. [Johann Ludwig] Gehra.

Danckwart, Gesine (2000): *Girlsnightout* (Fassung 5.2000 [Erstfassung 1999]). F 758. In: Deutscher Theaterverlag. www.dtver.de/downloads/leseprobe/f----758.pdf (Stand: 12. 04. 2024).

Erpulat, Nurkan / Hillje, Jens (2010): *Verrücktes Blut*. In: Theater der Zeit. H. 11. S. 49–61.

Gottsched, Luise Adelgunde Victorie [1736]: *Die Pietisterey im Fischbein-Rocke. Komödie*. Hrsg. von Wolfgang Martens. Bibliogr. aktual. Ausg. Ditzingen: Reclam, 2020. (Universal-Bibliothek. 14007.)

Gryphius, Andreas [1657]: *Catharina von Georgien. Trauerspiel*. Hrsg. von Alois M. Haas. Bibliogr. erg. Ausg. Ditzingen: Reclam, 2020. (Universal-Bibliothek. 14009.)

Handke, Peter (1992): *Die Stunde da wir nichts voneinander wußten. Ein Schauspiel*. Frankfurt a. M.: Suhrkamp.

– [1966]: *Publikumsbeschimpfung*. In: P. H.: Publikumsbeschimpfung und andere Sprechstücke. Sonderausgabe. Frankfurt a. M.: Suhrkamp, 2008. S. 5–20.

Hauptmann, Gerhart [1889]: *Vor Sonnenaufgang. Soziales Drama*. Hrsg. von Peter Langemeyer. Ditzingen: Reclam, 2023. (Universal-Bibliothek. 19017.)

Jelinek, Elfriede [1979]: *Was geschah, nachdem Nora ihren Mann verlassen hatte oder Stützen der Gesellschaften*. In: E. J.: Theaterstücke. Hrsg. von Ute Nyssen und Regine Friedrich. Reinbek b. Hamburg: Rowohlt, [10]2013. S. 7–78.

– (2018): *Die Schutzbefohlenen*. In: E. J.: Die Schutzbefohlenen. Wut. Unseres. Reinbek b. Hamburg: Rowohlt. S. 9–98.

Lenz, Jakob Michael Reinhold [1774]: *Der Hofmeister oder Vorteile der Privaterziehung. Eine Komödie*. Anm. von Friedrich Voit. Nachw. von Karl S. Guthke. Bibliogr. erg. Ausg. Ditzingen: Reclam, 2023. (Universal-Bibliothek. 1376.)

Lessing, Gotthold Ephraim [1755]: *Miss Sara Sampson. Ein Trauerspiel in fünf Aufzügen*. Anm. von Veronica Richel. Ditzingen: Reclam, 2003. (Universal-Bibliothek. 16.) [Untertitel in der Werkausgabe, Bd. 3, hrsg. von Conrad Wiedemann, Frankfurt a. M.: Deutscher Klassiker Verlag, 2003: »Ein bürgerliches Trauerspiel, in fünf Aufzügen«.]

– [1772]: *Emilia Galotti. Ein Trauerspiel in fünf Aufzügen.* Anm. von Jan-Dirk Müller. Ditzingen: Reclam, 2017. (Universal-Bibliothek. 45.)
Öziri, Necati (2019): *Die Verlobung in St. Domingo – Ein Widerspruch.* In: Theater heute. H. 5.
Schiller, Friedrich [1781]: *Die Räuber. Ein Schauspiel.* Anm. von Christian Grawe. Ditzingen: Reclam, 2017. (Universal-Bibliothek. 15.)
Schlegel, Johann Elias [1746]: *Canut, ein Trauerspiel.* In: J. E. Sch.: Ausgewählte Werke. Hrsg. von Werner Schubert. Weimar: Arion, 1963. S. 172–216. [Digitale Version: https://dracor.org/ger/schlegel-canut#text, Stand: 12.04.2024.]

Zitierte Forschungsliteratur und Quellen zur Dramentheorie

Alt, Peter-André (2008): *Klassische Endspiele. Das Theater Goethes und Schillers.* München: Beck.
Andresen, Melanie [u. a.] (2022): Who Knows What in German Drama? A Composite Annotation Scheme for Knowledge Transfer. Annotation, Evaluation, and Analysis. In: *Journal of Computational Literary Studies* 1. H. 1. S. 1–27. DOI: https://doi.org/10.48694/jcls.107 (Stand: 12.04.2024).
Aristoteles (2008): *Poetik.* Übers. und erl. von Arbogast Schmitt. In: A.: *Werke in deutscher Übersetzung.* Begr. von Ernst Grumach, hrsg. von Hellmut Flashar. Bd. 5. 2., durchges. und erg. Aufl. Berlin: Akademie-Verlag, 2011.
– (2022): *Poetik.* Griech./Dt. Übers. und hrsg. von Manfred Fuhrmann. Bibliogr. erg. Ausg. Ditzingen: Reclam. (Universal-Bibliothek. 7828.)
Asmuth, Bernhard (2016): *Einführung in die Dramenanalyse.* 8., aktual. und erw. Aufl. Stuttgart: Metzler.
Autorinnen Lexikon (2002). Hrsg. von Ute Hechtfischer [u. a.]. Frankfurt a. M.: Suhrkamp.
Balme, Christopher (2014): *Einführung in die Theaterwissenschaft.* 5., neu bearb. und erw. Aufl. Berlin: Erich Schmidt.
– (2022): Theaterwissenschaft und Postkolonialismus. Ein fachgeschichtlicher und persönlicher Rückblick. In: *Theaterwissenschaft postkolonial/dekolonial. Eine kritische Bestandsaufnahme.* Hrsg. von Azadeh Sharifi und Lisa Skwirblies. Bielefeld: transcript. S. 225–246.
Baumbach, Gerda (2012): *Schauspieler. Historische Anthropologie des Akteurs.* Bd. 1: *Schauspielstile.* Leipzig: Leipziger Universitätsverlag.
Becker-Cantarino, Barbara (1989): *Der lange Weg zur Mündigkeit. Frauen und Literatur in Deutschland von 1500 bis 1800.* München: dtv.
Bernhart, Toni (2018): Quantitative Literaturwissenschaft: Ein Fach mit langer Tradition? In: *Quantitative Ansätze in den Literatur- und Geisteswissenschaften. Systematische und historische Perspektiven.* Hrsg. von Toni Bernhart [u. a.]. Berlin/Boston: de Gruyter. S. 207–219.
Birgfeld, Johannes (2022): Poetiken des Dramas. In: *Handbuch Poetikvorlesungen. Geschichte – Praktiken – Poetiken.* Hrsg. von Gundela Hachmann, Julia Schöll und Johanna Bohley. Berlin/Boston: de Gruyter. S. 279–295.
Bleich, Erich Herbert (1936): *Der Bote aus der Fremde als formbedingender Kompositionsfaktor*

im Drama des deutschen Naturalismus. Ein Beitrag zur Dramaturgie des Naturalismus. Berlin: Triltsch & Huther.

Bloch, Natalie / Heimböckel, Dieter (2019): Drama und Interkulturalität. In: *Grundthemen der Literaturwissenschaft: Drama.* Hrsg. von Andreas Englhart und Franziska Schößler. Berlin/Boston: de Gruyter. S. 372–387.

Bock, Gisela (2000): *Frauen in der europäischen Geschichte. Vom Mittelalter bis zur Gegenwart.* München: Beck.

Brauneck, Manfred (1982): *Theater im 20. Jahrhundert. Programmschriften, Stilperioden, Reformmodelle.* Reinbek b. Hamburg: Rowohlt.

– (2009): *Theater im 20. Jahrhundert. Programmschriften, Stilperioden, Kommentare.* Vollst. überarb. und erw. Neuausg. Reinbek b. Hamburg: Rowohlt.

Brecht, Bertolt [1939]: Über experimentelles Theater. In: B. B.: *Werke. Große kommentierte Berliner und Frankfurter Ausgabe.* Hrsg. von Werner Hecht [u. a.]. Bd. 22,2: *Schriften [1933–1942].* Tl. 1. Frankfurt a. M.: Aufbau, 1993. S. 540–557.

– [1940]: Kurze Beschreibung einer neuen Technik der Schauspielkunst, die einen Verfremdungseffekt hervorbringt. In: B. B.: *Werke. Große kommentierte Berliner und Frankfurter Ausgabe.* Hrsg. von Werner Hecht [u. a.]. Bd. 22,2: *Schriften [1933–1942].* Tl. 2. Frankfurt a. M.: Aufbau, 1993. S. 641–659.

– [1948/49]: Kleines Organon für das Theater. In: B. B.: *Werke. Große kommentierte Berliner und Frankfurter Ausgabe.* Hrsg. von Werner Hecht [u. a.]. Bd. 23,3: *Schriften [1942–1956].* Frankfurt a. M.: Aufbau, 1993. S. 65–97.

Bremer, Kai (2017): *Postskriptum Peter Szondi. Theorie des Dramas seit 1956.* Bielefeld: transcript.

Brett-Evans, David (1975): *Von Hrotsvit bis Folz und Gengenbach. Eine Geschichte des mittelalterlichen deutschen Dramas.* Tl. 2: *Religiöse und weltliche Spiele des Spätmittelalters.* Berlin: Schmidt.

Bridgman, Percy W. (1927): *The Logic of Modern Physics.* New York: Macmillan.

Bürger, Christa (1990): *Leben schreiben. Die Klassik, die Romantik und der Ort der Frauen.* Stuttgart: Metzler.

Burdorf, Dieter (1997): *Einführung in die Gedichtanalyse.* 2., überarb. und aktual. Aufl. Stuttgart/Weimar: Metzler.

Burrows, John / Craig, Hugh (2012): Authors and Characters. In: *English Studies* 93. H. 3. S. 292–309.

Busch, Thomas: Chronologische Übersicht zur Textgeschichte. In: Aristoteles 2008. S. XVII–XXIII.

Carlson, Marvin (1987): Histoires des codes. In: *Théâtre. Modes d'approche.* Hrsg. von André Helbo [u. a.]. Brüssel: Labor. S. 65–75.

Chatman, Seymour (1978): *Story and Discourse. Narrative Structure in Fiction and Film.* New York: Cornell University Press.

Colvin, Sarah (2003): *Women and German drama. Playwrights and their texts 1860–1945.* Rochester (NY) [u. a.]: Camden House.

Detken, Anke (2009): *Im Nebenraum des Textes. Regiebemerkungen in Dramen des 18. Jahrhunderts.* Tübingen: Niemeyer.

– / Schonlau, Anja (2014): Das Rollenfach – Definition, Theorie, Geschichte. In: *Rollenfach und Drama. Europäische Theaterkonvention im Text.* Hrsg. von A. D. und A. Sch. Tübingen: Narr. S. 7–19.

Deutsche Literatur von Frauen (1988). Hrsg. von Gisela Brinker-Gabler. 2 Bde. München: Beck.

Dramentheorie. Texte vom Barock bis zur Gegenwart (2011). Hrsg. von Peter Langemeyer. Ditzingen: Reclam. (Universal-Bibliothek. 18899.)

Ehlers, Lena / Andresen, Melanie (2023): Klassifikation von Figurenauf- und -abtritten in XML-kodierten Dramen. In: *DHd2023. Open Humanities, Open Culture.* Hrsg. von Anna Busch und Peer Trilcke. Luxemburg/Trier. S. 395–397. DOI: https://doi.org/10.5281/zenodo.7688632 (Stand: 12.04.2024).

Erken, Günther (2014): *Theatergeschichte.* Ditzingen: Reclam.

Finter, Helga (1985): Das Kameraauge des postmodernen Theaters. In: *Studien zur Ästhetik des Gegenwartstheaters.* Hrsg. von Christian W. Thomsen. Heidelberg: Winter. S. 46–70.

Fischer, Frank [u. a.] (2019): Programmable Corpora. Die digitale Literaturwissenschaft zwischen Forschung und Infrastruktur am Beispiel von DraCor. In: *DHd 2019. Digital Humanities: multimedial & multimodal. Konferenzabstracts.* Hrsg. von Patrick Sahle. Frankfurt a. M. / Mainz. S. 194–197. DOI: https://doi.org/10.5281/zenodo.2596094 (Stand: 12.04.2024).

Fischer-Lichte, Erika (2007): *Semiotik des Theaters. Eine Einführung.* Bd. 1: *Das System der theatralischen Zeichen.* 5., unveränd. Aufl. Tübingen: Narr.

– (2001): *Ästhetische Erfahrung. Das Semiotische und das Performative.* Tübingen/Basel: Francke.

Foucault, Michel [1967]: Andere Räume. Aus dem Frz. übers. von Walter Seitter. In: *Aisthesis. Wahrnehmung heute oder Perspektiven einer anderen Ästhetik.* Hrsg. von Karlheinz Barck [u. a.]. Leipzig: Reclam, [4]1992. S. 34–46.

Frauen-Literatur-Geschichte. Schreibende Frauen vom Mittelalter bis zur Gegenwart (2003). Hrsg. von Hiltrud Gnüg und Renate Möhrmann. Frankfurt a. M.: Suhrkamp.

Freytag, Gustav (1863): *Die Technik des Dramas.* Leipzig: Hirzel.

Gasparov, Mikhail [1969]: Boris Yarkho's Works on Literary Theory. Aus dem Russ. übers. von Michael Lavery und Marina Tarlinskaja. In: *Studia Metrica et Poetica* 3 (2016) H. 2. S. 130–150.

Genette, Gérard (1989): *Paratexte. Das Buch vom Beiwerk des Buches.* Aus dem Frz. übers. von Dieter Hornig. Mit einem Vorw. von Harald Weinrich. Frankfurt a. M. / New York: Campus. [Originalausgabe: *Seuils.* Paris: Éditions du Seuil, 1987.]

Geschichte der Frauen (1993–1995). Hrsg. von Georges Duby und Michelle Perrot. Frankfurt a. M. / Wien: Büchergilde Gutenberg.
Bd. 1: *Antike.* Hrsg. von Pauline Schmitt Pantel. 1993.
Bd. 2: *Mittelalter.* Hrsg. von Christiane Klapisch-Zuber. 1994.
Bd. 3: *Frühe Neuzeit.* Hrsg. von Arlette Farge und Natalie Zemon Davis. 1994.
Bd. 4: *19. Jahrhundert.* Hrsg. von Geneviève Fraisse und Michelle Perrot. 1995.
Bd. 5: *20. Jahrhundert.* Hrsg. von Françoise Thébaud, 1995.

Goethe, Johann Wolfgang [1819]: Naturformen der Dichtung. In: J. W. G.: *Sämtliche Werke nach Epochen seines Schaffens. Münchner Ausgabe.* Bd. 11.1.2: *West-östlicher Divan.* Hrsg. von Karl Richter. München [u. a.]: Bertelsmann-Club, 1998. S. 193–195.

Gottsched, Johann Christoph [1730]: *Versuch einer Critischen Dichtkunst vor die Deutschen.* In: J. Ch. G.: *Schriften zur Literatur.* Hrsg. von Horst Steinmetz. Bibliogr. erg. Ausg. Ditzingen: Reclam, 2009. (Universal-Bibliothek. 9361.) S. 12–196.

– [1751]: *Versuch einer Critischen Dichtkunst / durchgehends mit den Exempeln unserer besten Dichter erläutert.* 5., unveränd. Aufl., unveränd. fotomechan. Nachdr. der 4., verm. Aufl. Leipzig. Darmstadt: Wissenschaftl. Buchgesellschaft, 1962.

– [1729]: Die Schauspiele und besonders die Tragödien sind aus einer wohlbestellten Republik nicht zu verbannen. In: J. Ch. G.: *Schriften zur Literatur.* Hrsg. von Horst Steinmetz. Bibliogr. erg. Ausg. Ditzingen: Reclam, 2009. (Universal-Bibliothek. 9361.) S. 3–11.

Guthke, Karl S. (1961): *Geschichte und Poetik der deutschen Tragikomödie.* Göttingen: Vandenhoeck & Ruprecht.

– (1968): *Die moderne Tragikomödie. Theorie und Gestalt.* Aus dem Amerik. übers. von Gerhard Raabe unter Mitarb. des Verf. Göttingen: Vandenhoeck & Ruprecht.

Gutjahr, Ortrud (2010): Interkulturalität als Forschungsparadigma der Literaturwissenschaft. Von den Theoriedebatten zur Analyse kultureller Tiefensemantiken. In: *Zwischen Provokation und Usurpation. Interkulturalität als (un-)vollendetes Projekt der Literatur- und Sprachwissenschaften.* Hrsg. von Dieter Heimböckel [u. a.]. München: Fink. S. 17–39.

Gymnich, Marion / Neumann, Birgit (2007): Vorschläge für eine Relationierung verschiedener Aspekte und Dimensionen des Gattungskonzepts: Der Kompaktbegriff Gattung. In: *Gattungstheorie und Gattungsgeschichte.* Hrsg. von M. G., B. N. und Ansgar Nünning. Trier: WVT. S. 31–52.

Hahn, Barbara (1991): *Unter falschem Namen. Von der schwierigen Autorschaft der Frauen.* Frankfurt a. M.: Suhrkamp.

Handbuch der literarischen Gattungen (2009). Hrsg. von Dieter Lamping. Stuttgart: Kröner.

Handbuch Drama. Theorie, Analyse, Geschichte (2012). Hrsg. von Peter W. Marx. Stuttgart: Metzler.

Hausen, Karin (1976): Die Polarisierung der »Geschlechtscharaktere« – Eine Spiegelung der Dissoziation von Erwerbs- und Familienleben. In: *Sozialgeschichte der Familie in der Neuzeit Europas. Neue Forschungen.* Hrsg. von Werner Conze. Stuttgart: Klett. S. 363–393.

Heydebrand, Renate von / Winko, Simone (1995): Arbeit am Kanon: Geschlechterdifferenz in Rezeption und Wertung von Literatur. In: *Genus. Zur Geschlechterdifferenz in den Kulturwissenschaften.* Hrsg. von Hadumod Bußmann und Renate Hof. Stuttgart: Kröner. S. 206–261.

Hinck, Walter (1980): Einleitung. In: *Handbuch des deutschen Dramas.* Hrsg. von W. H. Düsseldorf: Bagel. S. 7–10.

Horstmann, Jan (2018): *Theaternarratologie. Ein erzähltheoretisches Analyseverfahren für Theaterinszenierungen.* Berlin/Boston: de Gruyter.

Huyssen, Andreas (1980): *Drama des Sturm und Drang. Kommentar zu einer Epoche.* München: Winkler.

Ingarden, Roman [1931]: *Das literarische Kunstwerk. Mit einem Anhang: Von den Funktionen der Sprache im Theaterschauspiel.* 4., unveränd. Aufl. Tübingen: Niemeyer, 1972.

Isler, Hans Peter (2017): *Antike Theaterbauten. Ein Handbuch.* Wien: Verlag der Österreichischen Akademie der Wissenschaft.

Jannidis, Fotis (2013): Computerphilologie. In: *Handbuch Literaturwissenschaft.* Bd. 2: *Methoden und Theorien.* Hrsg. von Thomas Anz. Stuttgart/Weimar: Metzler. S. 27–40.

– (2017): Netzwerke. In: *Digital Humanities. Eine Einführung.* Hrsg. von F. J., Hubertus Kohle und Malte Rehbein. Stuttgart: Metzler. S. 147–161.

Jauß, Hans Robert (1972): Theorie der Gattungen und Literatur des Mittelalters. In: *Grundriss der romanischen Literaturen des Mittelalters.* Bd. 1: *Généralités.* Hrsg. von Hans U. Gumbrecht und Ulrich Mölk. Heidelberg: Winter. S. 107–138.

Jelinek, Elfriede (1989): Ich will kein Theater. Ich will ein anderes Theater. In: *Autorinnen: Herausforderungen an das Theater.* Hrsg. und eingel. von Anke Roeder. Frankfurt a. M.: Suhrkamp. S. 141–160.

– (2011): *Das Parasitärdrama.* URL: https://original.elfriedejelinek.com/fparasitaer.html (Stand: 12.04.2024).

Jung, Ursula (1994): *L'Énonciation au théâtre. Une approche pragmatique de l'autotexte théâtral.* Tübingen: Narr.

Kant, Immanuel [1790]: *Kritik der Urteilskraft.* Hrsg. von Gerhard Lehmann. Durchges. Ausg. Ditzingen: Reclam, 2024. (Universal-Bibliothek. 14265.)

Kazmaier, Daniel / Weiershausen, Romana (2016): Art. »Geschlecht«. In: *Handbuch Literatur und Religion.* Hrsg. von Daniel Weidner. Stuttgart: Metzler. S. 62–69.

Klotz, Volker [1999]: *Geschlossene und offene Form im Drama.* 14. Aufl. München: Hanser. [[1]1960.]

Kord, Susanne (1996): *Sich einen Namen machen. Anonymität und weibliche Autorschaft 1700–1900.* Stuttgart/Weimar: Metzler.

Košenina, Alexander (1995): *Anthropologie und Schauspielkunst. Studien zur ›eloquentia corporis‹ im 18. Jahrhundert.* Tübingen: Niemeyer.

Kotte, Andreas (2013): *Theatergeschichte. Eine Einführung.* Köln/Weimar/Wien: Böhlau.

– (2005): *Theaterwissenschaft. Eine Einführung.* Köln/Weimar/Wien: Böhlau.

– (1998): Theatralität: Ein Begriff sucht seinen Gegenstand. In: *Forum modernes Theater* 13. H. 2. S. 117–133.

Lämmert, Eberhard (1955): *Bauformen des Erzählens.* Stuttgart: Metzler.

Landwehr, Jürgen (2003): Lemma »Tragikomödie«. In: *Reallexikon der deutschen Literaturwissenschaft.* Bd. 3: *P–Z.* Hrsg. von Jan-Dirk Müller. Berlin / New York: de Gruyter. S. 663–666.

Langhoff, Shermin (2011): Dialoge I: Migration dichten und deuten. Ein Gespräch zwischen Shermin Langhoff (künstlerische Leiterin des Ballhaus Naunynstrasse), Tunçay Kulaoğlu (Leitender Dramaturg und Kurator am Ballhaus Naunynstrasse) und Barbara Kastner (Dramaturgin am Ballhaus Naunynstrasse) im August 2010. In: *Das Drama nach dem Drama. Verwandlungen dramatischer Formen in Deutschland seit 1945.* Hrsg. von Artur Pełka und Stefan Tigges. Bielefeld: transcript. S. 399–408.

Lehmann, Hans-Thies (1999): *Postdramatisches Theater.* Frankfurt a. M.: Verlag der Autoren.

Lehmstedt, Mark (2004): *Deutsche Literatur von Frauen. Von Catharina von Greiffenberg bis Franziska Gräfin zu Reventlow.* Berlin: Directmedia Publishing.

Lenz, Jakob Michael Reinhold [1774]: *Anmerkungen übers Theater.* In: J. M. R. L.: *Anmerkungen übers Theater. Shakespeare-Arbeiten und Shakespeare-Übersetzungen. Studienausgabe.* Hrsg. von Hans-Günther Schwarz. Ditzingen: Reclam, 2014. (Universal-Bibliothek. 19135.) S. 9–47.

– [1775]: Recension des Neuen Menoza von dem Verfasser selbst aufgesetzt [Auszug]. In: *Dramentheorie. Texte vom Barock bis zur Gegenwart.* Hrsg. von Peter Langemeyer. Ditzingen: Reclam, 2011. (Universal-Bibliothek. 18899.) S. 190 f.

Lessing, Gotthold Ephraim [1754]: *Abhandlungen von dem weinerlichen oder rührenden Lustspiele* [Auszug]. In: G. E. L.: *Literaturtheoretische und ästhetische Schriften.* Hrsg. von Albert Meier unter Mitarb. von Maike Schmidt. Ditzingen: Reclam, 2006. (Universal-Bibliothek. 18383.) S. 9–16.

– [1756/57], mit Moses Mendelssohn und Friedrich Nicolai: [Briefwechsel über das Trauerspiel] [Auszug]. In: *Dramentheorie. Texte vom Barock bis zur Gegenwart.* Hrsg. von Peter Langemeyer. Ditzingen: Reclam, 2011. (Universal-Bibliothek. 18899.) S. 135–150.

– [1767–69]: *Hamburgische Dramaturgie.* Hrsg. und komm. von Klaus L. Berghahn. Bibliogr. erg. Ausg. Ditzingen: Reclam, 1999. (Universal-Bibliothek. 7738.)

Lexikon deutschsprachiger Epik und Dramatik von Autorinnen. 1730–1900 (2006). Hrsg. von Gudrun Loster-Schneider und Gaby Pailer. Francke: Tübingen.

Link, Franz H. (1977): *Dramaturgie der Zeit.* Freiburg i. Br.: Rombach.

Lotman, Jurij M. (1972): *Die Struktur literarischer Texte.* Übers. von Rolf-Dietrich Keil. München: Fink.

Marcus, Solomon (1973): *Mathematische Poetik.* Aus dem Rumän. übers. von Edith Mândroiu. [Original: 1970.] Frankfurt a. M.: Athenäum.

Martini, Fritz (1961): Lemma »Freytag, Gustav«. In: *Neue Deutsche Biographie* 5. S. 425–427 [Online-Version]. URL: www.deutsche-biographie.de/pnd118535455.html#ndbcontent (Stand: 12.04.2024).

Mendenhall, Thomas C. (1901): A Mechanical Solution of a Literary Problem. In: *The Popular Science Monthly* 60. S. 97–105.

Metzler Lexikon Literatur- und Kulturtheorie. Ansätze – Personen – Grundbegriffe (2001). Hrsg. von Ansgar Nünning. 2., überarb. und erw. Aufl. Stuttgart/Weimar: Metzler.

Metzler Lexikon Theatertheorie (2014). Hrsg. von Erika Fischer-Lichte, Doris Kolesch und Matthias Warstat. 2., aktual. und erw. Aufl. Stuttgart/Weimar: Metzler.

Mönch, Cornelia (1993): *Abschrecken oder Mitleiden. Das deutsche bürgerliche Trauerspiel im 18. Jahrhundert. Versuch einer Typologie.* Tübingen: Niemeyer.

Moretti, Franco (2011): Network Theory, Plot Analysis. In: *Pamphlets of the Stanford Literary Lab* 2. S. 2–12. URL: https://litlab.stanford.edu/LiteraryLabPamphlet2.pdf (Stand: 12.04.2024)

Müller-Dyes, Klaus (1996): Gattungsfragen. In: *Grundzüge der Literaturwissenschaft.* Hrsg. von Heinz Ludwig Arnold und Heinrich Detering. München: dtv. S. 323–348.

Multikulturalität in der Diskussion. Neuere Beiträge zu einem umstrittenen Konzept (2008). Hrsg. von Stefan Neubert, Hans-Joachim Roth und Erol Yildiz. 2. Aufl. Wiesbaden: Springer.

Neumeister, Erdmann (1722): *Die Allerneueste Art, Zur Reinen und Galanten Poesie zu gelangen.* Hamburg: Fickweiler.

Newman, Mark E. J. (2010): *Networks. An Introduction.* Oxford / New York: Oxford University Press.

Nikitin, Boris (2014): Der unzuverlässige Zeuge. Zwölf Behauptungen über das Dokumentarische. In: *Dokument, Fälschung, Wirklichkeit. Materialband zum zeitgenössischen Dokumentarischen Theater.* Hrsg. von B. N., Carena Schlewitt und Tobias Brenk. Berlin: Theater der Zeit. S. 12–19.

Nünning, Ansgar / Roy Sommer (2002): Drama und Narratologie. Die Entwicklung erzähltheoretischer Modelle und Kategorien für die Dramenanalyse. In: *Erzähltheorie transgenerisch, intermedial, interdisziplinär.* Hrsg. von Vera Nünning und A. N. Trier: WVT. S. 105–128.

Opitz, Martin [1624]: *Buch von der Deutschen Poeterey. Studienausgabe.* Hrsg. von Herbert Jaumann. Ditzingen: Reclam, 2002. (Universal-Bibliothek. 18214.)

Pfeil, Johann Gottlob Benjamin [1755]: Vom bürgerlichen Trauerspiele [anonym erschienen in der Zeitschrift *Heumonath*]. In: Karl Eibl: *Gotthold Ephraim Lessing: Miss Sara Sampson. Ein bürgerliches Trauerspiel.* Frankfurt a. M.: Athenäum, 1971. S. 173–189.

Pfister, Manfred (2001): *Das Drama. Theorie und Analyse.* 11. Aufl. München: Fink.

Piscator, Erwin [1929]: *Schriften. Veröffentlichung der Deutschen Akademie der Künste zu Berlin.* Hrsg. von Ludwig Hoffmann. Bd. 1: *Das Politische Theater.* Faksimiledruck der Erstausgabe 1929. Berlin: Henschel, 1968.

Poschmann, Gerda (1997): *Der nicht mehr dramatische Theatertext. Aktuelle Bühnenstücke und ihre dramaturgische Analyse.* Tübingen: Niemeyer.

Pütz, Peter (1970): *Die Zeit im Drama. Zur Technik dramatischer Spannung.* Göttingen: Vandenhoeck & Ruprecht.

Ranke, Wolfgang (2010): Schillers Shakespeare. Von den *Räubern* zum Weimarer *Macbeth.* In: *Jahrbuch der deutschen Schillergesellschaft* 54. S. 706–724.

Rau, Milo (2019): *Das geschichtliche Gefühl. Wege zu einem globalen Realismus.* Hrsg. und mit einem Essay von Johannes Birgfeld. Berlin: Alexander Verlag.

Reisch, Emil (1893): Actus, 6: Akteinteilung des Dramas. In: *Paulys Realencyclopädie der classischen Altertumswissenschaft.* Begr. von August Friedrich Pauly, fortgef. von Georg Wissowa [u. a.]. Band I.1: *Aal – Alexandros.* Stuttgart: Metzler. S. 335–337.

Reiter, Nils / Willand, Marcus: Poetologischer Anspruch und dramatische Wirklichkeit: Indirekte Operationalisierung in der digitalen Dramenanalyse. Shakespeares natürliche Figuren im deutschen Drama des 18. Jahrhunderts. In: *Quantitative Ansätze in den Literatur- und Geisteswissenschaften. Systematische und historische Perspektiven.* Hrsg. von Toni Bernhart [u. a.]. Berlin/Boston: de Gruyter. S. 45–75.

Rochow, Christian Erich (1999): *Das bürgerliche Trauerspiel.* Ditzingen: Reclam. (Universal-Bibliothek. 17617.)

Rühling, Lutz (1996): Fiktionalität und Poetizität. In: *Grundzüge der Literaturwissenschaft.* Hrsg. von Heinz Ludwig Arnold und Heinrich Detering. München: dtv. S. 25–51.

Sappelt, Sven (2007): Theater der Migrant/innen. In: *Interkulturelle Literatur in Deutschland. Ein Handbuch.* Hrsg. von Carmine Chiellino. Sonderausg. Stuttgart/Weimar: Metzler. S. 275–293.

Saße, Günter (2003): Lemma »Rührendes Lustspiel«. In: *Reallexikon der deutschen Literaturwissenschaft.* Bd. 3: *P–Z.* Hrsg. von Jan-Dirk Müller. Berlin / New York: de Gruyter. S. 337–339.

Schein, Xenia (2023): *Die Öffentlichkeit im Privaten. Identität und Realität im bürgerlichen Drama von Autorinnen des achtzehnten und beginnenden neunzehnten Jahrhunderts.* Hannover: Wehrhahn.

Schings, Hans-Jürgen (1980): Consolatio Tragoediae. Zur Theorie des barocken Trauerspiels. In: *Deutsche Dramentheorie.* Tl. 1. Hrsg. von Reinhold Grimm. 3., verb. Aufl. Wiesbaden: Akademische Verlagsgesellschaft Athenaion. S. 19–55.

Schlegel, Johann Elias [1747]: Gedanken zur Aufnahme des dänischen Theaters [Auszug]. In: *Dramentheorie. Texte vom Barock bis zur Gegenwart.* Hrsg. von Peter Langemeyer. Ditzingen: Reclam, 2011. (Universal-Bibliothek. 18899.) S. 106–110.

Schmeling, Manfred (1977): *Das Spiel im Spiel. Ein Beitrag zur vergleichenden Literaturkritik.* Rheinfelden: Schäuble.

Schmid-Bortenschlager, Sigrid (2009): *Österreichische Schriftstellerinnen 1800–2000. Eine Literaturgeschichte.* Darmstadt: WBG.

Schmitt, Arbogast (2008): Vorbemerkung zur Übersetzung. In: Aristoteles 2008. S. XV–XVI.

– (2010): Aristoteles. Poetik. In: *Die Rezeption der antiken Literatur. Kulturhistorisches Werklexikon.* Hrsg. von Christine Walde. Stuttgart: Metzler. Sp. 121–148.

Schneider, Wolfgang (2011): Warum wir kein Migranten-Theater brauchen … / … aber eine Kulturpolitik, die in Personal, Produktion und Publikum der dramatischen Künste multiethnisch ist. In: *Theater und Migration. Herausforderungen für Kulturpolitik und Theaterpraxis.* Hrsg. von W. Sch. Bielefeld: transcript. S. 9–18.

Schöch, Christof (2017a): Gattungen des Kriminalromans: Ein quantitativer, *Topic*-basierter Zugang. In: *Dialogische Krimianalysen. Fachdidaktik und Fachwissenschaft untersuchen aktuelle Repräsentationsformen des französischen Krimis.* Hrsg. von Corinna Koch, Sabine Schmitz und Sandra Lang. Frankfurt a. M. / Bern / Wien: Lang. S. 37–64.

– (2017b): Quantitative Analyse. In: *Digital Humanities. Eine Einführung.* Hrsg. von Fotis Jannidis, Hubertus Kohle und Malte Rehbein. Stuttgart: Metzler. S. 279–298.

Schößler, Franziska (2012): *Einführung in die Dramenanalyse.* Unter Mitarb. von Christine Bähr und Nico Theisen. Stuttgart/Weimar: Metzler.

Schonlau, Anja (2010): »Zärtliche Rollen und zweyte Liebhaberinnen«. Rollenfach und Geschlecht im Drama des 18. Jahrhunderts. In: *Der Deutschunterricht* 62. H. 6. S. 82–87.

Schriftstellerinnen (2018 ff.). Hrsg. von Carola Hilmes. München: edition text + kritik. [Bislang erschienen: Bd. 1, 2018; Bd. 2, 2019; Bd. 3, 2020; Bd. 4, 2022; Bd. 5, 2024.]

Schulze, Ursula (2012): *Geistliche Spiele im Mittelalter und in der Frühen Neuzeit. Von der liturgischen Feier zum Schauspiel. Eine Einführung.* Berlin: Schmidt.

Sharifi, Azadeh (2011): Postmigrantisches Theater. Eine neue Agenda für die deutschen Bühnen. In: *Theater und Migration. Herausforderungen für Kulturpolitik und Theaterpraxis.* Hrsg. von Wolfgang Schneider. Bielefeld: transcript. S. 35–45.

– (2016): Theater und Migration. Dokumentation, Einflüsse und Perspektiven im europäischen Theater. In: *Das Freie Theater im Europa der Gegenwart. Strukturen – Ästhetik – Kulturpolitik.* Hrsg. von Manfred Brauneck und dem ITI Zentrum Deutschland. Bielefeld: transcript. S. 335–439.

Shaw, George Bernard (1921): Tolstoy: Tragedian Or Comedian? In: *The London Mercury* 4. H. 19. S. 37–39.

Simon, Eckehard (2003): *Die Anfänge des weltlichen deutschen Schauspiels 1370–1530. Untersuchung und Dokumentation.* Tübingen: Niemeyer.

Stäcker, Thomas (2020): ›A Digital Edition Is not Visible‹ – Some Thoughts on the Nature and

Persistence of Digital Editions. In: *Zeitschrift für digitale Geisteswissenschaften.* DOI: https://doi.org/10.17175/2020_005 (Stand: 12.04.2024).

Szondi, Peter (1963): *Theorie des modernen Dramas.* Frankfurt a. M.: Suhrkamp.

Theaterlexikon 1: Begriffe und Epochen, Bühnen und Ensembles (2007). Hrsg. von Manfred Brauneck und Gérard Schneilin. 5., vollst. überarb. und erw. Neuausg. Reinbek b. Hamburg: Rowohlt Taschenbuch.

Theaterlexikon 2: Schauspieler und Regisseure, Bühnenleiter, Dramaturgen und Bühnenbildner (2007). Hrsg. von Manfred Brauneck und Gérard Schneilin. Reinbek b. Hamburg: Rowohlt.

Thurner, Christina (2010): Verlorene Paradiese? Theater-Autorinnen und ihre Dramen. In: *Forum modernes Theater* 25. H. 2. S. 133–141.

Trilcke, Peer (2013): Social Network Analysis (SNA) als Methode einer textempirischen Literaturwissenschaft. In: *Empirie in der Literaturwissenschaft.* Hrsg. von Philip Ajouri, Katja Mellmann und Christoph Rauen. Münster: Mentis. S. 201–247.

– (2022): *Small Worlds, Beat Charts* und die Netzwerkanalyse dramatischer Texte. Reflexionen aus dem *Rabbit Hole.* In: *Digitale Literaturwissenschaft. DFG-Symposion 2017.* Hrsg. von Fotis Jannidis. Berlin: Metzler. S. 563–596.

– / Fischer, Frank (2016): Fernlesen mit Foucault? Überlegungen zur Praxis des *distant reading* und zur Operationalisierung von Foucaults Diskursanalyse. In: *Le foucaldien* 2. H. 1. S. 1–18. DOI: https://doi.org/10.16995/lefou.15 (Stand: 12.04.2024).

– / – (2018): Literaturwissenschaft als Hackathon. Zur Praxeologie der Digital Literary Studies und ihren epistemischen Dingen. In: *Wie Digitalität die Geisteswissenschaften verändert: Neue Forschungsgegenstände und Methoden.* Hrsg. von Martin Huber und Sybille Krämer. Wolfenbüttel: Forschungsverbund Marbach Weimar Wolfenbüttel. DOI: https://doi.org/10.17175/sb003_003 (Stand: 12.04.2024).

Vauth, Michael (2023): *Eine digitale Narratologie der Binnenerzählung. Untersuchungen zu den Dramen und Novellen Heinrich von Kleists.* Berlin: Metzler.

Weber, Alexander (2017): *Episierung im Drama. Ein Beitrag zur transgenerischen Narratologie.* Berlin: de Gruyter.

Weiershausen, Romana (2004): *Wissenschaft und Weiblichkeit. Die Studentin in der Literatur der Jahrhundertwende.* Göttingen: Wallstein.

– (2018): *Zeitenwandel als Familiendrama. Genre und Politik im deutschsprachigen Theater des 18. Jahrhunderts.* Bielefeld: Aisthesis.

Weiler, Christel / Roselt, Jens (2017): *Aufführungsanalyse. Eine Einführung.* Tübingen: Francke.

Weimar, Klaus (2003): Lemma »Regieanweisung«. In: *Reallexikon der deutschen Literaturwissenschaft.* Bd. 3: *P–Z.* Hrsg. von Jan-Dirk Müller. Berlin / New York: de Gruyter. S. 251–253.

Weiss, Peter [1968]: Das Material und die Modelle. Notizen zum dokumentarischen Theater [Auszug]. In: *Dramentheorie. Texte vom Barock bis zur Gegenwart.* Hrsg. von Peter Langemeyer. Ditzingen: Reclam, 2011. (Universal-Bibliothek. 18899.) S. 511–518.

Weitin, Thomas / Gilli, Thomas / Kunkel, Nico (2016): Auslegen und Ausrechnen. Zum Verhältnis hermeneutischer und quantitativer Verfahren in den Literaturwissenschaften. In: *Zeitschrift für Literaturwissenschaft und Linguistik* 46. H. 1. S. 103–115.

Welsch, Wolfgang (2010): Was ist eigentlich Transkulturalität? In: *Hochschule als transkultureller Raum? Kultur, Bildung und Differenz in der Universität.* Hrsg. von Lucyna Darowska, Thomas Lüttenberg und Claudia Machold. Bielefeld: transcript. S. 39–66.

Wirth, Andrzej (1987): Realität auf dem Theater als ästhetische Utopie oder: Wandlungen des Theaters im Umfeld der Medien. In: *Gießener Universitätsblätter* 20. H. 2. S. 83–91.

Wölfflin, Heinrich (1915): *Kunstgeschichtliche Grundbegriffe. Das Problem der Stilentwicklung in der neueren Kunst.* München: Bruckmann.

Yarkho, Boris I. [1935–38]: Speech Distribution in Five-Act Tragedies (A Question of Classicism and Romanticism). In: *Journal of Literary Theory* 13 (2019) H. 1. S. 13–76.

Zymner, Rüdiger (2003): *Gattungstheorie. Probleme und Positionen der Literaturwissenschaft.* Paderborn: mentis.

Namenregister

Aischylos 26, 109
Albrecht, Sophie (geb. Baumer) 27, 93
Aristoteles 10, 24 f., 61, 78–84, 91, 101, 118–121, 148
Austin, John Langshaw 19

Bandemer, Susanne von (geb. Frencklin, auch Franklin) 93
Bausch, Pina 105
Beckett, Samuel 46
Bel, Jérôme 105
Bidermann, Jakob 33, 38
Birken, Sigmund von 84
Boal, Augusto 17
Boileau-Despréaux, Nicolas 88
Brecht, Bertolt 11, 19 f., 22, 29 f., 39, 79, 96–101, 103, 110, 115, 126, 142, 146
Büchner, Georg 97, 102, 146
Buri, Ernst Karl Ludwig Ysenburg von 130–132

Chatman, Seymour 32
Corneille, Pierre 88

Danckwart, Gesine 57, 59
Diderot, Denis 87

Erpulat, Nurkan 113 f.

Foreman, Richard 105
Foucault, Michel 40
Freytag, Gustav 134–136, 139, 141

Gellert, Christian Fürchtegott 87, 92, 119, 123
Genette, Gérard 33 f.
Gersdorff (auch Gersdorf), Wilhelmine von 93
Gerstenberg, Heinrich Wilhelm von 93
Goethe, Johann Wolfgang [ab 1872: von] 10, 41, 53, 93–95, 97, 116, 123, 169
Gottsched, Johann Christoph 64, 87–90, 96, 112, 123 f., 126, 139
Gottsched, Luise Adelgunde Victorie (geb. Kulmus) 68, 90
Gropius, Walter 22
Gryphius, Andreas 48–50, 54 f., 65, 73, 85 f., 131

Handke, Peter 39 f., 57
Harsdörffer, Georg Philipp 84
Hauptmann, Gerhart 55, 70, 142, 146
Heinsius, Daniel 84 f.
Herder, Johann Gottfried [ab 1802: von] 93 f.
Hillje, Jens 113 f.
Hochhuth, Rolf 57, 103
Holz, Arno 69
Horaz (Quintus Horatius Flaccus) 60, 84, 148

Ibsen, Henrik 39, 108 f., 142, 158

Jelinek, Elfriede 29, 57, 64, 105, 108–110

Kant, Immanuel 94
Kipphardt, Heinar 103
Kleist, Heinrich von 42, 66, 97, 146
Klinger, Friedrich Maximilian 93 f.
Klotz, Volker 134, 137–139, 141
Kroesinger, Hans-Werner 105

Langhoff, Shermin 112
Leisewitz, Johann Anton 93 f.
Lenz, Jakob Michael Reinhold 87, 93–96, 122 f.
Lessing, Gotthold Ephraim 36 f., 45, 52 f., 58 f., 61, 63, 66, 68, 71 f., 75 f., 82, 87, 89–93, 121, 124, 126, 131, 144, 146
Loher, Dea 76
Lotman, Jurij 38

Meichel, Joachim 33
Mendelssohn, Moses 90
Molière (Jean-Baptiste Poquelin) 66, 114
Müller, Friedrich (»Maler Müller«) 94

Neuber, Friederike Caroline (geb. Weißenborn) 27, 89 f.
Neumeister, Erdmann 87
Nicolai, Friedrich 90

Öziri, Necati 42
Opitz, Martin 85 f.

Paquet, Alfons 98
Pfeil, Gottlob Benjamin 92, 126
Piscator, Erwin 22, 98 f., 102 f., 142
Platon 80

Racine, Jean Baptiste 88
Rau, Milo 104 f.
Rimini Protokoll (Theaterkollektiv) 21, 104 f.
Rupp, Victoria von (geb. Raudnitzky) 93

Schiller, Friedrich 56, 64, 76, 91, 93 f., 97, 114, 123, 146, 163, 169
Schimmelpfennig, Roland 42
Schlaf, Johannes 69
Schlegel, August Wilhelm 10
Schlegel, Christiane Karoline (geb. Lucius) 76, 93
Schlegel, Friedrich 96
Schlegel, Johann Elias 121, 154, 158, 160 f., 163, 165 f.
Schnitzler, Arthur 125
Schönherr, Karl 125
Seyler, Friederike Sophie (geb. Sparmann, in erster Ehe verheiratete Hensel) 27
Shakespeare, William 23, 48, 56, 59, 64, 94, 139 f., 156, 158, 166–168, 170
Shaw, George Bernard 118
She She Pop (Theaterkollektiv) 105
Sophokles 26, 48
Szondi, Peter 134, 140–142

Tabori, George 105
Thespis 26
Tieck, Ludwig 50
Toller, Ernst 125

Voltaire (François-Marie Arouet) 36
Vondel, Joost van den 60

Wagner, Heinrich Leopold 94
Weigel, Helene 98
Weise, Christian 25, 49, 72
Weiss, Peter 103–105
Wilson, Rober 36, 105
Wölfflin, Heinrich 137

Sachregister

Abschreckungsdramaturgie 92
Achronie 42
ad spectatores 71
Akt (Aufzug, Abhandlung) 33, 42 f., 52, 60–64, 136, 158, 162, 165
Amphitheater, griechisches 22, 35
Anagnorisis 46, 48, 62 f., 75, 81, 84
Analepse 41 f.
analytisches Drama 48
Antagonist 65, 138
Antilabe 73
Auftritt 26, 52, 63 f., 75, 89, 154, 157, 164 f., 168 f.

Beiseitesprechen 71 f., 76
besprochene Zeit s. Spielzeit
bienséance (Wohlanständigkeit) 88
Bote aus der Fremde 69 f.
Botenbericht 32, 71, 76, 131, 138
Bühnenform 16, 24, 148
bürgerliches Trauerspiel 53 f., 58, 72, 76, 91–93, 116 f., 119, 122–124, 126, 130–132

Charakter 25, 26, 28 f., 65, 67, 72 f., 81, 83, 91, 99, 101, 110, 121–123, 125, 135
Chor 22, 26, 28, 32, 60, 98, 140
Chronologie 41, 42, 169
Commedia dell'arte 50, 66
coup de théâtre (Theatertrick) 96

Dehnung s. Tempo
Deus ex machina 22
dialektisches Theater s. episches Theater
Dialog 60, 70 f., 74, 76, 140–142, 157
doctrine classique 88
Dokumentartheater 79, 97, 101 f., 113
Dominanzrelation 160
dramatis personae (handelnde Personen) 10, 44, 46 f., 53, 55–57, 65, 67, 83
dramatische Ironie 47 f., 70
dramatischer Auftakt 61
Dramaturgie 15, 44, 63, 78, 92, 115, 146
Dramenpoetik 78, 83, 95–97, 99, 103, 122, 135, 144, 148
dynamische Figur s. Figurenkonzeption

eindimensionale Figur s. Figurenkonzepion
Einheiten (Handlung, Zeit, Ort) 24 f., 54, 83 f., 88 f., 95, 138, 141
elisabethanisches Theater 23, 59
Epilog 32 f., 140
episches Theater 11, 19 f., 30, 39, 98–101, 126, 142, 144 f.
Epitext s. Paratext
erregendes Moment 61
Exposition 61, 63, 75, 138

Fallhöhe 80, 89, 119
Figur 10 f., 19 f., 26–28, 39, 46 f., 49–51, 65–68, 70, 73, 75 f., 99, 114, 125, 145, 147 f.
Figurencharakterisierung 52, 65, 69, 74, 76, 108, 110, 170
Figurenkonfiguration 157
Figurenkonstellation 28, 66, 75 f., 170
Figurenkonzeption 29, 66 f., 76, 81 f., 114, 169
Figurenrede 23, 29, 32 f., 36, 42 f., 52, 55, 57, 59, 70 f., 73–76, 156, 158, 160, 163, 169 f.
Fünfaktigkeit 61

Gattungsdichotomie 83 f., 87 f., 96, 118 f., 121 f., 144
Gattungsgeschichte 116 f., 125, 127, 146
Gattungspoetik (normativ/präskriptiv – deskriptiv – spekulativ) 116, 140
Gattungs-Synkretismus 118
Gattungstheorie 116 f., 125, 133
Gattungstrias (Lyrik, Epik, Dramatik) 10, 116
genera dicendi (Stilhöhe) 86, 120
Genre (Untergattung) 116, 147 f.
geschlossene Form (Klotz) 134, 137–139, 141
gespielte Zeit s. Spielzeit
Guckkastenbühne 21–24, 35, 141

Hakenstil 73
Hamartia 91
Handlung 10 f., 34–36, 40–42, 51, 60–62, 70, 75, 80–83, 107–109, 114 f., 121–123, 132 f., 135 f., 145, 147 f.
Hanswurst/Harlekin 27, 90
Haupttext 33, 157 f.
Haupt- und Staatsaktion 90
Held, tragischer 48, 69, 82 f.
heroische Tragödie 92, 96, 117, 130
Hoftheater 23, 29, 90, 122

Illusionstheater 19, 99
Inszenierungsanalyse (Strukturanalyse, Transformationsanalyse) 18
Interkulturalität 111 f.
Intrige 45 f., 62

Katastrophe 61, 63, 120, 136
Katharsis 82, 84 f., 91, 99, 121
Kommunikationssituation (innere/äußere Kommunikationsebene) 30, 36, 40, 51, 145
Komödie 80, 83, 85–87, 92, 96, 116–126, 144 f.
Konfigurationsmatrix 164 f.
Kontrastrelation s. Figurenkonstellation
Kopräsenz (von Theaterakteuren und Publikum) 19, 35
Kopräsenz, figurale (von Figuren auf der Bühne) 165, 169
Korpusanalyse 168, 170
Korrespondenzrelation s. Figurenkonstellation

Lehrstück 101
Lesedrama 15, 29, 145
liaison des scènes 168
Lustspiel s. Komödie

Märtyrertragödie 54, 131
Mauerschau s. Teichoskopie
mehrdimensionale Figur s. Figurenkonzeption
migrantisches Theater 113
Mimesis 80
mise en scène 19
Mitleidsdramaturgie 91, 121, 126, 132
Monolog 32, 68, 70 f., 76, 140, 142
Montageprinzip 98

Nebenfigur 65, 66, 160
Nebentext 32–34, 38, 53, 55–57, 157 f.
Netzwerkanalyse 155, 164, 168–170

offene Form (Klotz) 134, 137–139
off stage 38 f.
off stage character 65

Parabelstück 100
Paratext 33, 34
Pause s. Tempo
Performance Kunst 18, 106
performativer Pakt 19, 48, 50
Performativität 18 f., 145
Peripetie 48, 63, 75, 81, 83 f.
Peritext s. Paratext
personae fictae 65
Personenregister 26, 28, 33, 51–54, 65, 76
plurimedialer Status 16, 146
postkoloniales Theater 112, 146 f.
postmigrantisches Theater 79, 97, 111–114
Prolepse 41 f., 45
Prolog 32 f., 140
Protagonist 26, 39, 65, 92, 113, 138
Pyramidenschema (Freytag) 136

Raffung s. Tempo
Raum, dramatischer 24
Raum, theatraler 24
Raumsemantik 24, 38, 67
Redefunktion (Handlungs-, Informationsfunktion, Innensicht 70, 76)
Regeldrama 94, 134, 139, 141
Regiebemerkungen 33, 55–57, 59, 67, 77
Regiestil 16, 18
retardierendes Moment 61
Reyen 60, 140
Rhetorik 84, 86 f., 120, 138

Rollenfach 26–29
Rollenspiel 17
rührendes Lustspiel 87, 92, 119, 123

Schauplatz 38, 54
Schauspielstil 25, 28 f.
Schultheater, barockes 25
Sequenz 60, 64, 75
Simultanbühne 22
Spannung 43 f., 46, 56, 100, 133
Spielzeit 40, 41, 43, 54
Sprecherbezeichnungen 56
Ständeklausel 80, 85, 89, 91, 119
statische Figur s. Figurenkonzeption
Stichomythie 73
Stilometrie (stilometrische Analyse) 155, 164
stumme Figur 65
Sukzessionsbühne 22
Sukzessionsprinzip 41 f.
Szene 42 f., 52, 63 f., 75 f., 156, 158, 160 f., 164 f., 168 f.

Teichoskopie 32, 40, 71, 76
telling names (sprechende Namen) 67
Tempo 40 f., 43, 60, 95
Textfläche 57, 64, 105, 109
Textintention 34, 50, 130
Textsorte 116, 156
theatraler Code 16, 18
Theatralität 18 f., 107
theatrum mundi 50, 86
Titel 32 f., 47, 51–54, 76
Topic Modeling 164
Tragikomödie 96, 118, 123 f.
Tragödie 26, 32, 53 f., 80–87, 89–91, 116–125, 138, 144 f., 154
transgenerische Narratologie 31 f.
transmedial 30
Trauerspiel s. Tragödie
Typenkomödie 29, 66, 68, 90, 117

Unsichtbares Theater (nach Augusto Boal) 17

Verfremdungseffekt 99–101
Versdrama 64, 73, 87, 89
vierte Wand 20 f., 72, 99

Wahrscheinlichkeit 21, 29, 80, 87–89, 141
Wandertheater (Wanderbühnen, Wandertruppen) 23, 26 f., 29, 89 f., 111
Wendepunkt 46, 61 f., 75, 110
Wirkungsästhetik 16, 90
Wissen 43–46, 48, 51, 169

Zeitdeckung s. Tempo
Zeitpunkt 41 f., 46
Zeitsprung (Ellipse) s. Tempo

Zu den Autoren

ROMANA WEIERSHAUSEN ist Professorin für Frankophone Germanistik an der Universität des Saarlandes. Zu ihren Forschungsschwerpunkten gehören, neben Drama und Theater, interkulturelle Gegenwartsliteratur, deutsch-französische Literaturbeziehungen und Genderforschung.

BENJAMIN KRAUTTER studierte Germanistik und Politikwissenschaft an den Universitäten Stuttgart und Seoul. In seiner Dissertation beschäftigt er sich am Beispiel aristotelischer Konzepte mit der Verknüpfung quantitativer und qualitativer Methoden für die Dramenanalyse. Zu seinen Forschungsinteressen zählen darüber hinaus Narratologie, Gegenwartsliteratur und Wissenschaftstheorie.

Niederdeutsch
Thüringisch-Obersächsisch
Schlesisch
Ostfränkisch
Mittelfränkisch
Nordbairisch
Jörg Riecke
Geschichte der deutschen Sprache
Eine Einführung
Reclam

NEU-AUSGABE
Sabina Becker
Christine Hummel
Gabriele Sander
Literaturwissenschaft
Eine Einführung
Reclam

Hermeneutik
Strukturalismus/Literatursemiotik
Raumtheorie
Biopoetik
Akteur-Netzwerktheorie (ANT)
Intertextualität
Psychoanalyse und Traumatheorie
New Historicism
Oliver Jahraus (Hrsg.)
Zugänge zur Literaturtheorie
17 Modellanalysen zu E. T. A. Hoffmanns *Der Sandmann*
Reclam

NEU-AUSGABE
Benedikt Jeßing
Arbeitstechniken des literaturwissenschaftlichen Studiums
Eine Einführung
Reclam

Online Aufgaben & Lösungen
Swantje Ehlers
Literaturdidaktik
Eine Einführung
Reclam

Online-Kapitel Projektorientiertes Arbeiten
Ingo Reich
Augustin Speyer
Deutsche Sprachwissenschaft
Eine Einführung
Reclam